Willi Senft / Bert Katschner / Bergwandern in Nepal

stv

Willi Senft

Bert Katschner

Bergwandern in Nepal

Wege — Menschen — Götter

Leopold Stocker Verlag
Graz und Stuttgart

Frontispiz: Vorderseite: Vom Kloster Tengpoche blickt man zum Mount Everest. Rückseite: Nepal — „Land der Terrassen".

Umschlagbild: Wanderer zwischen Namche Bazar und Tengpoche, im Hintergrund Mount Everest und Lhotse.
Umschlaggestaltung: Paul Mangold

Bildernachweis
Sämtliche Bilder stammen von den Verfassern.

ISBN 3-7020-0231-6

Gesamtherstellung: Großdruckerei Leykam AG, 8010 Graz, Stempfergasse 3—7.

Unseren lieben und verständnisvollen Frauen gewidmet

Vorwort

Ich bin glücklich, festzustellen, daß immer mehr Bücher über Nepal geschrieben werden. Dies beweist deutlich das Interesse, das die Menschen draußen diesem Land entgegenbringen. Diese Bücher tragen nicht nur dazu bei, den Fremden die vielen Sehenswürdigkeiten zugänglich zu machen, die man in reicher Fülle in Nepal finden kann, sondern durch den Wert und das Ausmaß dieser faszinierenden Bilder, die die Ausländer im Land aufnehmen und über die sie sprechen, machen sie auch Nepal als Staat bewußt.

Das Buch „Bergwandern in Nepal", gemeinsam von Willi Senft und Bert Katschner geschrieben, ist eines dieser Art und hilft Nepal darzustellen, wie es wirklich ist.

Das Buch beschreibt nicht nur die landschaftlichen Schönheiten und den natürlichen Charme Nepals, sondern schildert auch, neben vielen nützlichen Informationen für Trekker, die sozioökonomischen Realitäten und den zähen Überlebenskampf der nepalischen Bevölkerung.

Ich hoffe daher, daß dieses Buch dazu beitragen wird, für Nepal viele neue Freunde zu gewinnen.

ISHWARI MAN SHRESTHA
Botschafter

Königlich Nepalische Botschaft
Bad Godesberg, im Jänner 1976

Bergwandern in Nepal

Nepal ist das Land der höchsten Berge der Erde, bewohnt von ursprünglichen und freundlichen Menschen. Es ist das Land der Pagoden, der Eisriesen und der Lamaklöster, und seine heute noch vielfach archaische Wirtschaftsweise kann dem Besucher aus dem Westen bedeutende Erkenntnisse bringen.

Nepal ist aber auch ein Land der großen geographischen Vielfalt. Es erstreckt sich vom tigerbewohnten Dschungel im Süden über das Mittelgebirge und die Vorberge der Sechs-, Sieben- und Achttausender bis zur Himalaja-Hauptkette, die vom Kangchendzönga im Osten über den Mount Everest bis zum Dhaulagiri und Api im äußersten Westen reicht.

Der Weg ist das Ziel

Ist man kein Expeditionsmann oder Spitzenbergsteiger, sondern Bergtourist bzw. Bergwanderer, so gilt hier ganz besonders, daß allein der Weg das Ziel und die Erfüllung vieler bergsteigerischer Wünsche sein kann. Denn wenn sich das Bergwandern in Nepal auch vorwiegend nur auf den Verbindungswegen von Berggruppe zu Berggruppe abspielt, so ist dies doch ein Bergsteigen im echten Sinn. Der allergrößte Teil Nepals ist nämlich extrem zerfurcht und gegliedert. Die Ketten der Gebirgsrücken reihen sich unübersehbar aneinander, und dazwischen liegen tief eingeschnitten die Täler, durchtobt von wilden Gebirgsflüssen. Die schweren Monsunregen verändern in den etwas breiteren Talfurchen den Lauf der Flüsse jährlich und beschädigen die Weganlagen immer wieder. Häufig sind auch nur Nahziele miteinander verbunden: zwei Nachbardörfer oder eine Alm mit der anderen. Das sind die Ursachen, warum die Wege in einem fortwährenden Auf und Ab über Höhenrücken und Paßübergänge dahinziehen. Viele Pfade führen aber ständig hoch oben großartig längs der Bergflanken mit prächtigen Ausblicken.

Das Gelände ist meist durch die Steilheit und das vielfach auftretende lockere Moränengeschiebe so schwierig, daß es mit Ausnahme des flachen und breiten Kathmandutales nirgends Karrenwege gibt, sondern man sich nur auf Fußpfaden fortbewegen kann. Den Menschen ist dort daher auch vielfach das Rad unbekannt, und sie haben das Flugzeug vor allen anderen technischen Fortbewegungsmitteln kennengelernt.

Das Reich der Himalajariesen*) erschließt sich aber nur dem Ausdauernden, der sechs- bis achttägige Anmärsche auf sich nimmt! Dem bequemen oder eiligen Touristen, der mit dem Hubschrauber oder Kleinflugzeug in die inneren Hochtäler vordringt, kann es sehr gefährlich werden, denn ohne Akklimatisierung schlägt die Höhenkrankheit oft unerbittlich zu.

Bergwandern im weiteren Sinne ermöglicht von den Hochalmen aus auch die leichte oder mäßig schwierige Besteigung schöner Fünftausender, eventuell sogar Sechstausender. Ja, es ist auch heute noch möglich, als Tourist das erhebende Gefühl einer Erstbesteigung erleben zu dürfen.

Bergwandern in Nepal heißt aber auch von den weltberühmten Sherpas betreut zu werden.

Die gewisse Knappheit an materiellen Gütern wird auf einer solchen Tour aber durch ideelle Dinge mehr als ausgeglichen: Humor, Freundschaft, Zeit zur Naturbeobachtung, körperliche Bewegung. Schon nach wenigen Tagen genießen wir diese Lebensform.

So ein wochenlanges Leben im Rhythmus der Natur, abseits der Einrichtungen der Zivilisation, ein Leben in Zelten mit gleichgesinnten Kameraden ist ein Gesundbrunnen für alle geplagten Menschen des technischen Zeitalters.

Romantik erlaubt!

Jeder Bergfreund ist auch mehr oder weniger stark Romantiker, und gerade dieser Wesenszug des Alpinisten wird bei einer Trekkingtour in Nepal in hohem Maß angesprochen. In den Vorbergen des Himalaja kampiert man auf Waldlichtungen, die

*) Himalaja = laut Duden; Schreibweise aber auch mit y üblich.

Bild rechts: Im „Ausgedinge" genießt der alte Lama die wärmende Herbstsonne.
Bild umseitig: Steinmänner und Gebetsfahnen schmücken viele leicht erreichbare Himalajagipfel (Tengpoche Ri, ca. 4500 m).

aus einem Märchen zu kommen scheinen: Lange Flechtenbärte hängen von den rotstämmigen Rhododendronbäumen, die im Frühjahr in einer Farbensymphonie roter Blüten aufglühen, und daneben finden sich farnüberwucherte Eichen, zwischen deren Rinde das Rot und Weiß herrlichster Orchideen herausleuchtet. Moosüberwachsene Felsblöcke säumen den Platz, an dem ein wilder Bergbach vorbeirauscht, und tiefgrüne Tümpel laden zum Baden ein. Erst beißender Holzrauch vom Lagerfeuer und ein angenehmer Duft aus der Pfanne unseres Sherpakochs, der mit einfachsten Mitteln ein wohlschmeckendes Abendessen „zaubert", rufen uns wieder in die Wirklichkeit zurück.

Ist man weiter oben im Khumbu*) oder in der Nähe der Annapurna- und Dhaulagirigipfel auf 4000 m und höher, dann spielt sich das Lagerleben auf einer Almwiese neben einem wild dahintosenden, mit „Gletschermilch" gefüllten Gebirgsbach ab. Meist ist die ebene grüne Fläche einer solchen Hochalm von geschichteten Steinmauern eingefaßt. Zu ihr blicken die im Morgen- und Abendlicht gelb, rot oder violett beleuchteten, unbeschreiblich wilden Eiswände der Sechs- und Siebentausender herab. Fast jeder einzelne von ihnen stellt mit seinen kühnen Formen die meisten unserer Alpenriesen, einschließlich des Montblanc, in den Schatten.

Was uns nicht zuletzt aber auch für das Bergwandern in Nepal einnimmt, ist das mühelose Gehen mit leichtem Tagesgepäck — höchstens ein wenig erschwert durch eine mehr oder weniger umfangreiche Foto- und Filmausrüstung. Die zähen Träger und Trägerinnen sind es, die uns eine solche Trekkingtour überhaupt erst ermöglichen. Man kann sagen, was die alpinen Vereine in Mitteleuropa für uns durch ihre Schutzhütten sind, das ersetzen uns die Träger im Himalaja durch das Tragen der Zelte und anderen schweren Ausrüstung. Nur hoch oben im Khumbu werden sie zwischendurch einmal von einer Gruppe von Tragtieren, von Yaks, abgelöst.

Und wenn man dann nach zehntägigem Anmarsch endlich ehrfürchtig vor dem höchsten Berg der Erde im Osten Nepals oder z. B. im Westen vor der Majestät der Annapurna- und Dhaulagirigruppe steht, wenn man oberhalb von Jomosom einen Blick nach Mustang und auf die geheimnisvolle Hochebene Tibets machen kann, dann hat sich ein Abenteurer- und Bergsteigertraum erfüllt.

---

*) Khumbu ist die vorwiegend von Sherpas bewohnte Provinz südlich des Everestgebietes.

Bild umseitig: Amai Dablang — einer der schönsten Berge der Erde (6856 m, 10 km südlich des Mount Everest).
Bild links: Unser Zeltlager vor dem Kloster Tengpoche angesichts Amai Dablang und Lhotse.

Pilgerfahrt zum Thron der Götter

Mehrere auf Auslandsbergfahrten spezialisierte Unternehmungen bieten neben anderen zahlreichen Trekkingtouren auch die Möglichkeit, an einer Bergwanderung ins Everest-Gebiet teilzunehmen. Das „Jet-Zeitalter“ und einigermaßen erschwingliche Angebote machen eine solche Reise nun auch für jedermann möglich.

Voraussetzung zur Teilnahme an einer solchen Fahrt ist allgemeine körperliche Fitness und Bergwandertraining.

Was die Höhenverträglichkeit betrifft, sind die Probleme geringer, als man vielleicht glaubt, wenn man sich nur an die Regel der schrittweisen Akklimatisierung hält. (Später darüber mehr.) Wenn man nicht höhengewohnter Expeditionsbergsteiger ist, soll man z. B. nicht gleich nach Lukla auf 2800 m fliegen, um dann in drei Tagesmärschen bereits auf 5000 m direkt vor dem Everest zu stehen, sondern man soll sich die großen Höhen langsam „erwandern“. Eine gut geplante Trekkingtour nimmt darauf auch grundsätzlich Rücksicht!

Man glaube übrigens nicht, daß älteren Menschen — soweit sie trainierte Bergwanderer sind — ein derartiges Unternehmen verwehrt wäre. Im Himalaja oder in Afrika, immer wieder haben wir am Weg zu den Bergen der Welt Sechzigjährige und ältere getroffen, die munter wie Fische im Gebirgsbach waren. Solche „Vorbilder“ sind übrigens der Trost für uns Jüngere, die ebenfalls noch nach Erreichen des Pensionsalters Bergerlebnisse wünschen.

Die Nacht ist um 4½ Stunden kürzer

Diesmal hatten wir uns die Nachmonsunzeit, den Herbst, zur Bergwanderung in Ostnepal ausgesucht. Unsere Reiseroute führte in die Provinz Solu-Khumbu. Sie wird im Norden vom Mount Everest gekrönt, und wir hatten schon immer gewünscht, wenigstens einmal im Leben den „Allerhöchsten" zwar nicht betreten, aber wenigstens ehrfürchtig von unten bestaunen zu dürfen. — So traten wir denn Ende September unsere „Pilgerfahrt" zum höchsten Berg der Erde an:

Wir fliegen zu Mittag in Frankfurt mit einer Boeing 747 der Air India ab und bereiten uns seelisch auf den strapaziösen 12½stündigen Aufenthalt im Flugzeug vor.

Nach Zwischenlandungen in Rom und Beirut wird es bald nach Mitternacht hell, und gleich darauf zeigt sich am Horizont der rote Streifen des herannahenden Tages. Wir sind der aufgehenden Sonne entgegengeflogen und befinden uns bereits über Pakistan. Unsere Uhren sind um 4½ Stunden vorzustellen, um sie der indischen Ortszeit anzugleichen.

Wenig später senkt sich die Maschine schon zum Anflug auf Delhi, und um ca. 5.30 Uhr landen wir dort in der lauen Luft des tropischen Morgens.

Die Erledigung der ziemlich zeitraubenden Paß- und Zollformalitäten kann man unter Umständen dadurch beschleunigen, daß man mit kleinen Geschenken oder einem „tip"*) nicht kleinlich ist.

Die Metropole Indiens

Ein Bus bringt uns ins Hotel, das im englischen Kolonialstil erbaut, aber modernst ausgestattet ist: Man gewöhnt sich sehr rasch an das viele Personal und genießt es als „Selbstbedienungs-Europäer", verwöhnt zu werden.

Noch am Vormittag beginnt die große Stadtbesichtigung durch Neu- und Alt-Delhi. Gleich nach dem Verlassen des Hotels schlägt eine Woge von Fremdartigkeit, Armut und Elend über einem zusammen.

Blechgedeckte Slum-Hütten neben modernen Wohnblocks. Ausgemergelte Gestalten, mit Lumpen behangen, neben gut genährten, europäisch gekleideten Leuten. Stumpfe, ausdruckslose Augen kranker Personen neben dem gewitzten Lachen routinierter Straßenhändler. Wo immer man den Bus verläßt, ist man umringt von bettelnden Menschen. Und wenn abgezehrte Kinder auf ihren Magen deuten und „Hunger" sagen, dann überfällt einem das Mitleid. Jede Gabe ist aber nur ein „Tropfen auf den heißen Stein".

Schmerzlich wird einem bewußt, wie unendlich viel in diesem Land noch zu tun ist. Hohe Barrieren an Unbildung, Aberglauben und unzeitgemäßer Tradition sind in diesem riesigen Land noch zu überwinden.

---

*) Englisch = Trinkgeld.

Ein Aufenthalt in Indien ist daher gleichermaßen interessant und bedrückend. Jeder einzelne von uns Europäern hat die Verpflichtung, den Völkern der Entwicklungsländer nach bestem Vermögen beizustehen. Es gibt so viele falsche und bornierte Meinungen über diese Völker: „Laßt sie im eigenen Saft der Rückständigkeit schmoren" oder aber „Sie wären viel glücklicher, wenn man ihnen den sogenannten Fortschritt des Westens nicht bringen würde" usw. Das eine kann humanitär nicht verantwortet werden, und das andere ist falsch, denn der Siegeszug der technischen Zivilisation ist nirgends mehr aufzuhalten.

Das in den historischen Bauten stark von der ehemaligen Mogulherrschaft geprägte Bild von Alt-Delhi ist überraschend interessant. Wie die Stadt überhaupt eine Fülle lohnender Besichtigungsobjekte bietet: Birla Mandir, den relativ modernen Hindutempel mit seiner Zuckerbäckerarchitektur; die Freitagsmoschee (Jama Masjid), zweitgrößte Moschee der Erde; vor allem aber das Rote Fort mit seinen herrlichen Marmordekorationen im Mogul-Stil; das 70 m hohe Qutb Minar, der Siegesturm mit der nichtrostenden Eisensäule im Vorhof; das Grabmal des Humayun und viele andere Sehenswürdigkeiten. Man hat Delhi aber nicht gesehen, wenn man nicht die unglaublich großen Anlagen von Parlament und Regierungssitz besichtigt hat, die in ihrer großzügigen Disposition die Achse „Etoile—Louvre" in Paris weit übertreffen. Und schließlich wird man am würdevoll schlichten Grabmal Gandhis über die bewegte Geschichte des alten und die Zukunft des neuen Indien nachdenken.

Unser beturbanter Sikh*) — Chauffeur sowie der Fremdenführer — wird uns dann noch in die obligaten Souvenirläden führen, wo es z. B. in den staatlich kontrollierten „Handicraft-Shops" sehr schöne Elfenbein-, Holz-, Metall- und Textilarbeiten gibt. Und schließlich werden wir Delhi nicht verlassen, ohne etwas von der herrlichen Seide eingekauft zu haben, die ungefähr zum halben europäischen Preis zu haben ist.

Märchenstadt Kathmandu

Am nächsten Morgen fliegen wir von Delhi mit der Royal Nepalese Airline weiter und haben lediglich eine Flugzeit von etwa 1¼ Stunden bis Kathmandu vor uns. — Zollabfertigung und Paßkontrolle sind wieder etwas langwierig, und unsere Taschenmesser werden aus Sicherheitsgründen während des Fluges vom Bordpersonal eingezogen. Dies geschieht auch häufig bei anderen Linienflügen, und es empfiehlt sich daher, das Taschenmesser im Koffer oder Seesack aufzubewahren.

---

*) Sekte der Kastenlosigkeit. Ende des 15. Jahrhunderts von Guru Grant gegründet. Sie stellt eine Kombination von Hinduismus und Islam dar. Die Sikhs sind außerordentlich tüchtig. Sie gelten als die besten Bauern, die verläßlichsten Chauffeure usw.

Und nun haben wir einen der prächtigsten Flüge der Erde vor uns, denn wir fliegen fast eine Stunde längs des Himalajahauptkammes und sehen von Annapurna, über Dhaulagiri, Manaslu und bis zum Gaurisankar und Everest alles, was „Rang und Namen“ hat.

Schon schwenken wir aber in das Kathmandutal ein, sehen die regelmäßigen gelbgrünen Parzellen der „paddies“, der Reisfelder, unter uns und erhaschen auch noch einen interessanten Blick auf die gar nicht so ausgedehnte Stadt, ehe wir am Flugplatz aufsetzen.

Eine im Gegensatz zu Delhi milde und keineswegs drückend heiße Luft empfängt uns, sind wir doch immerhin 1400 m hoch.

Die ersten charakteristischen Ziegelhäuser mit Holzschnitz-Zierat und den heimelig tief nach unten gezogenen Dächern grüßen uns, und das Auto muß auch schon der einen oder anderen „heiligen Kuh“ ausweichen.

Das vornehm-schlichte, palmenumsäumte, nur zweigeschossige Hotel empfängt uns mit sehr viel Personal und natürlich auch mit Klimaanlage, Badezimmer etc. Aber viele technische Dinge funktionieren nicht immer klaglos, und man tut gut daran, sich in Langmut zu üben. Dem gehetzten Mitglied der westlichen Zivilisation tut dergleichen aber nur gut, und man darf auch nicht vergessen, daß man sich ja im Herzen Asiens befindet. — Aber die persönliche Betreuung durch die freundlichen Nepali ist bestens, und auch das Essen ist vorzüglich.

Noch am Nachmittag ziehen wir zur ersten Besichtigung der Stadt los und sind von ihrer Eigenartigkeit fasziniert. Alles ist viel orientalischer, als wir es aus Nordafrika oder der Türkei kennen. Sehr vieles ist noch schmutziger und ärmlicher als in diesen Ländern — aber im Hinblick auf die sakralen Bauten, die Pagoden, Tempel und Götterbilder ist Kathmandu überwältigend reich.

In den engen Gassen quirlt ein kaum geahntes buntes Treiben. Fast alle Lebensäußerungen der Menschen spielen sich auf der Straße ab. Besonders interessieren uns die verschiedenen Handwerker und Händler, die in den mit Schnitzereien prächtig verzierten „Pati“ ihr Gewerbe ausüben (der Pati ist eine typisch nepalische Bauform, ein ebenerdiger offener, verandaähnlicher Erker). Die mit der traditionellen Kopfbedeckung, dem Topi, bekleideten Männer sind durchwegs sehr freundlich, haben sie den Europäer doch nie als Kolonialherrn kennengelernt. Die männliche Stadtbevölkerung ist nicht selten europäisch gekleidet, trägt aber sehr oft das enganliegende weiße indische Beinkleid, die Jodhpurs. Dazwischen aber viele Männer aus der Umgebung mit dem unvermeidlichen, martialisch wirkenden Kukri, dem krummen nepalischen Haumesser, im Gürtel und Brennholzbündeln am Rücken. Die Frauen tragen fast ausschließlich bunte Saris.

Sehr erfreulich ist, daß seit zwei Jahren keine rauschgiftsüchtigen Gammler mehr zu sehen sind. Dies geht vor allem auf die Schließung der staatlich konzessionierten Haschisch-Shops und ein rigoroseres Vorgehen der amtlichen Stellen gegen diese kranken jungen Leute zurück. Für viele von ihnen war Kathmandu Endstation, und ihre Leichen landeten auf einem Verbrennungsplatz, „der aber nicht am heiligen Fluß Bagmati lag“.

Kathmandu-Tal

Wir haben das Glück, gleich am ersten Tag mitten in das eben begonnene Indra-Jatra-Fest hineingeraten zu sein. Es gibt am Abend den großen Prozessionsumzug mit der Kumari, der lebenden Göttin. 20 Männer führen die Deichsel des schweren, unbeholfenen, aber prächtig geschmückten Tempelfahrzeuges, an die hundert schieben an. Alles ist auf der Straße. Maskierte Tempeltänzer führen ihre Dämonen-Beschwörungsreigen auf. Die Zuschauer drängen sich die vielen Stufen der großen Pagoden hinauf, um besser sehen zu können, und besonders die Frauen geben ein selten farbenprächtiges Bild ab. Götterbilder sind überall aufgestellt, und ihnen werden Blumen und Früchte geopfert. Das Holzgitter vor der furchterregenden Baihrav, einer der Zerstörergestalten Shivas, ist entfernt, und vor dieser riesigen, fratzenhaften Gold-Bronze-Plastik am Hanuman-Dokha entzünden Kinder ihre Öl-Opferlämpchen. Schließlich gibt es noch eine Militärparade, und der König fährt bejubelt durch die winkeligen, engen Gassen.

Der König wird übrigens vom Volk hoch verehrt. Er gilt nicht nur als Inkarnation Vishnus, sondern ist auch ein Symbol der nepalischen Nation, deren Wappenspruch lautet: „Die Mutter und das Mutterland sind wichtiger als der Himmel“ und „Es ist süß und ehrenvoll, für das Vaterland zu sterben“.

Todmüde kehren wir am Abend in unser Hotel zurück. Große Fliegende Hunde verlassen eben schreiend ihre Schlafbäume und flattern gespenstisch vor dem noch etwas hellen Abendhimmel.

Auch der nächste und übernächste Tag gilt dann noch all den Sehenswürdigkeiten des Kathmandutales, den buddhistischen Denkmälern in Swayambunath und Bodnath, den Königsstädten Bhadgaon und Patan sowie vor allem den heiligen Stätten in Pashupatinath. „Drei Tage sind viel zu kurz“, sagen wir alle, und sind uns einig, nicht das letzte Mal in der Märchenstadt Kathmandu und ihrer Umgebung gewesen zu sein.

Die Twin-Otter erspart viele Fuß-Kilometer

Und nun geht es endlich los! — Wir haben nur drei Wochen Zeit, und da sind wir froh, den Weg etwas abkürzen zu können. Wir folgen genau der Route der großen Everest-Expeditionen, ersparen uns aber durch den Flug bis Jiri fünf bis sechs Tage Anmarsch.

Bild rechts:
Links oben: Standbild des Hanuman vor dem „alten Königspalast“ in Kathmandu.
Rechts oben: Der von den Hindus hochverehrte Elefantengott Ganesh in einem Goldschrein.
Links unten: Buddhistische Steinskulptur mit „Manistein“.
Rechts unten: Buddhistische Fresken im Vorhof einer Ghompa.
Bild umseitig: „Bergwandern im Khumbu“; Träger zwischen Namche Bazar und Tengpoche mit Amai Dablang.

Voller Erwartung besteigen wir die 20sitzige, zweimotorige Twin-Otter, die von zwei einheimischen Piloten gesteuert wird, und wir werden sogar von einer Stewardeß betreut.

Der Flug führt in nur 3000 m Höhe und gewährt zuerst nochmals eine interessante Ansicht der Städtchen und Dörfer des Kathmandubeckens. Sie liegen in das Schachbrettmuster der grünen Reisfelder eingebettet, und wir vermögen aus der Vogelperspektive die landwirtschaftliche Intensität dieses fruchtbarsten Gebietes von Nepal besonders gut zu erkennen. Dann hebt sich die Maschine über das vorerst tiefer gelegene Mittelland hinaus, wir sehen kurz die „Chinese Road" nach Kodari, und dann leuchtet die rötliche Erde und das saftige Grün des Pahar zu uns herauf. Überall Terrassen, tief eingeschnittene Täler und weiter östlich immer höhere Bergrücken mittels Abertausender Ackerterrassen kultiviert und häufig durch die charakteristisch orangebraun gefärbten Bauernhäuser mit ihren tief herabgezogenen Strohdächern gekrönt. Unter uns ein Fluß und nördlich aus den Wolkenbauschen auftauchend plötzlich die Eismajestät des kantig geformten Gaurisankar, des heiligen Berges.

Ehe wir aber das Teleobjektiv mit dem Normalobjektiv wieder getauscht haben, setzt das Flugzeug schon zu einer großen Schleife an. Unter uns ein verhältnismäßig breites Hochtal, flankiert von bis zu 3500 m hohen, waldbewachsenen Bergen. Weißgetünchte Häuser leuchten herauf und dazwischen größere Grünlandflächen im Wechsel mit Ackerparzellen. Wir verlieren rasch an Höhe und vermögen keine Anzeichen eines Flugplatzes erkennen. Trotzdem drückt der Pilot die Maschine rasch nach unten, und ehe wir uns versehen, holpern wir über eine Grasweide dahin, und nach erstaunlich wenigen Metern halten wir mit aufheulenden Motoren auch schon an. Wir sind auf einer der über ganz Nepal verstreuten, fußballplatzgroßen „STOL-Pisten"*) gelandet.

Eine halbe Stunde hat der prächtige Flug bis Jiri gedauert. Wir sind nun rund 100 km östlich von Kathmandu in knapp 2000 m Seehöhe.

Eine Gruppe von Leuten stürmt auf das Flugzeug zu, und unser Bergführer und gleichzeitiger Reiseleiter begrüßt händeschüttelnd unseren Sirdar**) sowie seine 10köpfige Sherpamannschaft.

---

*) STOL = Short take off and landing.
**) Sirdar = Führer der Sherpa- und Trägergruppe.

Bild links: Der Stupa von Bodnath ist der mächtigste der Erde und soll in seinen Bauanfängen 2000 Jahre alt sein.
Bild umseitig: Der freie Blick des jungen Nepali spiegelt gleichsam die guten Eigenschaften seines Volkes wider: Offenheit, Ehrlichkeit, Intelligenz und Freundlichkeit gegenüber dem Fremden, die nie durch Kolonialherrschaft beeinträchtigt wurde.

Es sei gleich klargestellt, daß Sherpa und Träger nicht dasselbe ist. Die Sherpas*) stellen die Betreuer, Organisatoren, den Koch und seine Gehilfen. Sie tragen nur ihre eigenen Gebrauchsgegenstände und das Küchenzubehör. Das Gepäck der Bergsteiger und Touristen samt Zelten usw. wird von eigenen Trägern transportiert, die meist den mittelnepalischen Volksstämmen der Thamang und Gurung angehören.

Unsere 18 Personen umfassende Bergsteigergruppe wird von 12 Sherpas und 35 Trägern betreut. Der Koch läßt es sich nicht nehmen, uns mit dem Standardgetränk Tee und mit dem üblichen Lunch, bestehend aus Eiern, Käse und Pfannkuchen, zu empfangen. Er sollte sich noch als wahrer Meister seines Faches entpuppen.

Trotz der 2000 m Höhe ist es ziemlich warm, die Zikaden zirpen, und wir machen noch vor unserem endgültigen Abmarsch einen Rundgang durch die weitverstreute Siedlung von Jiri. Wir befinden uns am Rande der Provinz Solu, die teilweise bereits von Sherpas bewohnt ist, obwohl dieser Volksstamm sonst kaum in Höhenlagen unter 2800 m siedelt. Unser besonderes Interesse beansprucht aber die schweizerische landwirtschaftliche Versuchsstation**) mit einem angeschlossenen Rot-Kreuz-Posten: Einige Stall- und Wohngebäude im Schweizerstil, die sehr gut in die Berggegend passen, prägen das Bild. Der Stolz von Jiri ist aber der in einem Gehege gemächlich grasende Braunviehstier, der direkt aus der Schweiz eingeflogen wurde, um vor allem die Milchleistung der einheimischen Rinderrasse zu verbessern. Seine Nachkommen erfüllen auch bereits alle diesbezüglichen Erwartungen, wie uns der nepalische Leiter der Musterfarm erzählt. Das Schweizer Fachpersonal hat sich übrigens schon seit einigen Jahren zurückgezogen, da die Nepali entsprechend ausgebildet sind.

Die Schweizer haben in der Nähe auch eine Käserei eingerichtet, zu der wir zwei Tage später hochsteigen. Vorerst werden wir aber mit ihren Produkten, prächtigen Käselaiben, konfrontiert. Sie werden in das sonst leer zurückfliegende Flugzeug verladen, offensichtlich gegen eine geringe Gebühr, denn normalerweise kommt es billiger, die Laibe in fünf bis sechs Tagesmärschen nach Kathmandu zu transportieren.

Am Nachmittag ist es dann soweit, „unsere große Pilgerfahrt" zum Mount Everest beginnt: Die Träger haben ihre gewohnte Last von über 30 kg am Rücken und balancieren sie mit erstaunlicher Wendigkeit dank ihres Stirn-Tragbandes über alle Engstellen des Pfades und später auch über Stock und Stein. Vorerst schlängelt sich der Pfad recht harmlos dahin, bald leicht steigend und dann wieder fallend. Wir gehen längs Terrassen, die im saftigen Grün der Fingerhirse stehen, die etwa in einem Monat reif werden soll. Weiter draußen im Talgrund sehen wir die letzten üppigen Reisfelder, die in Nepal nur bis etwa 1800 m Seehöhe angelegt werden können.

---

*) Die Mehrzahlform „Sherpas" wurde beibehalten, da diese Schreibweise bereits als üblicher deutscher Sprachgebrauch angesehen werden kann.

**) Eine von vier derartigen „Stützpunkten des landwirtschaftlichen Fortschrittes" in Nepal.

Bald biegen wir aus dem Talbecken von Jiri nach Osten ab, um in das Tal des Kimti Kola hinüberzuwechseln. Kurze Zeit gehen wir durch Bestände der hübschen Tränenkiefer mit ihren weit herabhängenden graugrünen Nadelbüscheln, um bald den höchsten Punkt der heutigen nur 2½stündigen Wanderung zu erreichen. Hier stoßen wir auf den ersten bescheidenen Tschorten*) und eine kleine Manimauer**) — diese Bauwerke sollten wir später noch Hunderte Male antreffen. Aber auch die ersten Blutegel setzen sich beim Anstreifen an Strauchwerk auf die bloßen Waden, werden aber sofort mit einer Prise Salz zum Abfallen gebracht. Wenn man die noch einige Zeit nachblutende winzige Wunde auch noch mit einem Heftpflaster versorgt, dann merkt man bald, daß diese lästigen kleinen Quälgeister durchaus ohne wesentliche Beeinträchtigung des Wohlbefindens der Bergwanderer zu ertragen sind. Immerhin erinnert uns ihre Existenz aber daran, daß wir uns Anfang Oktober noch in der Nachmonsunzeit mit relativ feuchter Witterung befinden.

Heute aber ist es schön, und wir schlagen bald nach Überquerung einer soliden Hängebrücke am Rand des Dorfes Those unser Zeltlager auf, um die erste Nacht unter freiem Himmel in Nepal zu verbringen. — Es ist unvermeidlich, daß uns ein paar Dorfbewohner beim Waschen am Fluß zusehen.

Der Koch ist bereits fleißig am Werken. Um ca. 18.30 Uhr wird es fast mit tropischer Schnelligkeit rasch dämmerig. — Es ist immer wieder ein beglückendes Gefühl, beim Schlafen im Zelt der Natur ganz nahe zu sein, aber man muß sich stets wieder neu an die harte — wenn auch gesunde — Unterlage gewöhnen.

Berührung mit den Problemen Nepals

Nach dem üblichen „early-morning tea" gibt es bald ein reichliches „breakfast". Die Träger drängen darauf, daß rasch gepackt wird, denn sie wollen die kühlen Morgenstunden noch möglichst gut ausnützen. Sie haben übrigens eine eigentümliche Gangart: Etwa zehn bis fünfzehn Minuten lang eilen sie verhältnismäßig rasch dahin, und dann wird eine kurze Rastpause eingeschaltet. Das Abstellen und Aufnehmen der schweren Lasten ist dabei immer ein kleines Problem. Es wird aber an sehr vielen Plätzen wesentlich durch die „Chauttarahs" erleichtert; das sind Steinbänke oder im Fels ausgehauene Stufen, die in Hüfthöhe ein einfaches Hinstellen der Traglasten ermöglichen.

---

*) Tschorten = charakteristische, aus Stein geschichtete buddhistische Denkmäler, in denen geistliche Texte oder Lamas begraben sind.

**) Manimauern = 1 bis 4 m hohe geschlichtete Steinmauern, an deren Seiten Steintafeln mit dem eingemeißelten Spruch „Om mani padme hum" angebracht sind.

Obwohl praktisch alle Träger Nepals von zierlicher, aber sehniger Statur sind, ist ihr Schnaufen und Stöhnen während des Marsches nicht Ausdruck übermäßiger Belastung oder von Schmerzen, sondern eher eine traditionelle Lautäußerung. Wird der Weg schwierig oder geht er steil bergauf, dann fallen sie sogar in einen Singsang ein, was uns Europäern besonders eigenartig vorkommt, weil wir doch beim Steigen glauben, mit unserer Atmung besonders haushalten zu müssen.

Wir gehen durch den Ort Those mit etwa 30 einfachen, primitiven Bauern- und Handwerkerhäusern. In den zwanziger und dreißiger Jahren hatte Those (als praktisch einziger Eisenerzfundort Nepals) mit einer kleinen eisenverarbeitenden Industrie und mit Dorfschmieden relativ große Bedeutung.*) Der schwierige Transport nach Kathmandu — es mußte, so wie überall in Nepal, alles am Rücken von Menschen getragen werden — und die billigere, qualitativ bessere Belieferung von Indien her ließ aber noch Ende der dreißiger Jahre Those wieder in Bedeutungslosigkeit zurücksinken. Heute gibt es außerhalb des Ortes nur noch einige kleine Dorfschmieden, die einfaches Werkzeug herstellen.

Uns amüsiert das „Post office" im Dorf. Ein primitives Gebäude ohne Fensterglas, nur mit Läden. Ein kahler Raum mit einem Holztisch, auf dem der „Beamte" einige Zettel liegen hat. Außen ein kleiner, rotangestrichener Briefkasten. Aber spaßhalber hier aufgegebene Post nach Europa kam prompt drei Wochen später dort an.

Wir wandern nun längs des „Kimti Kola"**) in einem prächtigen Talgrund in etwa 2000 m Höhe und sind über die plötzlich im Hintergrund auftauchenden, ersten schneebedeckten Gipfel (ca. 5000 m hoch) erfreut.

Wir steigen längs Hirseterrassen über rotbraune Lehmerde durch Schneiteleichenwälder hoch und stoßen bald auf unsere vorausgeeilte „Küchenmannschaft", die auf einem kleinen ebenen Platz vor einer Dorfschule bereits daran ist, unseren Lunch zu bereiten.

Die Schule ist einfachst eingerichtet. Sie besteht aus zwei Räumen, und das Holzschindeldach ist total kaputt. Wir fragen uns, wie es während der Regenzeit im Klassenzimmer wohl aussieht. Der junge Lehrer ist barfuß, trägt ein flickiges Gewand und läßt uns zu Ehren seine 12 Schüler aus ihrer Fibel im Chor lesen. — Wir machen uns viele Gedanken über den katastrophalen Bildungsnotstand in Nepal. Es ist bedrückend, daß erst 30% der schulpflichtigen Kinder Nepals überhaupt die Möglichkeit eines Schulbesuches haben. — Was uns auch sehr negativ auffällt, ist die Tatsache, daß niemand der weit verstreut um die Schule siedelnden Dörfler Interesse an der Erhaltung des Schulgebäudes zeigt. Man wundert sich um so mehr, als die

*) Siehe Kapitel „Wirtschaft".
**) „Kola" und „Kosi" = Fluß.

Häuser der Bauern einen sehr ordentlichen Eindruck machen. Wir sind hier bereits an der Grenze zum Siedlungsgebiet der Sherpa, und die Hausdächer sind so wie bei uns in den Alpen holzschindelbedeckt und mit Steinen beschwert. — Der mangelnde Gemeinschaftsgeist zeigt sich auch an der fast völlig fehlenden Wegerhaltung. Wenn ein Erdrutsch ein Wegstück abreißt, dann wird eben oberhalb der Abbruchstelle darübergeklettert, wodurch dann schließlich langsam wieder eine neue Pfadspur entsteht. Schlimm ist auch der desolate Zustand der Brücken, die erst dann repariert werden, wenn bereits ein Unglück geschehen ist.

Der Lehrer hat ein Schreibheft als Gästebuch angelegt, aus dem wir entnehmen können, daß die letzte Bergsteigergruppe vor nicht ganz 11 Monaten hier vorbeikam. Daraus ist zu ersehen, daß die Trekkingroute durch das Solu sehr wenig begangen wird. Tatsächlich sind wir die nächsten sechs Tage auch keinem einzigen Ausländer begegnet.

Unser Weg führt weiter in die Höhe, dem 2700 m hohen Chyalmapaß zu. Herrliche Hirschzungenfarne (Scolopendrium sp.) wachsen an Felsblöcken und Bäumen, und der Weg führt sogar stellenweise über Steinstufen, wie wir es von unseren Alpenvereinswegen gewöhnt sind. Ab etwa 2500 m Höhe gibt es bereits eine schöne Alpenflora mit verschiedenen Enzianarten. Obwohl wir hier in 2500 m Höhe den Klima- und Florenbereich des noch subtropisch beeinflußten nepalischen Mittellandes verlassen, macht gerade in dieser Höhe eine Baumzikadenart einen Spektakel, der an die Mittelmeerländer erinnert.

Uns begegnet ein Mann, der seine kranke Frau in einem kissengepolsterten Sitz-Tragkorb den guten Tagesmarsch bis zur Rot-Kreuz-Station nach Jiri trägt und auf Befragen mitteilt, daß er schon mehr als einen Tag unterwegs ist.

Wir erreichen den Chyalmapaß, dessen Höhe gleich eine ganze „Batterie" von parallel verlaufenden Manimauern und ein mit Gebetsfahnen verzierter Tschorten schmücken. Zwischen den Gebetsfahnen am Tschorten sind auch Fäden gespannt, und der Sirdar erklärt uns, daß es sich hiebei um eine sogenannte Geisterfalle handelt. Diese Zeugen buddhistischen Glaubensgutes weisen darauf hin, daß wir uns nun in der vorwiegend von den buddhistischen Sherpas bewohnten Provinz Solu befinden.

Wolken ziehen auf, und am frühen Nachmittag umhüllt uns bereits Nebel, der sich dann erst am Abend auflösen sollte. Dieses typische Nachmonsunwetter mit klaren Nächten, strahlend schönen Vormittagen und nebeligen — manchmal sogar regnerischen — Nachmittagen sollte uns auch in den nächsten Wochen noch treu bleiben.

Hier am Chyalmapaß*) zweigt der Weg zur 3125 m hoch gelegenen Käserei nach

*) Auf manchen Landkarten auch Chyagma geschrieben, wie überhaupt die Schreibung der geographischen Bezeichnungen in Nepal sehr unterschiedlich ist.

Thodung ab, welche die Schweizer dort eingerichtet haben. Wir steigen über mit Strauchwerk bewachsene Almflächen hoch und kommen in etwa 3000 m Höhe in den ersten moos- und flechtenbewachsenen Rhododendrenwald auf unserer Tour. Die rote Rinde der hier gedeihenden Baumrhododendronart leuchtet gespenstisch aus den Nebelschwaden heraus, und wir bedauern, daß es jetzt im Herbst keine Blüten gibt.

Neben dem Wohnhaus des einheimischen Käsemeisters liegt das kleine Betriebsgebäude sehr hübsch auf einer gerodeten Urwaldlichtung. Wir wundern uns, daß die Käserei praktisch am höchsten Punkt der ganzen Umgebung angelegt wurde, muß doch die Milch täglich von den einige 100 m tiefer siedelnden Bauern heraufgeschleppt werden. Offensichtlich hat aber die Temperaturfrage bei der Wahl des Standortes eine Rolle gespielt.

Es werden täglich 500 bis 1000 l Nakmilch*) zu Tilsiter Käse verarbeitet, und daneben wird auch gebuttert. Der Käsemeister hat übrigens seine Ausbildung in Neuseeland erhalten. Lab sowie Bakterienkulturen kommen aus Dänemark. Der Käse und die gesalzene Butter werden per Träger oder gelegentlich vom Flugplatz Jiri nach Kathmandu gebracht. Derzeit ist der Absatz nicht so groß, daß die Käserei mit voller Kapazität arbeiten könnte.

Wir steigen wieder zum Chyalmapaß ab, unseren Kameraden nach, und weiter bis zur Ortschaft Chyalma in 2100 m. Wir kampieren auf einer weiten Dorfweidefläche neben einem Bach und kämpfen beim Waschen im feuchten Gelände mit den Blutegeln.

Wo die Brücken für Tiere unpassierbar sind!

Heute ist unser dritter Wandertag. Wir steigen von Chyalma 500 m tief in das Tal des Likhu Kola ab. Es geht durch üppige subtropische Vegetation, vorbei an kleinen weißgetünchten Bauernhäusern inmitten ihrer Terrassenfelder. Neben jedem Haus stehen ein paar Bananenstauden, und es ist etwa so heiß wie an einem schönen Hochsommertag bei uns in Europa.

Wir überqueren den Fluß über eine aus handgeschmiedeten Kettengliedern gefertigte, stark schwingende, aber dennoch solide Hängebrücke. Man kann sie nur Fuß vor Fuß und mit beiden Händen am Geländer überschreiten, und hiebei wird einem erstmals klar, warum es in Mittelnepal kaum Tragtiere gibt. Eine derartige Brücke kann nämlich kein Vierbeiner passieren.

---

*) Nak = weiblicher Yak.

Weiter geht es flußaufwärts bis zur Ortschaft Dunda, wo wir erstmals die gewaltigen Eisriesen des Rolwaling im Talhintergrund zu Gesicht bekommen. Wir sind 1700 m hoch und stärken uns mit einem Bad im kalten Fluß und einem kräftigen Lunch für den nun folgenden steilen und „heißen" Aufstieg nach Sete auf 2550 m. Vorher unterhalten wir uns noch bestens mit den zutraulichen Dorfkindern. Hier, abseits der Orte des Kathmandutales, betteln sie überhaupt nicht, sind aber immer über Bonbons oder Kekse hocherfreut. Sie sind ganz scharf darauf, einmal einen Blick durch die Kamera werfen zu können.

Auch dieser Aufstieg hat ein Ende, und als wir auf einer der ersten brachen Ackerterrassen von Sete unser Zeltlager aufschlagen, ist es schon wieder nebelig-kühl. Wir besuchen am Nachmittag die Ghompa*) mit einem riesigen Gebetszylinder im Zubau und auch das danebenliegende Haus des Lamas. Er ist verheiratet und übt die Funktion eines Dorfpriesters aus. Es ist eine Selbstverständlichkeit, daß wir das Haus des Lamas eingehend besichtigen können.

Das Gebäude ist, so wie alle anderen im Sherpaland, aus Trockenmauern errichtet und mit steinbeschwerten Holzschindeln gedeckt. Im Erdgeschoß sind Vorratsräume und ein kleines Stallabteil für das Jungvieh. Das Obergeschoß besteht in der Regel nur aus einem Raum und ist über eine winkelige steile Holztreppe zugänglich. Der Fußboden ist blitzblank gefegt. An einer Seite befinden sich einige niedrige Schlafstellen und Truhen zur Aufbewahrung der Kleider, und die andere Seite des Raumes nimmt die offene Feuerstelle auf einigen Steinplatten mit dem Dreifuß für den Kochkessel ein. Die allermeisten Häuser haben keinen Kamin, sondern der Rauch zieht durch die Dachsparren oder Schindeln ab. Selbst in den kleinen Orten wie hier in Sete gibt es ein bis zwei Gaststätten, die meist ebenerdig sind, aus einem Raum mit Feuerstelle bestehen, wo man auf einer Matte nächtigen kann. Hier wird häufig Tschang**) und überall Rakshi***) ausgeschenkt, der leider nach Fusel schmeckt. Fast in allen Dörfern finden sich auch ein bis mehrere Kleinstkaufläden, wo es einige wenige Bedarfsartikel wie Zündhölzer, Kerzen, ein paar Stoffballen, Bonbons und „Biscuits" gibt.

Nach dem Monsun haben die Bauern jetzt gerade die Kartoffelernte eingebracht, und man sieht sie häufig ihre oft nur 3 m breiten Ackerterrassen mit dem Holzpflug aufreißen. (Das Gerät ist kein Wendepflug, sondern besteht nur aus einem Dorn mit einer Eisenspitze.) Hier in Sete, in 2500 m Seehöhe, besorgen die Zugarbeit noch Wasserbüffel oder Tsaoris.****)

---

*) Ghompa = buddhistischer Tempel.
**) Tschang = Reis-, Mais- oder Gerstenbier.
***) Rakshi = destillierter Alkohol aus Getreide oder Kartoffeln.
****) Tsaori = Kreuzung zwischen Flachlandrind und Yak.

Abseits der Orte des Kathmandutales lebt das Volk in unglaublicher Ursprünglichkeit. Man kann praktisch nacherleben, wie unsere Vorfahren im Mittelalter gelebt haben, ohne elektrischen Strom, ohne alle anderen zivilisatorischen Einrichtungen. Neben der großartigen Bergwelt ist das eigentlich das andere wesentliche Erlebnis einer Trekkingtour durch Nepal.

Durch herrliche Tannenwälder und über weite Talflanken

Unser heutiges Tagesziel ist die Überschreitung des Lamjurapasses (3535 m). Wir freuen uns darauf, den hohen Bergen des Himalaja immer näher zu kommen, und darüber, die Blutegel einmal los zu sein. In Höhen über 3000 m kommen sie nämlich nicht mehr vor. In den letzten Tagen waren sie recht lästig geworden, wenn sie sich unbemerkt durch die Schuhösen gezwängt hatten. Das Saugen merkt man nicht, irgendwann werden sie beim Gehen dann zerdrückt, und beim Ausziehen der Schuhe am Abend hat man die Socken voller Blutflecken. Die niedlichen Tierchen, die sich übrigens wie Spannerraupen fortbewegen, sind im leeren Zustand nur 2 bis 3 mm dick und können sich durch die winzigsten Öffnungen hindurchzwängen. Wir haben einen Blutegel beobachtet, wie er sogar durch einen Plastik-Zeltreißverschluß hereinkam.

In der Kühle des Morgens steigen wir zuerst durch dichte Eichenwälder dem Paß zu. Bald aber werden sie durch prächtige Rhododendronwälder abgelöst, und es geht nun ständig einem breiten Gratrücken entlang. Zwischendurch gibt es einige kleine Almlichtungen, wo die Bauern mit ihren Tsaoris in strohgedeckten Bambushütten den Monsunsommer verbracht haben und sich nun langsam auf die Rückkehr in die Täler vorbereiten. Ab 3000 m stehen im Rhododendrenwald plötzlich riesige Tannen*) mit über 1 m Durchmesser.

Es geht nun einige Stunden durch Rhododendron-Tannenwälder dahin, und die langen Moos- und Flechtenbärte an den Bäumen zeigen eine Nebelzone an. Tatsächlich läßt der Nebel auch nicht lange auf sich warten und macht aus den Gehölzen wieder einen Märchenwald, aus dem die rote Rinde der Rhododendronbäume geheimnisvoll leuchtet.

Oben auf der Paßhöhe ist es windig und kalt, so daß wir uns beim Paß-Tschorten nicht lange aufhalten. Der Nebel ist auf einmal wie weggeblasen, und wir steigen in das Tal des Beni Kola nach Junbesi ab, dem Hauptort des Solu. Es gibt eine groß-

---

*) Abies speciosa = Himalajatanne; der Nadelwald beginnt im allgemeinen erst in 3000 m Höhe, wenn man von den Kiefernwäldern tieferer Lagen absieht.

artige Fernsicht. Waldberg reiht sich an Waldberg, tief eingeschnittene Flußtäler unter uns und im Hintergrund schimmerndes Eis und glänzender Firn der Himalajariesen.

Wir tauchen wieder in den herrlichen Nadelwald mit Himalaja- und Tsugatanne ein. Zikaden zirpen, und wermutähnliche Pflanzen verbreiten würzige Gerüche; auch viele Bodenorchideen gibt es hier. An einer Stelle liegt der gefällte Stamm einer Tsuga, an dem wir 500 Jahresringe zählen!

In etwa 2800 m weitet sich das Tal, und an den Hängen liegen in kleinen Gruppen die hier weißgetünchten Häuser der Sherpas. Gebetsfahnen flattern im Wind, und überall stehen Manimauern als Ausdruck der Religiosität der Bevölkerung. Auf eine Felswand ist das „Om mani padme hum"*) sogar in mannshohen, verschiedenfarbigen Lettern aufgemalt.

Nun grüßt Junbesi (2650 m), der Hauptort des Solu, mit seiner rotbraun gefärbelten Ghompa und einem großen Tschorten voller Gebetsfahnen zu uns herauf. Das Dorf liegt eingebettet in das Grün der Matten, und auf der uns gegenüberliegenden Seite bedeckt ein herrlicher Wald von Tränenkiefern den gesamten Berghang. Gekrönt wird das friedliche Bild von der Eispyramide des fast 7000 m hohen Numbur.

Wir genehmigen uns am Ortseingang in einer Schenke einen Tschang, der hier glasklar und angenehmerweise einmal ohne jeden Beigeschmack ist.**) Wir stellen unsere Zelte neben dem großen Tschorten auf und genießen nach dem langen Marsch noch das Baden im frischen Beni Kola. Wir sind uns einig, an diesem Tag das bisher schönste Wegstück hinter uns gebracht zu haben.

Klostertrommeln im Regen

Heute ist unser fünfter Wandertag, und wir sind voll Erwartung, erhoffen wir uns doch vom 400 m höher gelegenen Salungrücken den ersten Blick auf Everest und Cho Oyu.

Vor dem Abmarsch sehen wir uns noch die interessante Ghompa an. Als wir dann um 9 Uhr aufbrechen, sitzen bereits Wolken auf den umliegenden Bergspitzen, und bald setzt ein gemächlicher Schnürlregen ein, doch nach eineinhalb Stunden herrscht wieder eitel Sonnenschein. Wir eilen längs einer Manimauer vorwärts, um am höch-

---

*) „Buddha, du Juwel im Lotos."

**) Guter Tschang ist schwach milchig trüb bis wasserklar, schmeckt leicht alkoholisch und leicht säuerlich, hat eine eher sämige Konsistenz und darf keinesfalls zu stark hefig, sauer oder bitter schmecken.

sten Punkt den ersten „Achttausenderblick“ zu erleben — werden aber stark enttäuscht. Schwere Haufenwolken verbergen im Nordosten den ersehnten Anblick.

Statt dessen haben wir aber von hier einen wunderbaren Blick zurück auf den Lamjurapaß und hinunter nach Junbesi. Unser Weg führt nun ganz großartig längs wuchtiger Gras-Felsflanken hoch oben dahin, ähnlich wie manche Zermatter Höhenwege, und wir werden durch die Nahblicke voll entschädigt. Tief unter uns können wir auch das Tal des Beni Kola mit seinen Steilabbrüchen zum Fluß voll einsehen.

Eine großartige Bergflora erfreut uns hier in 3000 m Höhe, und bei der nächsten Rast sind wir Zeugen einer interessanten Symbiose zwischen Bergdohlen und grasenden Rindern. Die Vögel sitzen, ähnlich wie Madenhacker auf den Elefanten, den Rindern auf dem Rücken und holen sich vor allem aus der Aftergegend Kotreste, aber anscheinend auch dort eingenistete Insekten.

Anschließend geht es einige hundert Höhenmeter hinunter zu den Hütten von Ringma und — was für die Höhenanpassung sehr förderlich ist — drüben wieder gleich hoch hinauf. Wir sind erstaunt, hier sogar eine wohlschmeckend kleine Pfirsichart anzutreffen. In einem der Häuser kaufen wir hübsche handgeschnitzte hölzerne Druckstöcke, mit welchen die Leute handgemachtes Papier und auch Gebetsfahnen bedrucken.

Knapp nach Mittag setzen Gewitter mit gewaltigen Regengüssen ein. Wir sind froh, nun bald unser Tagesziel, das 3000 m hoch gelegene Kloster Takshindu, erreicht zu haben und so lange im Vorhof der Ghompa unterstehen zu können, bis unsere braven Sherpas die Zelte auf dem Klostervorplatz im strömenden Regen aufgestellt haben.

Der einzige leidlich gut Englisch*) sprechende der hier lebenden zehn Mönche lädt uns zu einer Klosterbesichtigung ein. Die Baulichkeiten des Klosters wirken relativ modern, und wir haben die Erklärung dafür, als wir hören, daß es 1934 nach dem damaligen großen Erdbeben neu aufgebaut werden mußte. Wir lernen hier die Besonderheit der Lamaklöster in Solu und Khumbu erstmals kennen: Jeder Mönch hat ein eigenes kleines Häuschen, bestehend aus Wohn-Schlafraum und einer kleinen anschließenden Küche.

Die Mönchszellen sind recht komfortabel mit Bett, Tisch und Bücherregal eingerichtet, und neben religiösen Drucken hängt an den Wänden ein Bild des Dalai-

---

*) Sowohl die Hindi sprechenden Nepali als auch die tibetisch sprechenden Sherpas haben die Eigenart, kein „f“ aussprechen zu können, sondern statt dessen „p“ zu sagen. Das heißt dann im englischen z. B. „pipe pingers“ statt „five fingers“, und beim an sich gebrochenen Englisch, wie es auch von den Sirdars gesprochen wird, muß man mehrmals rückfragen, bis man sich voll verständigt hat, wenn es um kompliziertere Dinge geht. Diese fehlende Fähigkeit zum Aussprechen des „f“ ist übrigens auch bei anderen asiatischen Völkerstämmen und interessanterweise auch bei den Eskimos zu finden.

Lama und des Königs von Nepal. Der Mönch hat seine Ausbildung in Tengpoche und Darjeeling erhalten. — Wir dürfen seine Mitbrüder dann auch bei der Gebetsstunde in der Ghompa besuchen und fotografieren, wobei sie sich vom Blitzlicht der Kameras in keiner Weise stören lassen. Sie lesen gemeinsam aus ihren wertvollen handgeschriebenen oder handgedruckten Gebetsbüchern.

Schließlich lernen wir noch eine Eigenart der Lamaklöster kennen. Man bietet uns Druckstöcke, tibetische trachtenechte Schuhe und alle möglichen anderen Souvenirs zum Kauf an, und wir werden dabei daran erinnert, daß die Lama-Mönche damit, durch Pilgerspenden sowie mit Geldverleih und einer „Mitgift" von zu Hause ihren Lebensunterhalt bestreiten müssen.

Voll der Eindrücke beziehen wir am Abend unsere Zelte. Der nach wie vor herunterprasselnde Regen*) und die zeremoniellen Paukenschläge bei der abendlichen Klostermusik aus der nahen Ghompa geleiten uns in einen tiefen Schlaf.

Bananen am Gletscherfluß

Gongs und Trommeln vom Kloster wecken uns am nächsten Morgen bei strahlendem Wetter, und wir können jetzt erst erkennen, auf welch landschaftlich reizvollem Platz wir uns befinden. Vor uns das warme Braun der Dächer und Wände der Klostergebäude mit blühender Kapuzinerkresse in den Fenstern, weiße Gebetsfahnen auf hohen Stangen und die Eisriesen des Rolwaling Himal im Hintergrund.

Heute, am sechsten Tag, haben wir einen Abstieg von fast 1500 Höhenmetern vor uns, und wir brechen daher früh auf, um das berühmte Tal des Dudh Kosi**) zu erreichen. Der Fluß kommt direkt vom Mount Everest und bahnt sich seinen Weg ziemlich geradlinig nach Süden, um erst vor der Mahabharat-Lekh-Kette in den Sun Kosi zu münden.

Wir nehmen etwas schweren Herzens vom schönen Takshindu Abschied und steigen zuerst wieder durch flechtenbehangenen Nebelwald und dann über Hochweiden ab. Schließlich führt der Pfad an Hunderten Terrassenäckern mit Hirse und Mais vorbei; neben den kleinen Bauernhäusern wachsen wieder die charakteristischen Bananen, und gelegentlich sind auch Tarofelder***) zu sehen. Wir befinden uns bereits wieder im subtropisch-tropischen Klimabereich, und hier wird der Kontrast

---

*) Zum allfälligen Abdichten von undicht werdenden Zelten bei langanhaltenden schweren Regenfällen empfiehlt es sich, einige Alufolien („Rettungsdecken") mitzuführen.

**) „Dudh Kosi" = „Milchfluß", nach seiner milchig trüben Färbung durch das Schmelzwasser der Gletscher.

***) Taro = tropische, stärkehältige Knollenfrucht aus der Familie der Aronstabgewächse.

zwischen der Vegetation und den im Norden immer wieder sichtbaren Gletscherbergen besonders stark.

Die letzten 100 m zum Fluß hinunter geht es durch einen Schluchtwald. Die lastende Hitze und die Stille des Mittags werden durch das eigenartige Surren der Baumzikaden nur noch verstärkt, aber durch einen Vogelpfiff, ähnlich einer Rangierlokomotive, immer wieder unterbrochen.

Wir überschreiten den Dudh Kosi auf einer gutgebauten Hängebrücke, der Fluß bringt einen angenehm kühlen Luftzug mit; wir merken, daß seine Wasser gletschergespeist sind. Hier essen wir unter Urwaldbäumen, an denen wir auch die ersten blühenden Orchideen entdecken.

Nun haben wir „Höhenmeter konsumierende Wanderer" wieder einen Aufstieg von 500 Metern vor uns, da sich der Himmel aber bezieht und die Hitze nicht mehr sehr drückend ist, geht es wieder recht flott vorwärts.

Wir erreichen das noch am Fluß liegende Dorf Jubing, welches fast tropischen Charakter hat. Die Häuser sind strohgedeckt und unter kleinen Bananendickichten und Bambuswäldchen versteckt. Die zweigeschossigen Häuser mit den vorgezogenen Dächern und hübschen Holzveranden sind sehr anheimelnd. Mit Schnitzereien reich verzierte Geräte zeugen vom handwerklichen Können und künstlerischen Empfinden der Leute.

Die Dorfbewohner sind Gurkhas, und wir haben hier wieder ein typisches Beispiel dafür, daß Nepal von den verschiedenen Volksstämmen nach den Höhenlagen und nicht nach den geographischen Grenzen besiedelt wird. Hier an der Grenze zwischen den Provinzen Solu und Khumbu befinden wir uns im Gebiet der Sherpas, aber diese siedeln sich in Höhenlagen um 2500 m selten und unter 2000 m überhaupt nicht an.

Unsere Route von Jiri bis hierher war mehr oder weniger in Ost-West-Richtung verlaufen; aber nun, am Dudh Kosi, schwenken wir nach Norden. Wir müssen grundsätzlich dem Flußverlauf folgen und ihn im Oberlauf einige Tagesmärsche später auch mehrmals überqueren. Wir haben aber dennoch nicht die Möglichkeit, an seinen Ufern entlang zu marschieren, denn die Wasser überwinden auf 30 km Luftlinie an die 2000 Höhenmeter und stürzen über wilde Gefällstufen und durch tiefe Schluchten herab.

Der Pfad führt uns über eine Serie von Steintreppen über Jubing hinauf, und bald erreichen wir das bescheidene Dörfchen Kharikola. Jetzt am Nachmittag setzt auch wieder ein gewaltiger Nachmonsunregen mit Blitz und Donner ein.

Unsere Sherpas sind wieder rührend um uns bemüht; sie stellen während heftiger Regengüsse die Zelte auf, ziehen Wasserabzugsgräben (wozu allerdings die Eispickel mißbraucht werden) und haben während des Sturmes immer wieder Arbeit mit dem Nachziehen der Verspannungen.

Um uns mit der feindlichen Umwelt etwas zu versöhnen, und weil außerdem Sonntag ist, bäckt der Koch sogar einen Kuchen. Der innere Teil dieses am offenen Feuer zustande gebrachten Meisterstücks ist zwar speckig, aber er mundet unseren längst nicht mehr sehr verwöhnten Gaumen doch trefflich. — Am späten Abend klart es dann wieder auf, und die Nacht wird ziemlich kühl.

Ein Lagerplatz im Märchenwald

Nun sind wir nahezu eine Woche unterwegs, und außer vier deutschen Studenten haben wir keinen einzigen Fremden getroffen. Mit einer einzigen Ausnahme; ein offensichtlich spleeniger Amerikaner mit geschorenem Kopf und in eine buddhistische Mönchskutte gehüllt, ist uns heute morgen begegnet.

Wir gehen über die kleine Ortschaft Kharte wieder steil hinauf zum Khari La*) auf 3100 m. Es geht an einigen stattlichen Sherpahäusern vorbei, und wir halten beim „Hotel Makalu" Mittagsrast, weil neben dem Haus eine gute Quelle entspringt. Die Bezeichnung „Hotel" ist natürlich irreführend, handelt es sich doch nur um Schlafplätze auf dem Fußboden und die Möglichkeit, sich sein Tsampa**) am Feuer kochen zu können.

Der Paß ist eine Lichtung im flechtenbehangenen Nebelwald, und riesige verkohlte Baumstümpfe zeugen von häufigen Blitzschlägen. Auch der Abstieg führt weiter durch herrlichen Hochwald. Alles ist moosbewachsen, und die graugrünen Flechtenbärte bewegen sich langsam im Wind.

Wir wollen beim Weiler Puiyan auf 2800 m mitten im Urwald campen. Knapp vor dem Lagerplatz überschreiten wir auf schmaler Brücke einen wilden Bergbach, der zwischen riesigen Felsblöcken dahinschießt. Unter einem mächtigen Felsüberhang ist aus Steinen und Bambusmatten die primitive Behausung eines Einsiedlers eingerichtet, aus der angenehm duftender Holzfeuerrauch entweicht. Daneben hat der Wildbach aus dem schroffen Geblöck ganz stille tiefgrüne Wassertümpel ausgekolkt. Der dichte Hochwald läßt einzelne Sonnenkringel im Rauch und auf der Wasserfläche spielen. — Alles zusammen eine märchenhafte Szenerie, eine Stimmung wie auf einem Waldmüllergemälde.

Kaum haben wir aber unsere Zelte aufgeschlagen und in den klaren Tümpeln ein kurzes, erfrischendes Bad genommen, fällt Nebel ein, und bald darauf prasselt auch der Regen herunter, der wieder die halbe Nacht anhält. Wir haben uns an die Spät-

---

*) La = Paß.
**) Tsampa = Nationalspeise aus geschroteten, getoasteten Getreidekörnern, mit Wasser angerührt.

nachmittagsgüsse schon gewöhnt und wissen nicht, daß es der letzte schwere Regen für die nächsten 14 Tage ist. Einerseits ist der Oktober schon fortgeschritten, und die trockenere Jahreszeit beginnt, zum anderen nähern wir uns aber immer mehr dem Himalaja-Hauptkamm, dessen innere Täler an sich ein sehr trockenes Klima aufweisen.

Am nächsten Morgen gelangen wir auf einen kleinen Paß — und hier stehen wir plötzlich geblendet einer Kette von Sechstausendern gegenüber, deren Hängegletscher und Eisströme herunterleuchten. Es sind die Ausläufer der Tramserku-Gruppe.

Etwa 700 m unter uns schäumt der Dudh Kosi milchigtrüb herauf.

Wir gehen durch Hochwald abwärts, und es fallen die zahlreichen Bäche auf, ein Zeichen, daß es oberhalb unseres Pfades Gletscher-Schmelzwasser gibt. Später rauschen auch mächtige Wasserfälle herab, und in der angenehmen Kühle stimmen unsere Träger ihren monotonen, aber dennoch fröhlichen Singsang an.

Der tiefste Punkt des heutigen Wegabschnittes liegt hinter uns, und wir steigen gemächlich zur Ortschaft Chaunrikharka auf 2600 m hinauf. Das halbe Dorf ist gerade zur Schafschur versammelt. Die Tiere sind von den Hochalmen heruntergebracht worden und warten nun in steinmauerumsäumten Pferchen blökend auf die Prozedur.

Plötzlich vernehmen wir Motorengebrumm, und kurz darauf zieht eine Twin-Otter eine Schleife über uns, um gleich darauf etwa 200 m höher auf einem von hier nicht einzusehenden Platz zu landen. Wir befinden uns direkt unterhalb des STOL-Platzes Lukla, von dem wir zehn Tage später zurückfliegen sollen.

Bald treffen wir auch auf den Weg, der von Lukla ins Tal herunterführt, und sehen, daß eine Touristengruppe angekommen ist. Sie wurde offensichtlich von ihren Sherpas mit Tragtieren am Flugfeld erwartet, denn beim nächsten Rastplatz kommt sie uns bereits mit schwerbepackten Tsaoris nach. Wie klein ist doch die Welt! Von den zehn Bergsteigern sind uns drei bekannt, waren wir doch mit ihnen zusammen am Kilimandscharo. Natürlich gibt es ein großes „Begrüßungshallo".

Die Umgebung ist inzwischen wesentlich „alpiner" geworden, und wir erreichen in 2600 m auch wieder die Talsohle und schlagen am Fluß, unweit des Weilers Pakhding, unsere Zelte auf.

Die Träger sind zugleich mit uns angekommen und freuen sich wie immer über die angebotenen Zigaretten, die wir übrigens extra für sie mitgebracht haben.*) Die meisten Nepali berühren nach Hindusitte den „unreinen" Tabak nicht mit ihren Lippen, sondern ziehen den Rauch durch die hohle Hand ein. — Anschließend

*) Trinkgelder während der Trekkingtour sind nicht erwünscht, sondern zum Abschluß erhalten alle Träger nach einer Sammlung unter den Teilnehmern ihr Geldgeschenk zu gleichen Teilen.

bereiten sie sich über kleinen Feuerchen in Gruppen zu dritt und zu viert ihr Tsampa, wovon sie gewaltige Mengen vertilgen. Wir staunen auch immer wieder über die unglaublichen Mengen, welche unsere Sherpas essen.

Das alte Handelszentrum Namche Bazar

Am nächsten Morgen sind unsere Zelte von Kindern aus dem nahen Dorf umringt, und auch Mütter, welche ihre Kleinkinder zwischendurch immer wieder lausen, haben sich eingefunden. Im Gegensatz zu den Tagen vorher, wo wir durch von Fremden kaum berührte Gebiete kamen, betteln die Kinder hier, sind also von den Touristen bereits verdorben worden. Sie tun es allerdings mit einer natürlich-rührenden Geste, indem sie einen bei der Hand nehmen.

Unser Koch kauft „alu", wie die Kartoffel auf Nepali heißt. Augenblicklich ist nämlich im ganzen Khumbu Kartoffelernte, und wir treffen die Leute überall beim Roden an. Der Geschmack der nur etwa eigroßen Knollen ist übrigens vortrefflich.

In der Frühe haben wir Hochnebel, wie wir ihn eigentlich im Herbst auch von unseren Alpen gewöhnt sind. Er lockert sich aber bald auf, und wir ziehen nun das schmal werdende Dudh-Kosi-Tal aufwärts. Zuerst wieder Tränenkiefernbestände beiderseits des Flusses, dann aber bald mächtige Himalajatannen. Das Tal wird noch enger, und steile, gletschergeschliffene Felsflanken ziehen herab. Ganz hoch oben leuchten immer wieder gleißende Firnfelder aus den Nebelfetzen. Wohin man blickt, kommen Wasserfälle herab, und es sieht ganz so wie in unseren Westalpentälern aus.

Schluchtartige Einengungen des Flusses müssen immer wieder umgangen werden, und auf diesen Flächen stehen einzelne schindelgedeckte Bauernhäuser, umgeben von einigen Ackerterrassen. Hier in 2800 m gedeiht noch immer Mais, aber die Hauptfrüchte sind Kartoffeln und Buchweizen. — Wir gehen übrigens schon seit Jubing auf einem der wichtigsten und uralten Handelspfade zwischen Indien und Tibet, führt unser Weg doch direkt weiter nach Norden in fünf bis sechs Tagesmärschen über den Nangpa La nach Tibet.

Auf guten Hängebrücken wird der Fluß einige Male überquert, und wir erfahren von unserem Sirdar, daß diese vor einigen Jahren aus neuseeländischen Spendengeldern erbaut wurden. Sir Hillary, der Erstbesteiger des Everest und Wohltäter der Sherpas, hat die Mittel hiezu aufgebracht. — Mehrmals sehen wir an überhängenden Felsen direkt über dem Fluß eigenartige baumschwammähnliche Gebilde mit zirka 40 cm Durchmesser hängen, und erst mit dem Fernglas erkennen wir, daß es sich um Stöcke wilder Bienen handelt. Unser heutiges Ziel ist das 3440 m hoch gelegene Namche Bazar, der größte Ort des Khumbu.

Der Weg ist wie ein Hüttenanstieg in den Alpen angelegt und führt in unzähligen Kehren immer wieder an Aussichtskanzeln über den Fluß, der tief unten dahinschießt. Über uns kreisen ständig Adler, deren gefingerte Endschwingen in der Sonne aufleuchten. Sträucher und Bäume werden spärlicher, dafür wird aber die krautige Bergvegetation immer üppiger. Der hübsche Schmuckenzian*), ähnlich unserem „Echten Enzian" in den Alpen, wächst in großer Zahl, und auch Läusekraut- und Bergasternarten sowie Eisenhut sind uns vertraute Begleiter längs des Weges.

Steile, felsdurchsetzte Erdflanken brechen zum Nangpo Tsangpo ab, wie der vom Nangpa La herunterkommende Fluß hier heißt, und plötzlich taucht um eine Wegbiegung Namche Bazar auf.

Die ca. 60 Häuser mit ihren steinbeschwerten Holzschindeldächern liegen in einer Hochtalmulde im Halbkreis, umgeben von kargen Ackerterrassen. Das gesamte Ortsbild macht einen verhältnismäßig wohlhabenden Eindruck, den man versteht, wenn man um die seinerzeitige zentrale Handelsposition von Namche am wichtigen Nangpa-La-Übergang nach Tibet weiß. Obwohl das Dorf klimatisch begünstigt liegt, macht die Landschaft einen ungewohnt kahlen, almähnlichen Eindruck, der auf die fast totale Abholzung des Waldes in Dorfnähe zurückzuführen ist.

Etwa zehn Krämerläden im Ort lassen den Beinamen „Bazar" tatsächlich als gerechtfertigt erscheinen. Textilien, Tee, Rum, Zucker, verschiedene Konserven und sogar Bier gibt es hier zu kaufen; alles wurde natürlich auf dem Rücken von Trägern heraufgeschafft. Es wird aber auch Verschiedenes an Bergsteigerausrüstung angeboten, wobei es sich um „Strandgut" von Expeditionen der letzten Jahre handelt.

Bei der Gelegenheit muß auch eine wichtige Verhaltensweise der Nepali, ja der gesamten asiatischen Völker vermerkt werden. „Ja" und „Nein" werden genau verkehrt wie bei uns gedeutet. „Ja" wird mit einem Schütteln des Kopfes angezeigt, wobei man bei genauer Beobachtung sieht, daß es die nachvollzogene Bewegung eines halben liegenden Achters ist. „Nein" wird in der Regel durch ein einmaliges Kopfnicken oder durch eine Art Augenaufschlag bedeutet. — Vor allem wenn man sich nur in der Zeichensprache verständigt und ganz besonders beim Handeln ist die Kenntnis dieser Tatsache wichtig, weil man sonst nur gegenseitige Verwirrung stiftet und sogar in unangenehme Situationen kommen kann.

---

*) Gentiana ornata.

Monumentalfigur des Kali Bhairav (kali = schwarz, bhairav = schrecklich), eine der Erscheinungsformen des Gottes Shiva (17. Jahrhundert) vor dem alten Königspalast in Kathmandu.

Trotz des gewissen Wohlstandes in Namche sind die Kinder und älteren Leute genauso wenig gewaschen wie anderswo in Nepal. Und es ist auch immer wieder unglaublich, welch abenteuerliche, in Lumpen gehüllte Gestalten man zwischendurch sehen kann.

Etwas erhöht über dem Ort liegt der „Checkpoint", wo die Trekking-Permits aller Touristen kontrolliert und gestempelt werden. Die Soldaten sind in „zivile" Daunenjacken gehüllt, dem Statussymbol des Sherpalandes. Die Offiziere sind freundlich, sprechen ein relativ gutes Englisch, genießen aber doch in gewissem Maße die ihnen zukommende bürokratische Macht. — Hier und ein kleines Stückchen oberhalb, am Flugfeld in Syangboche, befinden sich übrigens die einzigen Funkstationen zwischen Jiri und der tibetisch-chinesischen Grenze.

Wir sind nun endgültig in die Welt des Hochgebirges vorgestoßen, und für die barfüßigen und spärlich bekleideten braven Träger wird das Klima ab hier zu unwirtlich. Die meisten werden daher heute noch entlohnt. — Ab morgen werden Yaks unsere Lasten übernehmen!

Beim Abschied von den Trägern spielt sich zu guter Letzt noch eine kleine Tragödie ab. Einer hat den Eispickel verloren, der ihm unterwegs leihweise bzw. zum Transport überlassen wurde, und muß nun den größten Teil seiner Entlohnung als Ersatz dafür wieder hergeben. Mit Tränen in den Augen steht er umher, kann aber schließlich — unseres tätigen Mitleids sicher — insgesamt mit einer größeren Summe abziehen.

Nun befinden wir uns im Herzen des Khumbu, jenem Provinzteil Nepals, der die höchste Erhebung des Landes trägt, den Mount Everest oder die „Chomolungma", wie die Einheimischen beiderseits der Grenze sagen. (In der offiziellen Landessprache heißt er übrigens „Sagarmatha", was soviel wie „Hoch am Himmel" bedeutet.)

Das Khumbu, die Heimat der Sherpas, ist von extremem Hochgebirgscharakter geprägt, aber dennoch außergewöhnlich klimabegünstigt. Dieses Land an der Südabdachung des Himalaja ist durch den Hauptkamm voll gegen Norden geschützt, den warmen südlichen Winden der indischen Tiefebene und dem Monsun aus dem Golf von Bengalen hingegen voll geöffnet. Als Resultat dieser Klimagunst gedeihen in 4200 m in Phortse noch Kartoffeln, und in Lobuche kann in 4900 m noch Grünlandwirtschaft betrieben werden.

Insgesamt ist das Land aber dennoch niederschlagsarm, und dem Hauptkamm zu

Einer der größten Tschorten steht in Junbesi, dem Hauptort des Solu.

wird es sogar sehr trocken. So finden sich am Khumbugletscher bereits Flugsandfelder, und es kann dort — ähnlich wie in Tibet — zu mehrstündigen Sandstürmen kommen. Auch die vorkommenden gletschertischähnlichen Eistürme sind ausgesprochene Trockenheitszeiger.

Die oberhalb der Waldgrenze gelegenen Almen werden während der feuchtwarmen Monsunmonate von Juni bis August beweidet. Es werden Yaks, Tsaoris, Schafe und Ziegen aufgetrieben. Diese Hochalmen liegen einige hundert Meter und mehrere Wegstunden über den Dörfern, und die Weiden sind von geschlichteten brusthohen Steinmauern umgeben. Die primitivst ausgestatteten Almhütten sind in die Mauerfluchten einbezogen. Diese Zentren intensiver Almwirtschaft liegen wie kleine Kulturinseln häufig auf ebenen Flächen inmitten des wilden Ödlandes und der sie umgebenden kargen Weiden.

Die Almhütten sind wegen des Fehlens von Holz nicht mit Schindeln, sondern mit Steinplatten gedeckt — völlig gleich wie im Wallis. Futtervorratswirtschaft und Heuwerbung sind übrigens praktisch nur bei den Sherpas üblich und sonst nirgends in Nepal anzutreffen.

Während der Sommermonate zieht oft die ganze Familie auf diese Hochalmen, und in besonders geschützten Lagen findet man hier auch noch kleine Kartoffeläcker, die für die Ernährung während dieser Zeit von Bedeutung sind.

Als wir schließlich auf einer Weide, oberhalb Namches, nach diesem ereignisreichen Tag unser Zeltlager beziehen, weicht der nachmittags aufgezogene Nebel der Kälte der einbrechenden Nacht. Im Mondlicht leuchten von der anderen Talseite die mächtigen Gletscher des Kongde Ri herüber.

Chomolungma — „Göttinmutter des Landes“

In der Nacht hat es den ersten Reif auf die Zelte gelegt. Zu unserer größten Freude spannt sich ein wolkenfreier, im Osten bereits rotgefärbter Himmel über uns. Nach einigen Schlucken Tee eilen wir den Hang über unserem Lager hinauf, der uns den Blick nach Norden versperrt. Von der Kuppe soll man sie sehen — die „Göttinmutter des Landes“, den höchsten Berg der Erde.

Und tatsächlich, in knapp 20 km Luftlinie erhebt sich seine Gipfelpartie als ungeheuer hohe schwarze Kuppe mit eher milden Formen über die Eisriesen seiner Umgebung noch ein deutliches Stück hinaus. Links und rechts von ihm die gewaltigen Eismauern von Nuptse und Lhotse. — Wir sind ergriffen, denn für die meisten von uns war dies das Ziel der Reise und eine echte Pilgerfahrt zum „Thron der Götter“.

Noch ein Berg erregt aber im Nordwesten unsere Bewunderung mit seinen unglaublich edlen Formen, seinen schlanken Eisflanken, die sich zu einer steilen Pyramide zusammenneigen. Amai Dablang, 6900 m hoch und etwa halbwegs zwischen unserem Standort und dem Everest gelegen — einer der schönsten Berge der Erde!

Wir richten sämtliche Objektive auf das erhabene Bild. Nach längerem Betrachten der großartigen Bergszenerie kommt uns aber auch der lange Leidensweg der Besteigungsversuche des Mount Everest in den Sinn. Und ein wenig erahnen wir auch heute noch die Freude der Erstbesteiger Edmund Hillary und Norkay Tenzing, als es ihnen vergönnt war, am 29. Mai 1953 den Fuß auf den höchsten Punkt der Erde zu setzen.

Wir sind nun schon 10 Tage unterwegs und haben manches Interessante erlebt und viel Schönes gesehen, aber nun drängt es uns mit Macht, weiter in dieses herrliche Gebiet hineinzuwandern, um den Mount Everest und seinen Trabanten näherzukommen.

Vorerst folgt ein fast eben dahinführender Traum-Höhenweg mit ständigem Blick auf Everest, Nuptse, Lhotse und Amai Dablang sowie eine ganze Reihe weiterer prachtvoller Sechstausender, die jeder für sich in den Alpen überragende Bewunderung finden würden.

Wir gehen hoch über dem Imja-Drangka-Fluß, und der Herbst hat die Büsche und Kräuter in den felsdurchsetzten Grasflanken mit leuchtenden Rot- und Gelbtönen gefärbt. Es ist in der Sonne warm, aber im Gegensatz zu den Tagen vorher nicht mehr schwül, und ständig weht uns auch ein kühles Eislüftchen entgegen. Wir sind in einer seltenen Hochstimmung, da wir all das mit eigenen Augen sehen können.

Vor uns im Norden zieht aber eine weitere gletschergekrönte Berggestalt die Blicke auf sich. Es ist der 6400 m hohe Taboche.*) Im unteren Teil seiner wilden Flanken, in fast 4000 m Höhe, liegt auf einem Plateau, wie auf einer ausgestreckten Handfläche, die Ortschaft Phortse.

Über all der großartigen Schau hätten wir fast das Edelweiß zu wenig beachtet, das seit Namche in solchen Mengen wächst, daß man beim Betreten der Grashänge achtgeben muß, nicht zu viele Pflanzen zu zerstören.

Schließlich steigen wir durch Tannenwald zum kleinen Weiler Punkhi ab, der unten am Fluß in 3250 m liegt. Wir stoßen auf mehrere kleine, verputzte Steinhäuschen mit Schindeldächern und Gebetsfahnen davor, die direkt an einem Bachlauf stehen. Es sind keine Getreidemühlen, sondern durch Wasserkraft angetriebene Gebetszylinder. Ein Ausdruck besonderer Frömmigkeit der hier lebenden Menschen und wohl auch ein Zeichen dafür, daß wir uns bereits im Bannkreis des weithin berühmten Klosters Tengpoche befinden, das wir an diesem Tag noch erreichen wollen.

*) Erstbesteigung 1973 durch Franzosen.

Hier zwischen Namche und Tengpoche haben wir heute an die 30 Ausländer in drei Gruppen getroffen. Jetzt in der wettergünstigen Nachmonsunzeit konzentriert sich alles auf diesen weltberühmten Weg. Die meisten von ihnen sind nach Lukla geflogen worden, wo drei Tage vorher, wie man uns erzählte, alle vier Twin-Otters der Royal Nepalese Airlines voll Touristen und Bergsteiger ankamen. — Trotz allem sind wir aber lange Wegstücke des heutigen Tages völlig ungestört gegangen, und zwei Tage später sind wir schon wieder allein unterwegs.

Damit wir aus unserer Hochstimmung aber wieder etwas auf den Boden des nicht immer nur angenehmen Alltags zurückgeholt werden, hat der Leidensweg eines unserer Freunde gesorgt:

Schon vor 2 Tagen hatten sich bohrende Zahnschmerzen bei ihm eingestellt, und außer der Verabreichung schmerzstillender Mittel konnte unser Arzt nichts tun, weil er keine Extraktionszange mithatte. Dann fiel uns ein, daß bei den von uns unterhalb Lukla getroffenen drei „Kilimandscharo-Freunden" einer ja Zahnarzt ist. So hatten wir denn gestern zwei Sherpas ausgesandt, um den Zahnarzt in irgendeinem der Umgebungsdörfer aufzutreiben. Das war dann auch tatsächlich gelungen, aber sie kamen mit der Botschaft zurück, daß auch dieser keine Zange bei sich hätte. Inzwischen waren die Zahnschmerzen unerträglich geworden, was in größeren Höhen leider gar nicht so selten vorkommt. Zum Glück gab es aber noch eine Hoffnung: das „Hillary-Hospital" in Khumde, eineinhalb Wegstunden oberhalb von Namche.

Und so war er noch gestern abend in Begleitung eines unserer Sherpas, der in dem Dorf daheim war, zum Spital aufgestiegen. Glücklicherweise war der junge neuseeländische Arzt nicht über Nacht abwesend, obwohl er ausgedehnte Praxisbesuche im oberen Khumbu zu machen hat. Das Spital ist die einzige ärztliche Versorgungsstelle weit und breit. Mit Taschenlampenbeleuchtung, den Kopf auf den Küchentisch zurückgelehnt und unter Assistenz eines zufällig anwesenden, berühmten amerikanischen Universitätsprofessors wurde dann der „Jammerzahn" souverän gerissen. Eine kräftige Antibiotikadosis sorgte für das Ausbleiben allfälliger Nachwehen. Unser Freund zahlte gerne 50 Rupien für die kleine Operation und war übrigens wenige Stunden später schmerzfrei.

Die Einheimischen werden im Spital kostenlos behandelt, und das ganze Unternehmen wurde aus Spendengeldern der Lions aus Neuseeland auf Anregung Sir Edmund Hillarys geschaffen. Obwohl das „Spital" nur aus den zwei Wohnräumen des Arztes und einem anschließenden Zimmer mit einigen Betten zur stationären Behandlung besteht, ist es doch eine segensreiche Einrichtung — die erste medizinische Behandlungsstätte für die Sherpas.

Die neuseeländischen Ärzte wechseln etwa alle zwei Jahre und arbeiten fast kostenlos. Ihre Gattinnen sind in der Regel gleichzeitig Lehrerinnen an der in der Nähe befindlichen Schule. Wie unser „Patient“ aus dem Gespräch mit dem Arzt erfuhr, sind die Haupterkrankungen der Sherpas Tuberkulose und schwere Darminfektionen; aber auch die vielen Kröpfe sind ein Problem. Blinddarmentzündung und Karies sind bei den weitgehend noch sehr natürlich lebenden Sherpas hingegen praktisch unbekannt. Die Nacht hat unser Freund in Khumde im Haus des begleitenden Sherpas mit allen anderen Familienmitgliedern auf den Schlafmatten am Fußboden zugebracht, und am Morgen hatte man ihm zur Schonung der Zahnwunde extra Kartoffelbrei serviert.

Einer der schönsten Plätze der Erde

Der Aufstieg zum Kloster Tengpoche auf 3900 m führt durch lockeren Tannenwald. Völlig überraschend erreicht man den großen ebenen Platz auf dem Kamm eines Hangrückens, wo sich die Steinhäuschen der Lamas um das auf einer kleinen Anhöhe gelegene Klostergebäude scharen. Man betritt das Areal durch ein Torhaus mit vergoldetem Knauf am Dach und flatternden Gebetswimpeln; seine Innenwände sind mit religiösen Fresken geschmückt.

Das dahinterliegende große Wiesengelände wird von der Ghompa mit ihrem weitausladenden, pagodenähnlichen Dach mit vergoldeter Spitze überragt. Ihre Wände sind charakteristisch rotbraun gefärbelt, und die geschnitzten Dachvorsprünge und Fensterrahmen sind bunt bemalt. Mani-Steintafeln lehnen rund um das Mauerwerk, und an der Hinterseite haben die Gläubigen Gelegenheit, eine Reihe großer kupferner Gebetszylinder in Bewegung zu setzen.

Rundherum drängen sich die weißgetünchten Häuser der Mönche mit buntem Blumenschmuck vor den Fenstern. Diese Mönchszellen sind im etwas abfallenden Gelände pyramidenförmig um das Kloster angeordnet.

All das wäre an sich schon ein wunderschöner Anblick, aber der Ghompaplatz wird direkt überragt von der ungeheuer wilden Eiswand des Tramserku*) und den kühnen Formen der Kang Taiga**), deren langgezogenes Gletscher-Gipfelfeld mit dem aufgesetzten Eishorn an einen Yaksattel erinnert. Dann reiht sich die formvollendete Eispyramide der Amai Dablang an, und im Talhintergrund — nun schon wesentlich näher als in Namche***) — steilt die gewaltige Eismauer von Lhotse und Nuptse auf, überragt von der Gipfelpyramide des Mount Everest. Direkt gegenüber im Norden, auf der anderen Talseite, dräuen die wilden Felsflanken des Taboche, und den Abschluß im Südwesten bilden die langgezogenen Gletscher des Kongde Ri.

*) 6608 m.
**) Kang Taiga = „Yaksattel“ auf tibetisch; 6685 m.
***) 13 km Luftlinie.

Eine unbeschreiblich großartige Bergszenerie, wie man sie sich formvollendeter und erhabener nicht vorstellen kann. Ein Flecken Boden, auf dem sich die kleinen menschlichen Bauwerke voller Harmonie in das große Rund der höchsten Berge der Erde einfügen. — Ein Platz zum Verweilen, zum Schauen, zum Meditieren.

Unwillkürlich wird man an das „Shangri La" im Roman von James Hilton „Lost Horizon" erinnert. „An den Platz im Himalaja, den jeder finden kann; an den Platz der Ruhe, des inneren Friedens und der Glückseligkeit."

Wir können direkt vor dem Kloster unsere Zelte aufstellen und sind glücklich darüber, zwei Tage hier verweilen zu dürfen. Als am Nachmittag Nebel aufzieht, benützen wir die Gelegenheit zur Besichtigung des Klosters. Die Sherpas glauben übrigens, daß der derzeitige Abt von Tengpoche eine „freiwillige" Reinkarnation sei.

Das Kloster wurde erst 1923 von Gulu Lama gegründet und schon 1933 durch ein Erdbeben zerstört. Der Gründer überlebte dieses Unglück nur um wenige Tage. Kurz darauf wurde an derselben Stelle die Ghompa in ihrer jetzigen Gestalt mit Unterkünften für rund 40 Mönche wiederaufgebaut. Das Kloster ist der wichtigste religiöse Ort im Khumbu und wird durch Spenden aus der ganzen Provinz erhalten. Seit der Machtübernahme in Tibet durch die Chinesen nimmt Tengpoche die früher vom 28 km nördlich gelegenen Ronghpu-Kloster innegehabte zentrale Bedeutung ein, dessen Oberlama heute in Tengpoche lebt.

Die zwei Zeremonienräume der Ghompa sind mit schönen Buddhastatuen geschmückt. Bunte Lackmalereien verzieren das gesamte Gebälk, und an den Wänden sind schöne religiöse Darstellungen zu sehen. Besonders auffallend sind die hübsch bemalten Holzfächer für die wertvollen, handgeschriebenen Gebetsbücher und heiligen Schriften. Hier und in anderen Klöstern des Khumbu ruht ein ungehobener kultureller Schatz, mit dem sich die Wissenschaft noch nicht befaßt hat! Besonders interessieren uns auch die kultischen Musikinstrumente, die Trommeln, Muschelhörner und klarinettenartigen Trompeten.

1974 waren ständig nur 18 Mönche im Kloster, die sich übrigens nicht täglich, sondern nur an den vielen Festtagen zu gemeinsamem Gebet und Ritual einfinden. — Auch Tengpoche hat seinen neuzeitlichen Anachronismus, und zwar hängt über dem Eingang zum Klosterhof anstelle eines Gongs eine leere Sauerstoff-Stahlflasche. Allerdings wird damit die Verbundenheit des Klosters mit den Expeditionsbergsteigern dokumentiert, das sich übrigens seiner Schlüsselstellung für die Besteigung des Mount Everest bewußt ist. Während der Nacht hören wir gelegentlich das eigenartige, leicht grunzende Geräusch der wiederkauenden Yaks und das Läuten ihrer Halsglöckchen. Sie lagern in malerischer Gruppe um unsere Zelte. — Unsere Transportyaks sind prächtige Tiere; sie gehören einer tibetanischen Familie, welche auch die Tragsättel beistellt. Die Familie — „Yakmen", wie sie von unserem Sirdar genannt wird —

hatte ihr zum Rauchabzug oben offenes Nomadenzelt immer in unserer Nähe aufgestellt, so daß wir unmittelbar tibetisches Alltagsleben beobachten können. Die Tiere sind bestens gepflegt, und am Abend erhalten sie sogar häufig als Kraftfutter eine große Tsampakugel in das Maul geschoben. Lustig ist übrigens das Antreiben der Yaks, das aus einem ständigen Gemisch aus Pfeifen und Singen besteht. Mit Steinwürfen wird die Richtungsänderung bestimmt, wobei aber Bedacht genommen wird, daß die Tiere nicht getroffen werden.

Sir Edmund Hillary, der Wohltäter der Sherpas

Der nächste Morgen bringt uns wieder prächtiges Wetter. Amai Dablang, Mount Everest und die vielen anderen stolzen Gipfel sind immer wieder lohnende Ziele für unsere Objektive.

So wie in Namche kommen auch hier Souvenirhändler zu unserem Lagerplatz; im Gegensatz zu dort haben sie aber überhaupt keine „Touristenware“ anzubieten. Die Gegenstände dürften teilweise aus dem Besitz tibetischer Flüchtlinge stammen. Silberziselierte, mit Türkisen besetzte Schmuckamulette, Kupfertreibarbeiten, Gebetszylinder, Kupferkannen mit dem chinesisch-tibetischen Drachenmotiv, Tee- und Tschangschalen aus Silberblech und Rhododendronholz, Kukris, hölzerne handgeschnitzte Druckstöcke und sogar Kanglings, das sind ledereingefaßte und mit Kupferblech verzierte sakrale Knochentrompeten, die vornehmlich aus den Schienbeinen von Nonnen stammen, werden angeboten.

Die meisten dieser Gegenstände sind auch heute noch in Gebrauch und werden von geschickten Handwerkern ständig neu angefertigt. Viele Frauen und Mädchen tragen neben ihren Amulettkästchen auch Medaillons mit dem Bildchen vom Dalai-Lama um den Hals. Die Männer tragen den Dalai-Lama als Abzeichen, und seit der Krönung im Februar 1975 wird auch gerne ein Abzeichen mit dem Königspaar aufgesteckt, dessen Foto man fast in jedem Haus und in jeder Ghompa in einer Ehrennische findet.

Einige aus unserer Gruppe halten heute Rasttag, wir besonders Bergbegeisterten wollen die Gelegenheit aber gleich zu einer kleinen Besteigung benützen. Unser Ziel ist der 4550 m hohe Tengpoche Ri, ein felsendurchsetzter Grasberg, der bei richtiger Wegwahl keine technischen Schwierigkeiten bietet, aber eine sehr schöne Aussicht auf den Mount Everest verspricht.

Direkt gegenüber der Eiswand des Tramserku steigen wir zuerst über einen Gratrücken hoch, und als dieser recht ausgesetzt wird, queren wir in die Flanken des Berges hinein. Beim Höhersteigen sehen wir immer mehr vom Everest und erhoffen uns vom Gipfel einen vollen Blick auf den Südsattel, der vorläufig von der Nuptsemauer verdeckt wird. Leider ziehen immer mehr Nebelschwaden auf, und als wir dann nach zwei Stunden beim gebetsfahnengeschmückten Steinmann am Gipfel stehen, geben Nebelbänke den Blick auf den „Allerhöchsten“ nicht mehr frei.

Als Ersatz gibt es aber prächtige Blicke auf die unglaublich steile Nordwest-Eiswand des Tramserku. Der Abstieg über moosüberzogene Felstrümmer, dann durch üppige Alpenrosenbestände und schließlich im Nebel in „Wäldern“ von 3 m hohen Rhododendronbüschen erfordert ständige Aufmerksamkeit. Die Strauchrhododendren nehmen hier sozusagen die Funktion unserer heimatlichen Latschenbestände ein. Sie haben ein genauso dichtes Wurzel- und Astwerk, sind aber beim Durchklettern angenehmer, weil sie nicht stechen.

Vor Tengpoche kommen wir zur frei verlegten Kunststoffrohr-Wasserleitung, die den Brunnen auf dem Klostervorplatz speist, und werden hiebei wieder an die neuseeländischen Hilfsleistungen erinnert. Nach dem großartigen Gipfelsieg im Jahre 1953 hatte Edmund Hillary es nicht dabei bewenden lassen, sondern sich als erster — und über viele Jahre hinweg scheinbar auch als einziger — der Probleme der Sherpas angenommen. Dank seiner unermüdlichen Spendenaufrufe und seinem Geschick, alle nur erdenklichen Geldquellen zu erschließen, konnte eine bedeutende Hilfe für das Sherpaland anlaufen. So wurden Brücken über den Dudh Kosi gebaut und Wasserleitungen in Tengpoche, Phortse und Khumjung verlegt. Besonders hervorzuheben ist aber die Errichtung des Spitals in Khumde sowie der Bau von Schulen in Beding, Junbesi, Khumjung, Pangboche, Phortse, Tengpoche und Thame. Hillary

Bild rechts: „Sangdungblasender“ Lama vor dem Kloster Thame.

Bild umseitig:
OBERE REIHE:
Links: Baum Alpenrose (Rhododendron arboreum). Vorkommen von Kashmir über Nepal bis China und Burma in 1200 m bis 1400 m über dem Meeresspiegel.
Mitte: Springkraut (Impatiens falcifer), Familie Balsaminaceae. Vorkommen in schattigen Wäldern zwischen 2000 m bis 3000 m in Ost-Nepal und Sikkim.
Rechts: „Zwerg-Rispelstrauch, Myricaria prostrata.“ Ein für die Kältewüsten der Zentralasiatischen Hochgebirge charakteristisches Tamariskengewächs.

MITTLERE REIHE:
Links: Kumaon-Schwertlilie (Iris kamaonensis), Vorkommen im Himalaja von 3400 m bis 4300 m.
Mitte: Eine der zahlreich im Himalaja vorkommenden Primelarten aus der Sektion Primula petiolaris.
Rechts: Eine häufig auf Bäumen und Felsen gedeihende Orchidee (Coelogine ochracea), Vorkommen im Himalaja von Kumaon bis Buthan in ca. 1000 m bis 3000 m.

UNTERE REIHE:
Links: Meerträubchen (Ephedra gerardiana), Vorkommen von Afghanistan bis Tibet und China, in Nepal von 3800 m bis 4800 m.
Mitte: Eine von mehreren im Himalaja vorkommenden Edelweißarten (Leontopodium stracheyi) wächst von 3000 m bis 4000 m.
Rechts: Ein Enzian (Gentiana depressa), der in Nepal, Sikkim und Tibet von 3000 m bis 4000 m vorkommt.

hat unglaublich viel Energie und Zeit in diese Projekte gesteckt, und auch weiterhin ist eine gedeihliche Entwicklung im Khumbu das Hauptanliegen seines Lebens. — Um so tragischer haben alle Bergsteiger im Frühjahr 1975 den tödlichen Flugzeugabsturz seiner Frau und einer Tochter in der Nähe von Kathmandu empfunden!

Der berühmte Yeti-Skalp

Nur ungern trennen wir uns vom herrlich gelegenen Tengpoche, aber nach dem gestrigen Rasttag sind wir doch auch wieder tatendurstig. Unser heutiges Ziel ist Pangboche, das höchste, ständig bewohnte Dorf im Khumbu, und anschließend das nicht viel niedrigere Phortse, wo unser Sirdar daheim ist.

Es wird ein prachtvoller Tag. Wir steigen zuerst gegen Norden durch einen schütteren, mit Flechten behangenen Birkenwald*) ab, der durch die Nachtfröste schon fast sämtliche Blätter verloren hat. An den wenigen Häusern des Dorfes Dingboche führt unser Weg vorbei, und dann überqueren wir den Imja Drangka, und bald haben wir das interessante Dorf Pangboche auf 4000 m erreicht. Es liegt großartig, direkt unter der „strahlenden" Amai Dablang. Auch von dem phantastisch geformten Eisnasengipfel der Kang Taiga können wir unsere Blicke nicht wenden. Wunderschön liegt die Ghompa inmitten eines Tempelwäldchens mit 6 bis 7 m hohen Wacholderbäumen**), von denen die Lamas glauben, daß es sich um beseelte Wesen handelt. Es sind keine Mönche anwesend, und so können wir im idyllischen Klosterhof lunchen.

Die Innenausstattung der Ghompa ist sehr schön. Über dem Eingangstor sind lustige holzgeschnitzte Männchen angeordnet, welche alle die Zunge zeigen. Sie erinnern uns an die alte Sitte der Tibeter, als besonders höflichen Gruß die Zunge soweit als möglich herauszustrecken.

Die Sensation der Ghompa ist aber der hier aufbewahrte Yeti-Skalp, der gegen eine geringe Gebühr besichtigt werden kann. Auf einer festen Lederschwarte sitzen schüttere rötliche Haare, und man glaubt beim genauen Betrachten durchaus dem wissenschaftlichen Untersuchungsbefund, der vom Fell einer Bergziegenart spricht. — Der Skalp war nämlich vor einigen Jahren nach den USA gebracht und dort von

---

*) Betula utilis.
**) Juniperus recurva.

Bild umseitig: Porthse in 4100 m Höhe am Fuße des über 6000 m hohen Taboche.
Bild links: Links oben: Die Dachunterseiten der Pagoden sind prächtig verziert.
Rechts oben: Eine der vielen herrlichen Pagoden in Patan.
Links unten: Bei den Festlichkeiten im Kathmandutal werden diese Tempelwägen von den Menschen geschoben und gezogen.
Rechts unten: Shveta Bhairav, an der Rückwand des „alten Königspalastes" in Kathmandu, wird nur an bestimmten Festtagen zur Schau gestellt.

mehreren Instituten untersucht worden. — Für uns ist er aber Anlaß, uns vom Sirdar einige schaurige Yetigeschichten erzählen zu lassen, sind wir hier doch im Zentrum jener Gegend, wo der Yeti angeblich immer wieder gesichtet wird.

Beeindruckend ist für uns auch das dörfliche Leben hier in Pangboche. Jedes Haus hat einen kleinen, steinmauergesäumten Acker als Vorplatz, auf dem gerade die Kartoffelernte beendet ist. Es werden Gruben ausgehoben, mit Stroh ausgekleidet und die Kartoffeln so für den Winter eingemietet. Vor einem Haus sehen wir einer Frau beim Nak-Melken zu. Sie ist mit der klassischen tibetischen Tracht der Sherpafrauen, dem „Sen", gekleidet. Es ist ein Wolltuch, das sie mehrmals um den Körper gewickelt hat, darüber hat sie die längsgestreifte bunte Sherpaschürze gebunden, und an den Füßen trägt sie die landesüblichen tibetischen Stiefel aus färbigem Filz.

Wir steigen noch ein Stück über den Ort hinauf zur „Hillary-School", um noch einen letzten Blick auf die großartige Nuptse-Everest-Lhotse-Flucht zu werfen. Unsere Blicke werden hier aber nochmals besonders von der Amai Dablang angezogen, deren gleißender Eisbalkon im oberen Gipfelteil von den Sherpas treffend „Medaillon" genannt wird. Beim gemeinsamen Schauen stimmen die Sherpas ein getragenes Lied an, dessen Refrain immer wieder „Amai Dablang" lautet.

Nun folgt ein weiterer prächtiger Höhenweg, hoch über dem Imja Drangka zurück nach Südwesten, entlang der steilen Bergflanken direkt gegenüber Tengpoche. Der Pfad führt entlang der herbstlich rot und gelb gefärbten Berberitzen-Hänge. Am meist ebenen Weg bietet sich uns außerdem eine ungeheure Vielfalt von Bergblumen: Edelweiß, Schmuckenzian, Bergastern usw.

Wir begegnen einem Bettelmönch mit Wanderstab und Bettelschale. Bald erreichen wir die auf einer ebenen Fläche hoch über dem Fluß liegende Ortschaft Phortse, wo wir am obersten Ortsrand unsere Zelte aufschlagen. Die stattlichen Sherpahäuser liegen zwischen verhältnismäßig großen Ackerterrassen. Zum Fluß hinunter zieht ein reizvoller lockerer Birken-Rhododendrenwald mit großteils uralten Bäumen. In Hausnähe werden die Birken als Strohschober verwendet; und zwar wird das rötliche Buchweizenstroh in Astgabeln gelagert.

Tschang, Treue und Freundschaft ...

Am Spätnachmittag sind wir alle in das Haus unseres Sirdars, Pemba Tharke, eingeladen, der im Khumbu ein bekannter Mann ist. So hat er die Sherpamannschaft in der Everest-Südwestwand bei der „Internationalen Everest-Expedition" geführt.

Das aus Trockenmauerwerk errichtete und außen mit Lehm verputzte Haus ist mit Holzschindeln und darüber mit Steinplatten gedeckt. Im Untergeschoß ist Laubstreu und Brennholz gelagert, eine schmale Holztreppe führt nach oben zum Wohn-Eß-Schlafraum. Oberhalb der niedrig ummauerten Feuerstelle ist ein Loch im Dach als Rauchabzug. Es gibt keinen Plafond, sondern die rauchgeschwärzten Dachsparren, mit glänzendem Holzteerlack überzogen, bilden den Abschluß nach oben.

Es ist ein wohlhabendes Haus mit einer Reihe von Sitzbänken an den Wänden, mit Stößen von Decken, drei großen kupfernen Wasservorratsbehältern, mit Regalen voll Kupfergeschirr und Pfannen. Auch Truhen zur Aufbewahrung der Kleider und Butterfässer stehen an einer Wand, und schließlich sind auch Bergausrüstungsgegenstände, wie Pickel und Steinschlaghelm, als sichtbares Zeichen des Berufes des Hausherrn zu sehen.

Pemba hat eine reizende junge Frau und drei Kinder, wovon das kleinste noch gestillt wird. Der alte Vater hat uns zu Ehren eine Bundhose angezogen, um uns zu zeigen, daß auch er schon bei Expeditionen dabei war.

Wir werden zur Begrüßung mit wohlschmeckendem Tschang und Quark bewirtet, und später gibt es zwischen weiteren Tschangrunden auch Buttertee. Gegen Abend finden sich unsere Sherpas und zahlreiche Dorfbewohner ein. Besonders viele Mädchen sind darunter, um das „Gleichgewicht" zu unserer Sherpamannschaft herzustellen. Die Tschangbecher kreisen, und es wird in eigenartiger monotoner Melodienfolge, die nur wenige Töne kennt, gesungen.

Die Lieder handeln von dem goldenen Tschangbecher, der irgendwo in Tibet auf einem goldenen Tisch steht, und von Treue und Freundschaft, die „besonders" beim Tschangtrinken gepflegt werden kann. Aber auch die Freude, eine Gebetsfahne auf einem Gipfel pflanzen zu können, ist der Inhalt eines Liedes. — Schließlich müssen auch wir unsere Bergsteigerlieder singen.

Der viele Tschang hat die Stimmung schon recht angeheizt, und langsam formieren sich die Anwesenden zum Sherpatanz. Zuerst die Männer in einer Reihe und anschließend im Halbkreis die Frauen. Immer mehr vorerst widerstrebende Mädchen werden in die Reihe gezogen. Die Frauen stimmen ihren Gesang an, der den Tanz begleitet.

Zuerst einfache Schritte vor und zurück, dann Wechselschritte in bestimmtem Rhythmus. Das Lied bricht ab, die Schritte werden schneller, zwischendurch wird im Takt aufgestampft, und dann wird bei immer schnellerem Takt mit eigenartigen Zischlauten eins, zwei, drei, vier, fünf ... gezählt.

Nach vielen Tschangbechern und zu vorgerückter Stunde herrscht bereits eine ziemlich ekstatische Stimmung. Die verzückten Gesichter der Tanzenden, verschleiert durch beißenden Holzrauch, und die gesamte Atmosphäre werden uns immer in Erinnerung bleiben.

Eine Erstbesteigung

Nicht allzufrüh brechen wir am nächsten Tag nach dem „etwas verlängerten Abend“ auf. Wir sind über das prächtige Wetter froh, wollen wir doch heute unser Basislager erreichen, von dem aus die Besteigung eines unschwierigen Fünftausenders in Angriff genommen werden soll. Wir gehen zu diesem Zweck von Phortse Richtung Norden, bis zum Ngozumpagletscher, der vom Cho Oyu als mächtiger, schuttbedeckter Eisstrom nach Süden fließt.

Unser Ziel ist die Alm Machhermo auf 4400 m. Wieder führt der Pfad hoch über dem Fluß längs steiler Abhänge, und die Gipfel über uns sind wilde unvergletscherte Felsmassive, die an die Tribulaune in den Ostalpen erinnern. Wir kommen an wunderschönen Almen vorbei, die wie Smaragde im Ödland der sonst schon herbstbraunen Bergflanken eingebettet liegen.

Im Hintergrund des Tales gleißen die Gletscher und Eisbarrieren des Cho Oyu auf. Tschorten mit sturmzerfetzten Gebetsfahnen stehen auf allen erhöhten Punkten des Weges, und viele Almen haben wassergetriebene Gebetszylinder.

Seit zwei Tagen sind wir wieder völlig allein unterwegs und treffen auch an den nächsten Tagen keine Menschenseele. Wenn man den paar Modewegen in Nepal ausweicht, ist man nach wie vor ungestört.

Nach einigen Stunden erreichen wir den hinteren Talgrund. Noch immer kommen wir an Manisteinen vorbei. Wir überschreiten Sand- und Schotterbänke mit Moränenresten. Es ist nun sehr trocken geworden, es gibt keine Rinnsale und Wässerchen mehr, und die Vegetation wirkt fast tundraähnlich. Eine schachtelhalmähnliche Pflanze*) mit roten Beeren und blauem Kern, der typische Trockenheitszeiger der tibetischen Hochebenen, wächst hier und weist darauf hin, daß wir uns in der Trockenzone der inneren Himalajatäler befinden.

Unterhalb von Machhermo, etwa 2 km von der Zunge des Ngozumpagletschers entfernt, schlagen wir auf einer Alm unser Lager auf. Bei Tagesgrauen geht es nächsten Tag (es ist der vierzehnte seit Jiri) los, um über Gras- und Geröllflanken sowie über Felspartien im Schwierigkeitsgrad I unser Ziel, den Vorgipfel des Pangkha Ri auf knapp 5300 m, anzusteuern. „Für gehobene Bergwanderer nicht schwierig, für geübte Bergsteiger überhaupt kein Problem“, lautet der Ausspruch unseres Führers. — Lediglich die Höhe macht, trotz sehr guter Akklimatisierung, allgemein etwas zu schaffen.

„Nur nicht zu schnell marschieren“, lautet die Parole, und so steigen wir gemächlich über flechtenbewachsene Felsblöcke und breite Gratrücken nach oben.

---

*) Ephedra gerardiana.

Das Wetter ist schön, doch einzelne Nebelfetzen lassen keine ungetrübte Fernsicht erwarten. So beschleunigen wir besonders „Fotonärrischen“ das Tempo und erreichen denn auch um 9 Uhr bei noch bester Sicht unser Ziel. Eine phantastische Rundsicht entschädigt für Atemnot und leichtes Kopfweh, das wir uns beim raschen Steigen geholt haben.

Vom Cho Oyu im Norden über den „Fast-Achttausender Gyachung Kang bis hinüber zu Nuptse, Everest und Lhotse geht der Blick. Wir stehen hier so hoch, daß wir einen sehr großen Teil des Everesttstockes überblicken können. Wir schauen direkt in die gewaltige Südwestwand, die stark an die Eiger-Nordwand erinnert. Aber auch den Everest-Nordwestgrat, der teilweise bereits zu Tibet gehört, können wir zur Gänze sehen.

Unsere Eile war nicht unbegründet, denn bis die Langsameren nachkommen, verdecken schon wieder Nebelvorhänge die großartige Szenerie. — Wir alle empfinden Genugtuung und Freude darüber, daß sämtliche Teilnehmer unserer Gruppe, auch die über Sechzigjährigen, den Gipfel erreichen. Es ist schließlich doch eine beachtliche Leistung, einen Fünftausender zu besteigen. Möglich war das aber nur dank der planvoll gewählten Wanderroute mit systematischer Gewöhnung an immer größere Höhen. Wären wir gleich nach Lukla geflogen, hätten viele von uns den Gipfel nicht erreicht, wie eine Reihe von Beispielen, gerade der letzten Jahre, gezeigt hat.

Nach längerer Rast finden wir auch Muße und Lust, uns die nächstgelegenen Gipfel zu betrachten. Da gibt es einige hundert Meter entfernt und durch eine tiefe Scharte von uns getrennt den Hauptgipfel unseres Berges und dahinter noch zwei höhere Gipfel, einer davon ein Sechstausender.

Wir studieren den Aufbau des Hauptgipfels, der uns gar nicht besonders schwierig vorkommt. Und als unser Sirdar erklärt, daß dieser Gipfel noch nie erstiegen wurde, gibt es für unseren Bergführer und einige aus unserer Mitte kein Halten mehr. Seile werden mitgenommen, und als wir die Scharte unschwierig abklettern können, kommt das Gefühl auf, daß diese Erstbesteigung gelingen könnte.

Im Schwierigkeitsgrad II kommen wir drüben rasch hoch und stehen eine Dreiviertelstunde später vor dem etwa 15 m hohen, an einer Stelle leicht überhängenden Gipfelblock. Wir sehen sofort, daß ein handbreit nach oben verlaufender Riß erkletterbar ist. Die III—IVer-Stelle ist im Handumdrehen geschafft, und wenig später schütteln wir uns die Hände und bauen unseren Steinmann als sichtbares Zeichen des Gipfelsieges. Wir Bergsteiger mäßiger Richtung können es fast nicht fassen, daß wir derart leicht zu einer Erstbesteigung gekommen sind, und genießen trotz des uns jetzt umwallenden Nebels das seltene Gefühl, auf einem Platz zu stehen, auf dem vorher noch kein Mensch war. Der Rückweg ist trotz Abseilens kein Problem, und voller Freude steigen wir ab, umhüllt von trockenem Nebel. Zwischendurch gibt es genug Nebellöcher, um den interessanten Ngozumpagletscher mit seinen Schutthügeln und -trichtern zu betrachten. Weiter unten grüßen dann auch schon die herrlichen blauen Tshos herauf, die großen Randmoränenseen.

Everestblick mit künstlichem Sauerstoff

In der Nacht hat es leichten Regen und Schneefall bis 5000 m gegeben, aber am Morgen ist es schön wie immer. Wir wollen heute auf der dem Anmarsch entgegengesetzen Talseite wieder hinauswandern und Khumjung, den Hauptort des Khumbu, erreichen.

Ein kurzes Stück geht es steil zur Machhermoalm hinauf. Von hier haben wir einen prächtigen Rückblick auf „unseren" Berg. Dann führt der Pfad über Almen leicht bergab, und schließlich kommen wir wieder in die Zone des Birken-Rhododendrenwaldes. Über gletschergeschliffene Felsen stürzen an vielen Stellen Wasserfälle herab.

Gegenüber von Phortse müssen wir aber dann in den „sauren Apfel beißen" und fast bis zum Flußniveau auf 2700 m hinab, um anschließend wieder auf 3973 m anzusteigen. — Unsere Tragtiere tun uns leid, und auch wir vergießen trotz guter Kondition manchen Schweißtropfen. Am höchsten Punkt erwartet uns ein schöner Tschorten, und von hier steigen wir durch einen Felsabbruch in unglaublich ausgesetztem Gelände nach Khumjung auf 3800 m hinunter. Die Yaks können aber über einem kleinen Umweg diesem „Klettersteig" ausweichen.

Der Ort liegt in einem öden, weiten Hochtal, das auf drei Seiten von steilen Bergrücken eingeschlossen ist. Über 100 verhältnismäßig große Häuser in der gewohnten Bauweise ziehen sich in sieben oder acht Reihen übereinander den Hang hinauf. Aus dem oberen Dorfteil leuchtet die rotgefärbte Ghompa inmitten des üblichen Tempelwäldchens.

Die Felder sind überdurchschnittlich groß, und auf einer Almwiese schlagen wir unser Lager auf. Von jenseits grüßt aber auch hier die wundervolle Amai Dablang herein.

Gegen Abend glauben wir unseren Ohren nicht zu trauen, als wir entfernt das Geräusch eines Dieselaggregates hören. Sirdar Pemba erklärt uns, daß wir uns genau unterhalb des weltberühmten „Everest-View-Hotels" befinden.

Die 200 Meter über unserem Lagerplatz sind am nächsten Morgen rasch bewältigt, und dann stehen wir vor dem Hotel, das einmalig schön gelegen ist. Die Schau vom Everest bis Kongde Ri ist fast gleich schön wie in Tengpoche, das auf dem Bergabsatz gegenüber liegt. Mächtige Tannen breiten ihre Äste neben Felsblöcken aus, und dazwischenliegende Almwiesenflecken wirken durch Gruppen von Rhododendron- und Wacholderbüschen wie eine Parklandschaft.

Der Steinbau des Hotels mit Flachdach und einer riesigen Freitreppe wirkt fast zu großzügig, ordnet sich aber dennoch ziemlich unauffällig in die Umgebung ein. Es sind 12 Zimmer mit 24 Betten vorhanden, und seit 1975 gibt es auch bescheidene Bergsteigerquartiere. Der Tagespensionspreis betrug 1974 für zwei Personen 140 Dollars. Während unseres Besuches werden gerade die Aufenthaltsräume großzügig ausgebaut. Die Einrichtung ähnelt jener der vornehmen Lodges in Ostafrika.

Das Hotel wurde 1970 bis 1972 errichtet, und mit Ausnahme der Bruchsteine und des Zimmereiholzes wurde das Material von Hunderten Trägern herbeigeschleppt. Das Hotel gehört mehrheitlich einer japanischen Aktiengesellschaft. Es kann nach Aussage des Managers allein nicht rentabel geführt werden, sondern ist Bestandteil eines Reiseunternehmens, das in Kathmandu seinen Sitz hat.

Der japanische Manager zeigt uns bereitwillig alle Räumlichkeiten und weist voll Stolz auf die Sauerstoffflaschen in jedem Zimmer hin. Sie sollen den nichtakklimatisierten Gast retten, nachdem es in den beiden letzten Jahren im Hotel bereits Todesfälle infolge akuter Höhenkrankheit gegeben hat. — Das Hotel ist ausschließlich auf den Fluggast ausgerichtet, denn Trekkingtouristen und Bergsteiger sind ja Selbstversorger und kommen als Gäste kaum in Frage. Zu diesem Zweck wurde, eine halbe Gehstunde entfernt, in Syangboche ein kleiner Flugplatz errichtet, der von der sechssitzigen Pilatus Porter angeflogen werden kann. — Natürlich ist kaum einer der Gäste höhenakklimatisiert, und so kommt es, vor allem 36 bis 48 Stunden nach dem Eintreffen, nicht selten zu mehr oder weniger schlimmen Erscheinungen der Höhenkrankheit, die gelegentlich sogar tödlich ausgeht.

Wir halten diese Tatsache dem Hotelmanager vor, der selbst ein geübter Bergsteiger ist. Er nimmt aber unsere Einwände auf die leichte Schulter. Er meint, es sei viel ungefährlicher, nach Syangboche zu fliegen und sich zwei Tage lang nur auf der Hotelterrasse und in den Zimmern auf 4000 m aufzuhalten, als nach Lukla auf 2800 m zu fliegen und dann in zwei Tagesmärschen hier heraufzukommen. „Und außerdem gibt es ja jetzt den Sauerstoff in den Zimmern!" Als unser Arzt darauf verweist, daß der Inhalt der Sauerstoffflaschen nicht unbegrenzt sei und außerdem nicht allein eine Heilung der Höhenkrankheit herbeiführen könne, wird der Manager unwillig und hat keine Lust mehr, das Gespräch fortzusetzen.

Wie zur Bestätigung dieser Problematik muß unser Arzt aber gleich darauf einer Amerikanerin mit bereits blauen Lippen beistehen, die nun schon seit fünf Tagen hier festsitzt. Und da kommen wir gleich zum weiteren Punkt, der die Errichtung des Hotels als äußerst bedenklich erscheinen läßt: Syangboche kann natürlich nur bei Sicht angeflogen werden, und so kann es auch geschehen, daß Kranke eine Woche und noch länger festsitzen. Es herrscht zwar an sich herrliches Wetter, aber einzelne Nebelbänke machen schon tagelang ein Landen der Pilatus unmöglich.

Insgesamt gesehen ist dieses Hotel mit seinen nachteiligen Folgen ein negatives Zeichen unserer übertechnisierten Zeit, die so häufig die Harmonie zwischen den Menschen und der Natur stört.

Eisriesen und Lamaklöster

Für die meisten unserer Freunde heißt es heute Abschied nehmen und über Namche Bazar den Rückweg nach Lukla antreten, wo wir zwei Tage später mit dem Flugzeug abgeholt werden sollen. — Zu dritt wollen wir den vorgesehenen gemächlichen Talaus-Bummel aber erst am Abend nachholen und noch vorher das berühmte Kloster Thame aufsuchen. Jenes Kloster am Weg zum Nangpa La an der Grenze zum Rolwaling Himal, das wie ein Adlernest in den Felsen liegen soll.

Frühzeitig machen wir uns schon auf den Weg, begleitet von einem jungen Sherpa. Wir gehen an der Hillary-Schule in Khumjung vorbei und müssen Richtung Namche eine kleine Paßhöhe überschreiten. Dort, bei den Tschorten, haben wir knapp vor Sonnenaufgang einen letzten wunderbaren Blick auf den Mount Everest und seine Trabanten. Das Tal ist noch dunkel. Über silbrighellen Nebelstreifen zeichnen sich bereits scharf die Konturen der Gipfelkuppe und der vorgelagerten Eiswände ab; daneben die schlanke Amai Dablang als Wächter zum Thron der Götter.

Wir reißen uns nach langem stummem Schauen los und steigen Richtung Namche hinunter. Syangboche lassen wir zur Linken und biegen dann oberhalb von Namche, hoch über dem Fluß, in das Nangpo-Tsangpo-Tal ein.

Der berühmte Weg zum Nangpa La führt an den Sherpadörfern Gonglha, Dramo und Thomde vorbei. Sie liegen alle in etwa 3500 m Höhe, und wir haben manch nettes Kurzgespräch mit den Dörflern und necken auch ein wenig die „Dorfschönen".

Eine salzbeladene Yakkarawane kommt uns entgegen. Die Tiere sind mit rotem Lederzeug gezäumt, und die begleitenden Frauen drehen die Spindel während des Gehens.

Ein „Kleiner Grenzverkehr" ist mit Tibet seit drei Jahren wieder möglich. Die Sherpas dürfen als nepalische Staatsbürger, die im Grenzgebiet leben, bis zum ersten Dorf, zwei Tagesmärsche hinter dem Nangpa La, nach Tibet hinein. Dort ist der

Zum Straßenbild Kathmandus gehört auch die heilige Kuh (dahinter eine dem Gott Vishnu geweihte Pagode).

Handelsumschlagplatz, und dort sind auch die chinesischen Grenzwachen. Die völlig unwirtliche Grenze am Paß ist unbewacht.

Thame liegt auf 3800 m in einem breiten Seitental, das zum Trashi Labtsa führt, dem steilen und hohen Übergang zum Rolwaling Himal. Im Süden und Südwesten türmen sich über dem Dorf die Eisfluchten des Kongde Ri und im Talhintergrund die des Teng Kangpoche, beides stolze Sechstausender. Aus Thame stammt übrigens der Everest Erstbezwinger Tenzing Norkay. Wir durchschreiten das Dorf mit seinen nach der Kartoffel- und Buchweizenernte nun brachliegenden Feldern, um dann noch die 200 Höhenmeter zur Thame Ghompa hinaufzusteigen. Das Hauptgebäude und die dicht herumgedrängten Wohnhäuschen der Lamas sind in die Felsen hineingeklebt und machen von der Ferne den Eindruck eines Klosters am Berg Athos.

Durch lange Reihen von Manimauern werden wir an den „heiligen Bezirk" erinnert. Große Tschorten stehen fast an jeder Wegbiegung. Schon sehen wir über uns am tiefblauen Herbsthimmel Gebetswimpel an langen Schnüren flattern, und dann stehen wir bereits vor der Ghompa mit ihren braunroten Wänden, dem weit vorspringenden Dach, den bunt bemalten Fensterstöcken und dem mit grobem Tuch verhangenen Eingang.

Keine Menschenseele ist zu sehen. Leichter Nebeldunst steigt vom Tal herauf und verhüllt wie durch einen Schleier die Sonne und den Blick auf die gegenüberliegenden Eiswände.

Eine eigenartige entrückte Atmosphäre umgibt uns, und wir verstehen plötzlich, wie man sich in solcher Umgebung der Meditation hingeben kann, wie die Mönche hier telepathische Fähigkeiten entwickeln und ihre Wünsche auf ein bloß geistiges Maß reduzieren können.

Nach längerer Zeit tritt ein Mönch in rot-gelber Kutte aus der Ghompa und durchbricht die verzauberte Stimmung. Er bedeutet unserem Sherpa, daß wir vom Oberlama gerne zu einem kleinen Gespräch empfangen würden. Vor der Tür wird uns klargemacht, daß wir unbedingt eine sehr tiefe Verbeugung machen müßten, denn der Abt sei ein Rimpoche, eine Wiedergeburt der Äbte vor ihm.

Als wir eintreten, fällt der Sherpa auf die Knie und berührt mit der Stirn den Boden. Wir machen unsere Verbeugung und finden uns zur großen Überraschung einem erst etwa 18 Jahre alten Jüngling gegenüber. Er ist kahlgeschoren, in einen rotbraunen Umhang gehüllt und sitzt mit unterschlagenen Beinen auf einem Sofa, das auch seine Schlafstelle sein dürfte.

Ein nepalisches Sprichwort lautet: „Wer die Last trägt, weiß, wo sie drückt." — Dieser nepalische Bauer ist mit seiner Traglast lebender Hühner mehrere Tage bis zum Markt in Kathmandu unterwegs.

Wir befinden uns im Zimmer über dem Tempelraum. Es ist mit einfachem, rot bemaltem Mobiliar ausgestattet, nur die Wände sind mit Szenen aus der buddhistisch-lamaistischen Mythologie bemalt. Als einziges Attribut westlicher Zivilisation sehen wir eine riesige Weckeruhr.

Wir dürfen auf einer gepolsterten Bank an der Fensterseite Platz nehmen, und zwei Mönche reichen uns den gesalzenen tibetischen Buttertee.

Weder der Oberlama noch einer der Mönche spricht englisch, so daß nur langsam über unseren Sherpa, der selbst nur wenig Englisch kann, ein Gespräch zustande kommt. — Nach Austausch der üblichen Höflichkeitsfloskeln fragen wir nach der Anzahl der Mönche, der Häufigkeit religiöser Feste usw. Wir erfahren, daß an die 20 Lamas hier sind, hauptsächlich tibetische Flüchtlinge, das Kloster vorwiegend von Spenden der Pilger, aber auch vom Geldverleih lebt und anderes mehr. — Ganz in Würde sitzt der Abt unbewegt da und verzieht auch kaum das Gesicht zu einem Lächeln.

Ein freundlicher junger Mönch zeigt uns dann die Ghompa, und wir erfahren bei dieser Gelegenheit, daß der Abt schon mit sechs Jahren als „Rimpoche“ entdeckt worden war. Nach dem Ableben des vorherigen Abtes hatte eine Kommission lange Zeit in allen Dörfern der Umgebung nach einem Kind gesucht, welches nach der Stellung der Sterne seiner Geburtsstunde und verschiedenen anderen „Zeichen“ auserwählt sei. Der Knabe wurde von einem Mönchstriumvirat erzogen und hat seine Ausbildung in Darjeeling, aber auch in Tengpoche erhalten.

Zum Abschied trägt der Mönch noch eines der über 3 m langen und teleskopartig ineinanderschiebbaren Hörner ins Freie, die dem Alphorn ähneln. Und während des Abstieges durch die herrliche Hochgebirgslandschaft hinunter zum Dorf hören wir immer wieder den Klang des Hornes.

In üblicher Gastfreundschaft werden wir im Ort, da gerade Mittagszeit ist, in das erstbeste Haus eingeladen, das Herdfeuer zu benützen. Wir teilen mit den Leuten unseren Proviant und freuen uns, noch einmal die Atmosphäre eines Sherpahauses zu erleben: Halbdämmerung im Raum, eine stillende Mutter, leicht beißender Holzrauch und das Knattern der Gebetsfahne vor der Fensterluke.

Dann eilen wir weiter, denn wir haben noch einen langen Weg vor uns. In Namche machen wir kurze Rast und genießen dabei nach langer Zeit unter vielen „she! she!“*) wieder das erste Bier. Weiter geht es, hinunter, hinunter, den Dudh Kosi entlang, und es ist schon finster, als wir unseren alten Lagerplatz in Pakhding erreichen.

---

*) She = tibetisch = trinke!, prosit!

„Lukla Airport" — oder: „Übe dich in Gelassenheit!"

Heute soll unser vorletzter Tag in Khumbu sein. Wir haben einen zweistündigen Marsch hinauf nach Lukla vor uns, und morgen sollen wir vereinbarungsgemäß abgeholt werden.

Als wir bei prächtigem Wetter dort ankommen, warten bereits mehrere Bergsteigergruppen tagelang. Die bestellten Twin-Otters kommen aber nicht!

Wir lassen es uns aber vorerst nicht wesentlich verdrießen, schlagen unsere Zelte auf und besichtigen das Flugfeld. Eine Militärmaschine mit geknicktem Flügel gibt dem Feld tatsächlich ein flugplatzähnliches Aussehen. Es ist höchst amüsant, vom bewachenden Soldaten zu erfahren, daß er schon über fünf Jahre (!) vor allem zu dem Zweck, das Wrack zu bewachen, hierher abkommandiert sei. Es gibt auch eine bambusstrohgedeckte „Kantine", wo man Tschang, Rakshi und Tee trinken kann. Auch ein „Abfertigungsgebäude" mit einem Kanzleitisch, aber keiner Funkstation, befindet sich hier.

Am Nachmittag wird eine große Zeltplane ausgebreitet, und darauf legen wir unsere sämtlichen entbehrlichen Kleidungs- und Ausrüstungsgegenstände als Geschenke für die Sherpas. Für sie bedeuten diese Dinge weit mehr als große Trinkgelder, und sie freuen sich bei der Verteilung durch den Sirdar wie Kinder.

Am Abend steigt dann die große Abschiedsfeier. Da seit gestern etwa 25 Trägerinnen, lauter Sherpafrauen und -mädchen, unsere Lasten getragen haben, ist der Tanzabend gesichert. Die Tschangbecher kreisen, abwechselnd erklingen deutsche Volkslieder und Sherpamelodien, und schließlich wird die halbe Nacht im Rhythmus der Stampfschritte getanzt, daß der Boden zittert. Als auch wir voll Begeisterung mitmachen, merken wir kaum, daß ein Nieselregen einsetzt, der für den nächsten Tag nichts Gutes verheißt.

Und tatsächlich — am Morgen Nebel, dann plötzlich Sonne, wieder Nebel und warten, warten ... Wir wissen, daß heute kein Flugzeug mehr kommen kann, weil Lukla nur bei guter Sicht angeflogen wird.

Unsere Stimmung sinkt, denn wir hätten die nächsten drei Tage in Kathmandu noch ein großes Besichtigungsprogramm vor uns. Um es kurz zu machen, wir warten noch zwei volle Tage, denn täglich ist es nebelig und bewölkt. Wir lernen dabei ein wenig, uns in asiatischem Gleichmut zu üben.

Als wir am vierten Tag, es ist der 21. unserer Trekkingtour, bei strahlendem Sonnenschein aufwachen, fühlen wir, daß es heute gelingen müßte. Es ist aber auch höchste Zeit, weil am Nachmittag bereits unser Linienflug von Kathmandu nach Delhi gebucht ist.

Fast verzagen wir, als wieder Nebelbänke aufziehen. Aber pünktlich um 8 Uhr, zur verabredeten Stunde — bloß drei Tage später —, hören wir Motorengeräusch, und nach zwei Runden stößt tatsächlich eine Twin-Otter mit eingeschalteten Scheinwerfern bravourös durch die Nebelschwaden und setzt sicher auf. Als gleich darauf drei weitere Otters und noch ein Hubschrauber landen, wissen wir, daß noch einmal alles gut gegangen ist.

Wir haben kaum Zeit, uns von der treuen Sherpamannschaft zu verabschieden, und schon sind wir in der Luft. Unter uns der Dudh Kosi, der sich als graues Band nach Norden schlängelt, Wolkenbauschen und dann ganz nah der „heilige Berg", der Gaurisankar. Die ersten rotbraunen Ackerterrassen, strohgedeckte Häuser, das Schlangenband der „Chinesenstraße", der Stupa von Bodnath, und nach 40 Minuten setzen wir in Kathmandu auf und können es kaum fassen, daß wir wieder in der Zivilisation sind.

Unsere Gedanken waren aber im Khumbu geblieben, bei den Eisriesen und den Lamaklöstern ...

Die Rundtour
Langtang Himal und Helambu

Die diesjährige Bergfahrt in den Himalaja wurde beinahe eine Reise ins Blaue. Unser ursprüngliches Ziel, das „Hidden Valley“ unmittelbar nördlich des 8172 m hohen Dhaulagiri I mit etwa zwei Dutzend zum Teil noch unerstiegenen Fünf- und Sechstausendern, war nämlich bis zum Tag unserer Abreise noch von der nepalischen Regierung gesperrt; es war aber jeden Tag eine Änderung der Situation zu erwarten.

Der Grund für das Einreiseverbot in dieses einsame und von Trekkingunternehmen kaum begangene Gebiet sind die Khampas. Dieser tibetische Volksstamm war seinerzeit beim Einmarsch der Chinesen in Tibet nach Nepal geflüchtet und aus dunklen Quellen mit modernen Waffen ausgerüstet worden. Dadurch sollte der kriegerische Stamm in die Lage versetzt werden, die Heimat unter Umständen wieder von den Chinesen zurückzuerobern. Die Khampas waren jedoch bis heute nicht bereit, ihre Waffen abzuliefern, so daß die Regierung Nepals das Gebiet nördlich von Jomosom, um den Dhaulagiri und Mustang bis zur endgültigen Befriedung aus Sicherheitsgründen sperrte.

Eine annähernd gleichwertige Ausweichtour wird uns kurz vor Antritt der Reise in Aussicht gestellt, und zwar soll es in das einsame Gebiet des Ganesh Himal gehen. In welchem Abschnitt der riesigen Himalajakette wir aber wirklich Gipfelerlebnisse sammeln würden, wissen wir bei der Abfahrt von Graz jedoch noch nicht. Erst als wir am Flughafen Frankfurt mit unserem Berg- und Reiseführer zusammentreffen, nimmt unser Reiseziel nähere Umrisse an. Sein Vorschlag, nicht zum Ganesh Himal, sondern zum Langtang Himal zu wandern, wird von der Reisegruppe kurz beraten und angenommen. Die Langtanggruppe liegt ebenfalls in Mittelnepal, nördlich von Kathmandu, und bietet, so meint unser Bergführer, eine Reihe nicht zu schwieriger, schöner Fünf- und Sechstausendergipfel.

Eine winzige Hoffnung, doch noch ins Hidden Valley zu gelangen, bleibt uns aber, weil der Gewährsmann unseres Reiseunternehmens in Kathmandu die kurzfristige Aufhebung der Ausländersperre nicht für ausgeschlossen hält.

Beim Pläneschmieden packt uns die Vorfreude auf zünftige Gipfelanstiege und läßt uns fast vergessen, daß wir noch viele Tausende Kilometer weit davon entfernt sind.

Am 27. April fliegen wir mit einem Jumbo-Jet der Air India von Frankfurt nach Delhi und landen dort nach zehneinhalbstündiger Flugdauer um sechs Uhr in der Früh, Ortszeit. Den eintönigen langen Flug verkürzen uns die stets aufmerksamen und freundlichen Stewardessen der Air India, die in ihren bunten Saris Gestalten aus Tausendundeiner Nacht gleichen. Bei Tagesanbruch bewundern wir das großartige und aus dieser Höhe besonders faszinierende Schauspiel des Sonnenaufgangs.

Bald darauf betreten wir müde und unausgeschlafen asiatischen Boden. Trotz der frühen Morgenstunde ist es bereits ungewohnt warm. Wir sind froh, daß die Personen- und Gepäckskontrolle großzügig und rasch erfolgt, so daß wir gleich in die Stadt ins klimatisierte Hotel fahren können. Einen ganzen Tag und eine Nacht werden wir in der Hauptstadt Indiens bleiben.

Auf der Fahrt ins Hotel bekommen wir gleich einen ersten Eindruck von der Armut und vom Elend der Bevölkerung. Abgemagerte und in schmutzige Lumpen gehüllte Menschen brüten dumpf vor ihren Behausungen. Wir wohlgenährte Europäer sind angesichts dieser unvorstellbaren Not deprimiert und fühlen uns unbehaglich.

Im Hotel angekommen, nehmen wir ein erfrischendes Bad und versuchen, den versäumten Schlaf nachzuholen. Den Rest des Vormittags verbringen wir im hoteleigenen Swimming-pool, der inmitten eines exotischen Parkes liegt. Am späteren Nachmittag, es hat inzwischen auf 30 Grad Celsius im Schatten „abgekühlt", entschließen wir uns, einen Einkaufs- und Besichtigungsbummel zu unternehmen. Es ist Samstag, also Ruhetag hierzulande. Trotzdem sind einige staatliche Geschäfte offen, und wir haben Gelegenheit, in den herrlichsten Seidenstoffen zu wühlen sowie uns bunte Jadesteine und handgeschnitzte Holzketten vorlegen zu lassen. Während des Feilschens und Handelns surren leise die Ventilatoren, und herrlich kalte Getränke werden serviert. Anschließend besichtigen wir kurz die Innenstadt von Delhi. Zuerst statten wir der Freitagsmoschee einen Besuch ab. Bemerkenswert sind die vielen wunderschönen Gebetsnischen, in denen Männer knien und laut beten. In der Umgebung der Moschee begegnet man wieder unvorstellbarer Armut. Hartnäckig bettelnde Kinder und Krüppel verfolgen den Fremdling. Beeindruckend sind die großzügig angelegten Prunkbauten. Sie wurden in den dreißiger Jahren von den Engländern erbaut, gleichsam als Symbol für deren weltweiten Machteinfluß. Was ist doch aus dieser riesigen Kolonialmacht von damals geworden?

Anderntags, es ist Sonntag, fahren wir frühmorgens wieder zum Flugplatz, um mit den Royal Nepal Airlines von Delhi nach Kathmandu zu fliegen. Der Flug dauert ca. eineinhalb Stunden. Bei schönem Wetter und freier Sicht auf die Himalaja-Gebirgskette zählt dieser Flug wohl zu den unvergeßlichen Erlebnissen.

Wir haben unverschämtes Wetterglück, und für uns ist dieser Sonntag ein richtiger Sonnentag. Nach dreiviertelstündigem Flug erblicken wir auf der linken Seite am tiefblauen Horizont die ersten Eisgipfel. Plötzlich tauchen nach einer Kursänderung auf der rechten Seite unzählige hohe und höchste Berge auf. Die Kameraverschlüsse laufen heiß, und die Namen der Himalajariesen gehen von Mund zu Mund. Jeder von uns versucht, mit allen Sinnen diesen Anblick in sich aufzunehmen, um ihn nie mehr zu vergessen. Über Lautsprecher kommt vom Flugkapitän „stolz" die Meldung, daß die Maschine jetzt am mittleren Abschnitt des Himalaja, „dem höchsten Gebirge der Welt", vorbeifliege. Leider beginnt viel zu früh für uns das Landemanöver, und mit dem Tiefergehen des Flugzeuges entschwinden die majestätischen Eisriesen unseren Blicken.

Das Kathmandutal ist voller Gegensätze

Verglichen mit der Hitzeglocke über Indien empfängt den Reisenden in Kathmandu Ende April ein angenehmes Klima, sind wir doch 1400 m hoch. Die Luft ist ständig bewegt und meistens trocken, so daß selbst heiße Tage erträglich für den Mitteleuropäer sind.

Nach der Landung in Kathmandu gilt unsere Frage gleich unserem Reiseziel „Hidden Valley". Wie insgeheim befürchtet, hat die nepalische Regierung das Einreiseverbot für dieses Gebiet in der Zwischenzeit leider nicht aufgehoben. Daher muß auf die Trekkingtour in den Langtang Himal mit Rückwanderung durch Helambu umdisponiert werden. Hierdurch gewinnen wir allerdings zwei volle Tage für die Besichtigung der einzigartigen Kunststätten, die das Kathmandutal so überreich zu bieten hat. Unweit der königlichen Residenz beziehen wir in einem ehemaligen Ranapalast, der zu einem komfortablen Hotel umgebaut wurde, unser Quartier. Hier, inmitten eines gepflegten Parks und fernab vom Stadtlärm, läßt es sich angenehm leben.

Nach dem Mittagessen stürzen wir uns in das bewegte Treiben der Altstadt von Kathmandu. Für den Neuankömmling, der das erste Mal hier Umschau hält, ist die unglaubliche Fülle und Ansammlung von fremdartigen kunsthistorischen Bauten derart verwirrend, daß er sich zunächst einmal nur treiben lassen sollte. So gewinnt man einen ungefähren Überblick über die beinahe unzähligen Tempel und Pagoden. Erst durch mehrmaligen Besuch unter sachkundiger Führung gelingt es, das alte

Kathmandu genauer zu erforschen. Der Verfall und die Zerstörung dieser einzigartigen Bauten geht sehr rasch voran, so daß es jammerschade wäre, die in dieser Art wohl einmaligen Kunstschätze nicht gesehen zu haben. Zwar kann mit Genugtuung vermerkt werden, daß internationale Komitees und Organisationen sehr viel zur Rettung dieser Kunststätten tun. Leider aber fehlt auf seiten der Bevölkerung jedes Verständnis dafür, so daß diese Bemühungen wahrscheinlich Stückwerk bleiben.

Wir beginnen mit unserer Besichtigungstour am Tor zur New Road, einer breiten Geschäftsstraße, die nach dem verheerenden Erdbeben im Jahre 1934 neu aufgebaut wurde. Die New Road besteht aus mehreren Haupt- und Nebenstraßen und umschließt das einzige westlich anmutende Geschäftsviertel Kathmandus. Je näher wir zur Altstadt kommen, um so ärger wird das Gedränge. Neben zerlumpten Lastenträgern und verwahrlosten Kindern begegnet man hübschen Frauen, die in leuchtend rot-orange oder weiß gefärbten Saris ihre Einkäufe erledigen. Lamas in braunen Kutten, Bettler, heilige Kühe und streunende Hunde vervollständigen die Szenerie der Altstadt. Das Hupkonzert der alten Taxis und das Geschrei der Rikschamänner wird noch ärger, als wir vor dem alten Königspalast stehen. Straßenhändler verfolgen uns mit Ausdauer und bieten Kukris, alte Münzen, Götterfiguren, Ansichtskarten u. a. an. Andere locken uns mit besonders günstigen Angeboten in ihre Häuser. Wir folgen ihnen auch und gelangen über enge Treppen, vorbei an übelriechenden Innenhöfen, in kleine Zimmer, die bis obenhin vollgestopft sind mit den verschiedensten Artikeln. So sehen wir Thankas, Silber- und Jadeschmuck, Teppiche, hölzerne Druckstöcke und anderes mehr. Wir können uns jedoch vorerst nicht zu einem Kauf entschließen, sondern wollen nur einmal einen Überblick über die Preise gewinnen.

Wieder auf der Straße, sehen wir die Obst- und Gemüseprodukte in großen Tassen aus Stroh- oder Bambusgeflecht auf dem Boden ausgebreitet und von dichten Fliegenschwärmen umschwirrt. Auch am Getreidemarkt kommen wir vorüber. Jutesäcke, voll mit Getreide, sind hier aufgestapelt. Unter schwarzen Regenschirmen sitzen üppige Frauen und dickwanstige Männer und warten auf die Käufer. Anschließend stolpern wir beinahe über die Gruppe der Fahrradverkäufer. Ketten, Speichen, Schläuche sowie anderes Fahrradzubehör sind auf der Straße ausgebreitet. Ein paar Schritte weiter steht ein Wagen mit Erfrischungsgetränken und verschiedenen Brot- und Backwaren, wieder von unzähligen Fliegen belagert. Mit leicht revoltierendem Magen wenden wir uns ab und wandern weiter. Wir sehen, wie die Schneider, Schuster und andere Handwerker auf der Straße oder in Nischen ihrer Arbeit nachgehen. Man gewinnt dabei den Eindruck, daß sich das Leben der Leute hier fast ausschließlich auf der Straße abspielt und schon seit Jahrhunderten gleich verläuft.

Wir setzen unseren Rundgang fort und gelangen am alten Königspalast und am reich mit Holzschnitzereien verzierten Haus der lebenden Göttin und am goldenen

Fenster vorbei in den Tempelbezirk, den Hanuman Dhoka. Der Name dieses wohl einzigartigen Platzes stammt vom Hanuman, dem „General der Affen", dessen Standbild wir unter einem Baldachin vor dem Haupteingang zum königlichen Palast sehen. Von weitem leuchtet schon sein roter Mantel, und nähertretend gewahren wir die von vielen Opfergaben unkenntlich gewordene Fratze des Affengottes. Rechts davon befindet sich der Eingang in den Palast, der von bunt bemalten, zähnefletschenden Fantasietieren und von gewehrtragenden Polizisten bewacht wird. Leider ist uns der Eintritt in das Palastinnere verwehrt. Vor dem Hanuman-Standbild steht eine zweistöckige Vishnu-Pagode, die uns wegen der zahlreichen erotischen Darstellungen an den hölzernen Dachträgern auffällt.

Wir gehen weiter und gelangen zum höchsten Tempel der Stadt, der dreistöckigen Taleju-Pagode. Auch hier dürfen wir nicht durch das reich verzierte, holzgeschnitzte Tor hindurch, sondern müssen uns mit der Betrachtung dieses mächtigen Bauwerkes von außen begnügen. Der wuchtige Ziegelaufbau ist ebenfalls mit Holzschnitzereien und Gold reich verziert. Gleich dahinter stehen wir vor dem furchterregenden, steinernen Abbild der Göttin Kali. An einigen Tempeln vorbeiwandernd, fallen uns eine riesige Glocke und zwei übergroße Trommeln auf. Sie sind der Göttin Taleju gewidmet und kündigen auch heute noch jedes Opfer im Talejutempel an.

Wir lassen uns vom Menschenstrom treiben und erklettern anschließend die neun Stufen der Shiva-Mandir-Pagode, von wo aus wir einen großartigen Überblick über den Hanuman Dhoka genießen können. Hat man ausreichend Zeit zur Verfügung, empfiehlt es sich, auch in die Hinterhöfe der Altstadt zu gehen. Hier entdeckt man, ganz versteckt liegend, immer wieder reizvolle Tempel und Tempelchen. So mancher dieser Zeugen einer glanzvollen Epoche ist jedoch bereits von Schutt und Erde bedeckt und unseren Blicken entzogen. Gewaltsam reißen wir uns von der Vergangenheit los und lassen uns von einer Fahrradrikscha zum Hotel zurückbringen. Da die Straße dorthin leicht ansteigt, plagt sich der Rikschaboy erbärmlich, so daß wir zeitweise absteigen und das schwerfällige Gefährt schieben helfen. Beim Hotel angelangt, erhält der arme Kerl natürlich trotzdem seinen vollen Lohn.

Nach dem Abendessen kehren wir noch einmal in die Innenstadt zurück, um das Leben und Treiben der uns so fremden Menschen zu beobachten. Der Wirbel, das Geschrei und das Hupen der Rikschas und Taxis ist womöglich noch lauter und hektischer geworden. Mit vielen Leuten zugleich drängen wir uns in den Eingang eines Tempels. Von Kindern haben wir erfahren, daß hier im Tempelinneren bald Musik gemacht werde. Es dauert auch gar nicht lange, und Männer erscheinen mit verschiedenen primitiven Instrumenten, wie Muschelhörnern, Flöten, Trommeln, Messingschellen, Triangeln. Sogar Steine werden mitgebracht, die gegeneinandergeschlagen den Rhythmus der Trommeln verstärken. Nun werden seltsam riechende

Stäbchen entzündet, und die Musiker beginnen mit Eifer, ihre Instrumente aufeinander abzustimmen.

Eine eigenartig traurig klagende Melodie mit immer wiederkehrenden Tonfolgen, begleitet vom rhythmischen Trommelwirbel, setzt ein. Monoton singen die Männer dazu. Tief beeindruckt lauschen wir dieser einfachen und doch ursprünglichen Musik. Wir vergessen den unangenehmen Geruch um uns und starren auf die im Kreisrund kauernden Gestalten, die sich mit ihrer Musik und mit Hilfe präparierter Zigaretten vorübergehend vom traurigen Alltag lösen und eine schönere Welt erleben.

Es ist spät geworden, wir reißen uns los und verlassen den Tempel. Beim Heimgang ins Hotel sehen wir, wie die Handwerker ihre Geräte vom Straßenrand in seitliche Nischen räumen, Geldscheine zählen und die Holzläden schließen. Das Gedränge und Gehupe hört allmählich auf. In Nebengassen, die oft nur wenige Meter breit sind, haben sich auf etwas erhöhten Stufen die Ärmsten der Armen, die nicht einmal ein Lager besitzen, zum Schlafen hingelegt. Auch Kinder sind darunter, die kaum etwas zum Zudecken haben. Dort und da schleicht noch ein struppiger Köter umher. Eine „heilige" Kuh sucht sich aus Straßenabfällen ihre Nahrung. Der Geruch von Holzrauch, fremdartigen Gewürzen und Exkrementen liegt in der Luft und beleidigt unsere europäischen Nasen. Schnell streben wir hinaus in die Vorstadt, wo uns die reine, kühle Nachtluft und ein vielstimmiges Zikadenkonzert empfängt.

Das Benares Nepals

Tags darauf fahren wir nach Pashupatinath, das etwas außerhalb von Kathmandu im Süden liegt und zu den Hauptheiligtümern des Hinduismus zählt. Pashupatinath ist ein Beiname Shivas und bedeutet „Herr der Tierwelt". Der Ort besteht aus einem riesigen Tempelbezirk, der vom heiligen Fluß Bagmati durchflossen wird. (Siehe auch das Kapitel über das Kathmandutal.)

Kaum sind wir hier angelangt, empfangen uns einige aufgeweckte Buben und bieten sich als Fremdenführer an. In fast allen Weltsprachen versuchen sie, mit uns ins Gespräch zu kommen. Als sie uns deutsch reden hören, sprudeln sie von Touristen aufgeschnappte Worte wie „Neckermann macht's möglich", „Gemma wieda z'ruck" usw. hervor. Wir lehnen ihre Begleitung aber ab. Hartnäckig heften sie sich jedoch an unsere Fersen. Mit vielen Handbewegungen und bayrischdeutsch radebrechend führen sie uns zu den interessantesten Aussichtsplätzen. Wir sehen eine Vielzahl alter Tempel und Tempelchen, die, so wie viele andere religiöse Bauten im Kathmandutal, mit zahlreichen erotischen Darstellungen verziert sind.

Vom Hügel am linken Flußufer des Bagmati sehen wir einen alten „Heiligen" seine rituellen Waschungen im schmutzigtrüben Wasser vollziehen und können von hier aus auch einen Blick in den inneren Tempelbezirk tun. Als Andersgläubige dürfen wir diesen leider nicht betreten. In einem der vielen Tempelhöfe blitzt, von der Sonne angestrahlt, der Rücken des vergoldeten Stieres „Nandi" auf, und ebenso leuchtet gleißend die goldene Pagode zu uns herüber. Der eigenartige Geruch der Räucherstäbchen, der aus einem Tempel zu uns heraufsteigt, sowie zwei blinde Flötenspieler mit ihrer eintönigen und klagenden Melodie vervollkommnen die Szenerie. Während wir uns dieser Stimmung hingeben, werden unsere jungen „Führer" unruhig und fordern uns auf, ihnen zu folgen. Gespannt und neugierig steigen wir zum Flußufer hinunter, dabei den bissigen Affen ausweichend. Wir werden Augenzeugen einer Leichenverbrennung, denn hier in Pashupatinath, am Ufer des Bagmati, befinden sich wie in Benares die bedeutendsten hinduistischen Verbrennungsstätten. Hier werden auch die Könige nach ihrem Tode verbrannt.

Nähertretend beobachten wir zwei Männer, wie sie eben einen Holzstoß errichten. Es sind sieben Lagen von Holzscheiten, und dies bedeutet, wie wir erfahren, daß der Leichnam einer begüterten Frau verbrannt wird. Für eine reiche männliche Leiche würden neun Lagen Holzscheite errichtet, während für Arme nur Stroh zur Einäscherung verwendet wird. Holz ist hier Mangelware und muß mühsam mehrere Tagesreisen weit hergetragen werden. Es ist daher dementsprechend teuer. Nun tragen die beiden Männer die in Leinen gehüllte Leiche auf einem Bambusgestell heran und legen sie auf den Holzstoß. Uns fällt auf, daß keine Angehörigen dabei sind und keine Trauermusik zu hören ist. Dann wird der Holzstoß entzündet. Sofort brennt das Holz lichterloh und erfaßt die Leiche. Zurück bleibt nur mehr die Asche auf dem Steinsockel. Gemäß dem hinduistischen Glauben wird die Asche der verbrannten Leiche in den Fluß gestreut, damit sich die Seele vom Körper lösen kann.

Noch während wir der Leichenverbrennung zusehen, umringen uns bettelnde Krüppel und Frauen mit zerlumpten Kindern auf dem Arm und flehen um Almosen. Wir können erst weitergehen, nachdem etliche Rupien den Besitzer gewechselt haben. So vielen und so hartnäckigen Bettlern wie in Pashupatinath begegnet man anderorts kaum. Dies ist wohl darauf zurückzuführen, daß hier alljährlich viele Gläubige und Touristen zusammenströmen.

Hier kauft man günstig Thankas

Nachdem wir uns von den Bettlern und von unseren Führern in Pashupatinath „losgekauft" haben, fahren wir zu dem 8 km östlich von Kathmandu liegenden Stupa von Bodnath. Er ist der größte und wuchtigste Stupa der Welt und kann schon beim Anflug auf Kathmandu vom Flugzeug aus deutlich gesehen werden. Durch eine schmale, saubere Gasse wandern wir auf den riesigen weißen Stupa zu. Er ruht auf einem ausgedehnten, mehrstufigen Terrassenunterbau, in dem sich 108 Nischen mit Gebetszylindern befinden. Aus einer Höhe von etwa 38 Metern blicken die Augen des Allwissenden forschend und unergründlich in alle vier Himmelsrichtungen. An Bambusstangen hängen weiße, bedruckte Gebetsfahnen, und bunte Gebetswimpel flattern im Schönwetterwind. Hier in Bodnath haben sich übrigens auch Tibeter, die noch vor den Chinesen flüchten konnten, angesiedelt. Auch der Chinia-Lama, Stellvertreter des Dalai-Lama, residiert hier und geht — wie uns Einheimische mißbilligend erzählen — auch allzu weltlichen Geschäften nach.

Eingerahmt wird der Platz um den Stupa von einem Häuserring, hinter dem sogleich fruchtbares Ackerland beginnt. In den gepflegten und reich mit Holzschnitzereien verzierten stockhohen Gebäuden befinden sich viele Andenkengeschäfte im Besitz von Tibetern. Man bietet hier handgeknüpfte Teppiche, tibetische Kunstartikel sowie ausgesucht schöne Thankas preisgünstig zum Kauf an. Es lohnt sich, für Bodnath genügend Zeit einzuplanen. Wohltuend vermerkt man neben der Sauberkeit der Häuser und deren Bewohner, daß hier nicht gebettelt wird. Unbehelligt von Almosen heischenden Kindern und Bettlern kann sich daher der Besucher Bodnaths dessen Sehenswürdigkeiten widmen und mit den Tibetern um die begehrten Souvenirs feilschen.

Wo sich Buddha in der Lotosblüte enthüllte!

Am Nachmittag desselben Tages fahren wir noch nach Swayambunath, das westlich von Kathmandu, nur wenige Kilometer entfernt, auf einem Hügel liegt. Eine Legende besagt, daß das Kathmandutal in Vorzeiten von einem See ausgefüllt war und daß sich an der Stelle, wo sich der Stupa von Swayambunath befindet, der Urbuddha in einer Lotosblüte enthüllte.

Der Bergsteiger wählt natürlich für den Aufstieg zu diesem buddhistischen Heiligtum die steile, vielstufige Treppe an der Ostseite des Hügels. Diese Seite ist wesentlich eindrucksvoller als der Zugang von der Westseite, an der allerdings bis zur halben Höhe eine Fahrstraße hinaufführt. Durch einen lichten Wald steigt man Stufe um Stufe höher, vorbei an überlebensgroßen Buddhafiguren und zahlreichen kleinen Stupas. Oben angekommen, steht man überwältigt vor einer der ältesten und zugleich schönsten buddhistischen Tempelanlagen der Welt. Nach Bodnath befindet sich hier der größte Stupa mit einem Turm, der 13 vergoldete Kupferscheiben aufweist. Nach allen vier Himmelsrichtungen blicken auch hier wieder die Augen des

Allwissenden. 211 Gebetszylinder umgeben den äußeren Ring des Stupas, und kein frommer Besucher versäumt es, diese beim Vorübergehen im Sinne des Uhrzeigers zu drehen. Direkt vor uns liegt auf einem Steinsockel der Donnerkeil, das Symbol für die Allmacht Buddhas. Dann treten wir in das nordseitig gelegene Kloster ein. Unsere Augen sind von der hellen Sonne geblendet und müssen sich erst an das Dunkel im Inneren des Heiligtums gewöhnen. Allmählich erkennen wir einige Mönche, die in tiefer Andacht versunken sind und uns scheinbar weiter nicht beachten. Mit einigen Rupienscheinen erkaufen wir uns das „Recht" für Fotoaufnahmen. Unsere Taktik ist erfolgreich, denn kein Mönch erhebt Einspruch, als wir die herrlichen Wandmalereien und kostbar geschmückten Buddhafiguren fotografieren.

Wie aufmerksam aber die Mönche die Umgebung beobachten, merken wir erst, als durch die offenstehende Tür einer der vielen Tempelaffen hereinschleicht und von den ausgebreiteten Opfergaben stehlen will. Sofort hat ihn ein Mönch erblickt und verjagt zornig den Dieb. Wir treten wieder ins Freie. Die nun schon schräg einfallenden Sonnenstrahlen bringen das viele Gold auf dem Stupa und auf den umliegenden Tempeln zu einem herrlichen Leuchten.

Nach einem Blick auf die uns zu Füßen liegende Stadt treten wir zu Fuß den Rückweg zum Hotel an. Zunächst geht es durch ein Tibeterviertel. Hier entwickelt sich durch den Fleiß dieser Leute eine blühende Hausindustrie. Die Tibeter sind dadurch zu einer wertvollen Gruppe innerhalb des nepalischen Volkes geworden und tragen wesentlich zur Hebung der Einnahmen aus dem Fremdenverkehr bei. In den engen, schmutzigen Gassen der Altstadt beschleunigen wir unsere Schritte. Die herrschende Armut, der unbeschreibliche Geruch und dazu das Gedränge in den Straßen, das alles wirkt nach der erhabenen Atmosphäre von Swayambunath um so unangenehmer auf uns. Erst in der gepflegten Umgebung des Hotels atmen wir wieder auf.

Nur wer die Last trägt, weiß, wo sie drückt!

Pünktlich um 6 Uhr früh verlassen wir am 30. April mit Landrover Kathmandu. Die Fahrt geht nordwestwärts zur 60 bis 70 km entfernten Ortschaft Trisuli Bazar. Aus dem Kathmandutal heraus windet sich das Asphaltband auf einen 1900 m hohen Paß. Dort rasten wir kurz, um den ersten Ausblick auf weiß leuchtende Gipfel zu erleben. In unzähligen Kehren schlängelt sich das Sträßchen anschließend in die Tiefe. An Straßenbaustellen staunen wir, mit welch primitiven Mitteln diese Straßen heute noch gebaut werden. Frauen und Kinder zerkleinern mühselig Steine zu Schotter, der dann in Körben zur Baustelle gebracht wird. Männer verteilen diesen gleichmäßig und stampfen ihn fest. Unterwegs müssen wir zweimal an Kontrollstellen unsere Trekking-Permits herzeigen. Nach etwa viereinhalbstündiger Fahrt erreichen wir Trisuli Bazar. Die Ortschaft liegt 600 m über dem Meeresniveau, somit 800 m tiefer als das Kathmandutal! Der Fluß wird hier auf einer Seite zur Stromgewinnung aufgestaut. Unsere Fahrt endet hier aber noch nicht, denn wir können mit unseren Fahrzeugen noch einige Kilometer flußaufwärts bis zur Ortschaft Betrawati fahren.

In Betrawati erwarten uns bereits die Sherpas und Träger. Sie lagern direkt am Flußufer im Schatten eines großen Laubbaumes, und es gibt einen riesigen Spektakel, als wir ankommen. Der Koch hat ein vorzügliches Yakfleisch-Menü vorbereitet und reichlich Tee vorgekocht. Unsere ausgetrockneten, verstaubten Kehlen vertragen jetzt auch große Mengen Flüssigkeit. Während wir uns stärken, werden unsere Seesäcke und übrigen Lasten auf die Träger aufgeteilt. Unter diesen befinden sich zu unserem Erstaunen auch recht zierlich gebaute Mädchen. Die Aufsicht bei der Lastenverteilung leitet Amang, der Sherpaboß. Er ist erst etwa 25 Jahre alt, schlank, dunkelhäutig mit kohlschwarzen Haaren.

Seine Befehle kommen rasch und kurz und werden ebenso schnell ausgeführt. Zu unserer Begleitung gehören vier Sherpas und zwei Sherpani, wie die weiblichen Angehörigen des Sherpastammes genannt werden. Sie sind in der hübschen bunten Stammestracht gekleidet. Ihre Aufgabe ist unter anderem, Kochgeschirr und Verpflegung zu transportieren. Die Sherpas tragen außer ihrer persönlichen Ausrüstung gewöhnlich keine Lasten; nur im schwierigen Gelände unterstützen sie die schwerbepackten Träger. Sie sorgen hervorragend und wenn nötig sogar aufopfernd für das Wohl der Bergsteiger. Ihnen verdankt der Bergwanderer und der extreme Bergsteiger manche Annehmlichkeit, ja oftmals gelingt erst durch sie das Erreichen der gesteckten Ziele. Allerdings gibt es unter den Sherpas auch schwarze Schafe, wie wir leider im Verlaufe unserer Wanderung erfahren müssen. Dies sind aber wohl Ausnahmen. Die Träger gehören dem Stamm der Thamang an. Sie sind weit ärmlicher gekleidet als die Sherpas und werden von diesen als nicht gleichwertig behandelt. In den tiefer gelegenen Etappen schlafen sie im Freien oder in Höhlen.

Nachdem die meisten unserer Freunde ausgiebig gegessen und getrunken haben — nur einige fasten bei „Sherpareis“ und schwarzem Tee, weil sie seit vergangener Nacht an Durchfall leiden —, baden wir noch kurz im erfrischenden klaren Fluß. Streng getrennt nach Männlein und Weiblein baden auch die Bewohner von Betrawati zur heißen Mittagsstunde.

In der Zwischenzeit hat sich die Trägerkolonne bereits in Bewegung gesetzt. Die Träger haben bis zu 30 kg schwere Lasten zu tragen und versuchen einen Vorsprung vor uns zu bekommen, um zwischendurch öfter rasten zu können. Die schwer schleppenden Leute, besonders die Frauen und Mädchen, tun uns leid. Aber wie unser Führer erklärt, sind sie das Tragen von Kindheit an gewöhnt und nicht bereit, ihren Verdienst mit weiteren Trägern zu teilen.

Während allmählich auch die Sherpas und Bergkameraden aufbrechen, sitzen wir noch zu zweit am Flußufer, umringt von freundlich lachenden, sauberen Kindern. Neugierig sehen sie uns beim Tagebuchschreiben zu, und alle wollen mit dem Kugelschreiber kritzeln, die Armbanduhr ticken hören und durch die Kamera schauen. Aus ihrem natürlichen Benehmen ist zu schließen, daß hier selten Fremde durchkommen.

Durch das Land der Stufen und Terrassen

Die Sonne steht genau im Zenit, als wir uns vom kühlen Wasser losreißen und abmarschieren. Leicht bekleidet mit Shorts, Tennisschuhen und einem Rucksack, der außer Fotoapparat, Regenschutz und etwas Verpflegung nichts enthält, läßt es sich bequem wandern. An gepflegten Dörfern und Häusern vorbei, die wie ausgestorben in der Mittagshitze dastehen, führt ein breiter Weg über unzählige Stufen am Berghang entlang. Trotz des gemäßigten Tempos kommen wir gehörig ins Schwitzen. Die üppigen Mahlzeiten im Flugzeug und im Hotel machen sich nachteilig bemerkbar. Allmählich gewinnen wir an Höhe, die Sonne brennt nicht mehr so heiß, und ein angenehmes Lüftchen weht. Im Schatten riesiger Laubbäume lagern wir zu erfrischender Rast. Zwischen den unzähligen Terrassen stehen immer wieder Eichen, die eigenartig verstümmelt sind und wie aufgerankte Stangenbohnen aussehen. Es sind die Schneiteleichen, die ihr Aussehen durch das fortwährende Abschneiden der zarten Triebe und Blätter für Fütterungszwecke erhalten haben. Das Wandern stimmt uns froh, und vergnügt rufen wir den entgegenkommenden Einheimischen und den arbeitenden Landleuten den landesüblichen Gruß „Namastee“ zu. Auf den gepflegten Terrassen ist eben die Getreideernte vorbei, und schon wächst als Zweitfrucht junger Mais heran. Zwischen den Bauernhäusern trocknet das auf dem Boden ausgebreitete Getreide. Die fremdartige Terrassenlandschaft, die sich zu beiden Seiten des Flusses an den Berghängen hinzieht, erregt immer wieder unsere Aufmerksamkeit. Nach dreistündiger gemütlicher Wanderung über zahllose Stufen erreichen wir den 1300 m hoch gelegenen Weiler Mani-gaum, unser heutiges Etappenziel.

Die weit verstreuten Häuser dieses kleinen Ortes sind mit dunkelrotem Lehm verputzt und mit Stroh gedeckt. Sie sind meist einstöckig und besitzen winzig kleine Löcher als Fenster. Wir streben dem „Dorfplatz“ zu, wo wir unter großen Laubbäumen unseren Lagerplatz aufschlagen. Unweit davon rauscht ein Bach zwischen

Felsblöcken, der den Dorfbewohnern zugleich als Waschplatz und Wasserstelle dient. Auch wir nehmen eine ausgiebige Dusche und lagern anschließend gemütlich im Schatten der „Dorflinde". Die Hitze hat uns durstig gemacht, und wir trinken literweise Tee. Aber nicht jedermann sagt der schwarze Sherpatee am Abend zu, daher ist es am besten, wenn man von zu Hause den gewohnten Tee in Form der praktischen Teebeutel mitbringt.

Hoch oben am blauen Himmel zieht ruhig ein Adler seine Kreise, und leise rauscht der Nachmittagswind im Blätterdach. Doch die beschauliche Ruhe dauert nicht lange. Unsere Ankunft ist der Dorfjugend natürlich nicht verborgen geblieben, und bald sind wir dicht von Kindern umringt. Sie wollen alles betasten und anschauen, und auch für sie ist der Blick durch eine Kamera oder einen Feldstecher eine ausgemachte Sensation. Von den Kindern lernen wir die ersten Worte auf nepalisch. So heißt z. B. Pani = Wasser, Tato Pani = heißes Wasser und Ama bedeutet Mutter.

Unser „Arzt", eigentlich ist er ja Apotheker, muß immer wieder kranke und verletzte Kinder behandeln, die von blind vertrauenden Müttern gebracht werden. Junge Ärzte hätten hier ein außerordentlich großes Betätigungsfeld, kommt doch in Nepal auf 70.000 Einwohner nur ein Arzt, und dieser befindet sich oft viele Tagesmärsche weit entfernt. Das Abendessen wird bereits von den liebenswürdigen Sherpani serviert, es ist reichhaltig und schmeckt vorzüglich. Manche von uns müssen aber Diät halten und sich mit Zwieback und Tee begnügen.

Der Abend ist sehr warm, daher kann auf das Aufstellen der Zelte verzichtet werden. Wir schlafen unter der „Dorflinde" im Freien, und ein vielstimmiges Zikadenkonzert schlummert uns ein. Als sich aber in der Nacht große Ameisen aus dem Laubdach auf uns stürzen und unsere Nachtruhe stören, bedauern wir, keine Zelte aufgestellt zu haben. Fluchend und nach den Quälgeistern suchend verbringen wir unsere erste Nacht auf dieser Trekkingtour.

Die Rhododendronblüte — ein Wahrzeichen Nepals

Bereits im Morgengrauen stehen wir auf, um noch am kühlen Morgen eine größere Wegstrecke zurücklegen zu können. Die Nacht unter dem Sternenhimmel war trotz des gestörten Schlafes erholsam gewesen, doch schmerzen unsere Knochen vom un-

Die Mönchssiedlung Thame in 4000 m Höhe. In dieser weltentrückten Einsamkeit, angesichts der Eisriesen des Rolwaling, kann man meditieren, telepathische Fähigkeiten entwickeln und seine Wünsche auf ein bloß geistiges Maß reduzieren.

gewohnten Liegen am Boden. Tatendurstig ziehen wir in den heraufdämmernden Tag. Bald verschwindet das Dorf hinter einer Wegbiegung. Ein kühler Morgenwind umweht uns, und der Schrei des Kuckucks erinnert an eine Frühlingswanderung in der Heimat. Wir sind jetzt etwa 2 Stunden unterwegs und rasten in einem Dorf in 2000 m Höhe. Der Charakter der Häuser hat sich inzwischen vollkommen verändert. Die Mauern sind aus Natursteinen errichtet und in der oberen Hälfte grauweiß verputzt. Die Dächer sind mit steinbeschwerten Holzschindeln gedeckt. Würden nicht auf den Häusern Gebetsfahnen wehen, so könnte man meinen, ein Alpendorf vor sich zu haben. Hoch über dem Taldunst und noch weit von uns entfernt glänzen am Horizont die ersten schneebedeckten Gipfel des Langtang Himal. Dort liegt unser Ziel, und unsere Gedanken eilen viele Tagesmärsche voraus, hinauf zu diesen strahlenden Höhen.

Nun fesselt eine Kindergruppe unsere Aufmerksamkeit. Etwa 10 Kinder im Alter von 2 bis 7 Jahren sitzen in Lumpen gehüllt vor uns am Boden und spielen. Sie sind unglaublich schmutzig, und ihre kohlschwarzen Haare stehen struppig nach allen Richtungen, so daß uns dieser Anblick höchst amüsiert.

Etwa eine Gehstunde weiter erspähen wir die ersten Rhododendronblüten. Zwar ist die Hauptblüte bereits vorüber, aber die Freude über die einzelnen dunkelroten Blüten ist dennoch groß. Natürlich fotografieren wir sie von allen Seiten. Hätten wir damals gewußt, daß wir beim Rückmarsch ausgedehnte Rhododendronwälder in voller Blüte antreffen werden, so wären wir jetzt weniger enthusiastisch über diese Blüten hergefallen. Ähnlich den Alpenrosen in unseren Bergen, besiedeln Rhododendren in Strauch- oder Baumform die Berghänge am Himalaja von 2700 m bis etwa 3500 m. Ein wenig später finden wir auch herrlich weiß blühende Orchideen, die auf Bäumen oder großen Felsblöcken wachsen. Unseren Durst stillen wir zwischendurch an kleinen, gelben Himbeeren.

In einem schattigen Wäldchen machen wir an einer Quelle Mittagsrast. Flach ausgestreckt, genießen wir das unbeschwerte Wanderleben. Tief unten rauscht der Fluß, er ist milchig-weiß, denn er kommt von den Gletschern. Fast zwei Stunden dauert es diesmal, bis das Küchenpersonal nachkommt. Dann dauert es nicht mehr lange, und der sehnlich erwartete Tee wird serviert. Das Quellwasser ist in dieser Höhe leider noch nicht einwandfrei. Wer sich nicht beherrschen kann und davon trinkt, bekommt unweigerlich Durchfall. Hat doch bereits bei einigen das Zähne-

Der „gute Hirte" bringt das schwarzweiß gefleckte Lämmchen wieder zur Herde zurück (im Gürtel Kukris, die traditionellen Krummdolche der Nepali).

putzen mit heißem Wasser aus der Wasserleitung im Hotel die heftigsten Verdauungsstörungen verursacht. Der schön ausgebaute Weg ist längst einem ständig auf und ab führenden Pfad gewichen.

Auf unzähligen Terrassen reift gerade das Getreide. Auch den schönen Orchideen begegnen wir unterwegs immer wieder. Sie wachsen auf Baumstämmen oder auf moosüberzogenen Felsblöcken. Es endet dieser abwechslungsreiche und kurzweilige zweite Wandertag bereits am frühen Nachmittag in etwa 2200 m Höhe.

In der Nähe des Lagerplatzes entdecken wir einen Wasserfall, der zu einem köstlich erfrischenden Bad einlädt. Lange nach uns treffen die Träger heute am Lagerplatz ein. Ihre bis zu 30 kg schweren Lasten erlauben kein schnelleres Tempo, so daß die Etappenlängen in erster Linie vom Leistungsvermögen der Träger und nicht von unserer Ausdauer bestimmt werden.

Erst in der Dämmerung wird das Essen serviert. Mehr als die Hälfte unserer Kameraden hat bereits Verdauungsstörungen. Es ist nur ein schwacher Trost, daß auch Sherpas und Träger über Verdauungsbeschwerden klagen und von uns mit Medikamenten versorgt werden müssen.

Lange noch sitzen wir vor den Zelten in der lauen Sommernacht. Am gegenüberliegenden Berghang brennt der Wald, der Abendwind bläst in die Glutnester, so daß die Flammen hellauf lodern. Auch tagsüber begegnen wir immer wieder Waldbränden, doch kümmert sich scheinbar niemand darum. Wie wir später erfahren, werden solche Waldbrände meist von den Leuten selbst angelegt, um Ackerland zu gewinnen.

„Namastee“ und „Sigrit“!

Als wir anderntags in der Frühe geweckt werden, ist es noch stockfinster. Bevor wir hellwach sind, serviert bereits unsere freundliche Sherpani den Morgentee. Das heiße Getränk bringt uns schnell auf die Beine. Bald wird auch das Frühstück gebracht. Um die noch immer völlig durcheinandergeratenen Magen- und Darmtrakte endlich auszuheilen, verzichten manche, aber leider nicht alle Betroffenen auf Porridge, Butterbrot und Marmelade und begnügen sich mit Tee sowie trockenem Brot. Während wir frühstücken, eilen die Träger mit den schweren Lasten bereits in den dämmernden Tag. Bald brechen auch wir auf, und der kühle Morgenwind treibt uns den letzten Schlaf aus den Augen. Wir begegnen einer buntscheckigen Ziegenherde, die von kleinen Kindern begleitet wird. Von weitem rufen sie uns mit hellen Stimmen ihr freundliches „Namastee“ entgegen, um gleich darauf um Zigaretten zu betteln. Dabei halten sie die kleinen schmutzigen Hände auf, und mit Blicken, die Steine erweichen können, betteln sie „Sigrit“ (Cigarettes). Erstaunlich, daß auch die jüngsten unter ihnen Zigaretten wollen, und es ist zu vermuten, daß sie von ihren älteren Geschwistern oder gar von den Erwachsenen dazu angehalten werden.

An weißen Orchideen und an duftenden, gelb blühenden Sträuchern vorbei wandern wir im Schatten des Berges und unter hohem Bergahorn, so daß wir nichts von der Tageshitze verspüren. Am Gegenhang über dem Fluß flimmert jedoch schon die Luft und läßt erahnen, was uns an Hitze heute noch bevorsteht. Ein wenig später um den Bergvorsprung herum treten wir ins Sonnenlicht, und großartig ist der Fernblick. Hoch im dunkelblauen Himmel erstrahlen vor uns die Eisgipfel des Langtang Himal. Die kühnen, bizarren Formen beeindrucken uns sehr. Weiterwandernd erreichen wir eine größere Ortschaft. Es ist Dhumche, 2400 m hoch gelegen und Sitz eines Militärpostens mit Polizeifunktion.

Gleich am Ortseingang werden wir von einem Soldaten, der „Gewehr bei Fuß“ stramm in einem Schildhaus steht, aufgehalten. Er verlangt von uns die Trekking-Permits und verschwindet damit im Inneren eines mit den Bildern des Königspaares geschmückten Hauses. Wir benützen diese Zwangsrast, um die umliegenden Häuser näher in Augenschein zu nehmen. Die Steinbauten weisen besonders schöne, holzgeschnitzte Fenster auf, in denen blühende Geranien stehen. Wieder umringen uns neugierige Kinder, während die Erwachsenen scheu fernbleiben. Bald erscheint auch wieder der Beamte und gibt jedem einzelnen von uns den Ausweis zurück. Dabei klingt es sehr lustig, wenn er mühsam buchstabierend unsere deutschen Namen verliest. Da unsere Papiere in Ordnung sind, ist auch der Weiterweg frei. Nachdem wir die engen Gassen des Dorfes hinter uns gelassen haben, kommen wir an mehreren Tschorten und an einer Manimauer vorbei und wandern zwischen grünen Getreideterrassen weiter. Später windet sich der schmale Pfad durch Rhododendronbüsche hinab in eine schattige enge Schlucht zu einem wild rauschenden Fluß. Dieser wird auf einer kühn konstruierten Holzbrücke überquert. Da wir einen großen Vorsprung vor den Trägern haben, nützen wir die Gelegenheit, in dem klaren, frischen Wasser ein Vollbad zu nehmen. Es gefällt uns an diesem Platz so gut, daß wir beschließen, hier das Mittagessen einzunehmen.

Das Schöne an unserer Tour ist, daß wir an keinen starren Marschplan gebunden sind. Wir rasten und übernachten, wo es uns gerade am besten gefällt, und genießen diese Ungebundenheit — fern von vollgefüllten Terminkalendern und programmierter Freizeitgestaltung — in vollen Zügen.

Unser Koch ist ein Meister seines Faches. Immer wieder wundert man sich, wie er hier im Freien über primitivem Holzfeuer so vorzügliche Mahlzeiten zustande bringt.

Einige begnügen sich auch heute noch mit Sherpareis und Tee. Diese Diätdisziplin ist jedem Trekkingteilnehmer, der unter Verdauungsstörungen leidet, dringend anzuraten!*) Die Sonne steht noch hoch am Himmel, als wir wieder aufbrechen. Kein Lüftchen regt sich jetzt mehr, und unser vormittägiges flottes Marschtempo ist einem gemächlichen Trott gewichen. „Nur nicht unnötigerweise Kräfte vergeuden", lautet die Devise, denn die kräfteraubenden Bergetappen und Gipfelanstiege rücken näher. Plötzlich werden wir aus unserer beschaulichen Wanderung durch wütendes Affengekreische aufgeschreckt. Belustigt sehen wir eine ganze Horde von Affen aufgeregt in einem hohen Baum herumturnen. Offensichtlich haben wir sie gerade in ihrer Mittagsruhe gestört, denn sie beschimpfen uns aufs heftigste. Schade, daß sie sich gerade im Gegenlicht befinden, denn dadurch können wir keine Aufnahmen von ihnen machen. Gar zu köstlich ist der Anblick der zornig gesträubten Gesichtshaare, die im Sonnenlicht wie ein Strahlenkranz aufleuchten. Der nächste Wegabschnitt erinnert sehr an einen sommerlichen Hüttenanstieg in den Westalpen. Die von der Hitze flimmernde Luft ist voll vom tausendfachen Gezirpe der Zikaden, und betäubend sind die Gerüche der vielen Blüten und Blumen. Allerdings schreitet der Wanderer hier nicht über einen Zirbennadelteppich, sondern über den federnden Polster der Tränenkiefernnadeln. Nach einer Stunde gemütlichen Wanderns unter Himalajatannen, Tränenkiefern und abgeblühten Rhododendren taucht vor uns eine kleinere Ansiedlung auf. Wir befinden uns ca. in 2600 m Höhe. Wieder ziehen wir an Getreideterrassen, Pfirsich- und Apfelbäumen vorbei und lagern schließlich im Schatten der kleinen Steinhäuser. Weit hinten im Langtangtal steht eine schwarze Gewitterfront. Im aufkommenden Wetterwind wehen die Gebetsfahnen auf den Dächern. Bei der noch immer herrschenden Hitze verspüren wir keine große Lust, heute noch weiterzumarschieren. Noch dazu ist der nächste Wegabschnitt steil und der prallen Sonne ausgesetzt. Wir ziehen es daher vor, uns auszuruhen und das dörfliche Leben zu beobachten. Die Bewohner sind hier offensichtlich sehr arm, aber genügsam und sichtlich zufrieden mit ihrem Los. Sie freuen sich über die Abwechslung, die durchziehende Fremde bieten, und unterhalten sich vergnügt mit uns. Zigaretten für die Erwachsenen, Traubenzucker und Kekse für die Kinder werden verteilt. Im Haus nebenan stillt eine Mutter ihr Kind, ein kleiner netter Hirtenhund schnuppert neugierig an einem Rucksack, und zornig grunzend rennen einige schmutzige Schweine vorüber. Lange warten wir auch heute wieder auf die Trägerkolonne. Ihnen hat die Hitze natürlich noch mehr als uns zugesetzt. Aus diesem Grunde wollen wir hier übernachten und suchen am Dorfrand einen geeigneten Lagerplatz auf. Wieder befindet sich in der Nähe ein erfrischendes, klares Bergwasser.

---

*) Hält man die in diesem Falle unbedingt angebrachten Diätvorschriften nicht ein, kann es zu schweren gesundheitlichen Störungen kommen, die ein vorzeitiges Abbrechen der Tour zur Folge haben können.

Jeder weiße Sahib ist ein Arzt!

Wir tummeln uns nach Herzenslust im Fluß und waschen nebenbei unsere Wäsche. Inzwischen stehen bereits die Zelte, und durststillender, heißer Tee wird serviert. Die Dorfjugend ist uns nachgefolgt, und wir versuchen, ihnen heimatliche Kinderlieder beizubringen. Sie stellen sich dabei erstaunlich gelehrig an. Auch Kranke und Verletzte kommen hilfesuchend zu uns heraus, denn ihren Vorstellungen entsprechend muß jeder weiße Sahib ein Arzt sein. Leider ist nicht jeder von uns in der Lage zu helfen, so daß wir die Kranken immer zu unserem Apotheker schicken müssen, der dann wieder Schwerarbeit zu leisten hat und kaum zur wohlverdienten Ruhe kommt. Erst das drohend herannahende Gewitter verscheucht Heilungsuchende und Zaungäste. Gerade als wir im Eßzelt versammelt sind und uns an den Künsten unseres Koches erfreuen, bricht das Unwetter los. Nur mit Mühe gelingt es den Sherpas, das große Zelt festzuhalten. Nach dem Essen stolpern wir, während einer kurzen Regenpause, im Finsteren von Blitzen geblendet, in unser Zelt. Ist schon das Schlafen im Zelt nach einem langen heißen Wandertag ein Vergnügen besonderer Art, um wieviel mehr noch bei rauschendem Regen und kühler Temperatur.

Wie üblich, werden wir auch heute bereits sehr früh mit dem Morgentee geweckt. Die Luft ist nach dem Nachtgewitter frisch und der Himmel wolkenlos. Nach einem ausgiebigen Haferbreifrühstück erreichen wir bald eine Höhe von 2400 m. An einem besonders schönen Aussichtsplatz steht ein Tschorten mit einer Gebetsfahne. Von hier aus genießen wir einen herrlichen Blick zum neuschneebedeckten Ganesh Himal, dessen höchste Gipfel über 7000 m hoch aufragen. Dazwischen liegen tief eingefurchte Täler. Die klare Luft gestattet erstmals auch eine eindrucksvolle Sicht auf den bisher immer nur undeutlich im Dunst zu sehenden Langtang Himal. Voll Begeisterung blicken wir zu diesen kühnen, gewaltigen Eisriesen auf. Zweifellos bringt der heutige Tag einen ersten Höhepunkt in unserer bisher schon so abwechslungsreichen Trekkingtour. Das Langtangtal ist ein herrliches Land, das jeden Naturliebhaber in seinen Bann ziehen muß.

Das Dörfchen Syabru liegt vor uns. Es ist in Stufen angelegt und umgeben von fruchtbaren Getreide- und Kartoffelterrassen. Wieder laufen uns struppige Kinder entgegen, und die Erwachsenen blicken uns Fremdlinge erstaunt an. Was mögen sich die guten Leute wohl über uns denken? Sie können sicher nicht verstehen, daß man freiwillig das einfache und strapaziöse Leben einer Trekkingtour auf sich nimmt. Auch heute lagern wir gegen Mittag an einem wildschäumenden Bach und nehmen ein erfrischendes Bad. Später, in Schnee und Eis, werden wir uns ja tage- oder gar wochenlang nicht mehr dem Vergnügen eines Vollbades hingeben können. Am Nachmittag müssen wir bis auf 1700 m absteigen und durchwandern dabei einen dichten Bambuswald, vermischt mit Eichen und akazienähnlichen Bäumen. Armdicke Lianen umschlingen die Stämme. An übergroßen Philodendren mit großen weißen Blütenkolben vorbei, ziehen wir durch den feuchten, dämmerigen Urwald. Fast neun Stunden lang sind wir unterwegs, bis wir flußaufwärts in einer engen Schlucht einen geeigneten Lagerplatz finden. Dies ist bisher unsere längste, aber auch abwechslungsreichste Etappe gewesen.

Am späten Abend zieht wieder ein Gewitter über uns hinweg.

In der Nacht hat es ergiebig geregnet, doch jetzt am Morgen ist der Himmel wieder blau, soweit man ihn durch die enge Schlucht sehen kann. Nach dem Frühstück überqueren wir auf einer schwankenden, nur aus zwei Stämmen bestehenden Notbrücke den wild schäumenden Fluß. Der Wassergischt spritzt bis zu uns herauf, als wir über die „Brücke" balancieren. Schlimm sind hier die schwer beladenen Träger dran, aber auch wir haben Mühe, über die nassen, rutschigen Stämme ans andere Ufer zu kommen. Doch schließlich gelangen alle wohlbehalten über den Fluß, und gemeinsam wandern wir in der engen Schlucht steil aufwärts. Die hier herrschende hohe Luftfeuchtigkeit läßt den Bäumen lange Flechtenbärte wachsen, und die Steine sind von dichten Moospolstern überzogen. Gewaltig rauschen milchig-trübe Wassermassen die Steilstufen herunter. Als wir die letzte Geländestufe überwunden haben, bleibt die feucht-modrige Zone zurück, und es beginnt wieder der Rhododendronwald. Erstmals bewundern wir hier neben den bekannten dunkelroten Blüten auch herrlich weiß blühende Büsche. Dazwischen wachsen gelb blühende Berberitzen, die fast Baumhöhe erreichen. Plötzlich, nach einem Talknick, wird der Blick frei auf die mit Neuschnee geschmückten Gipfel des Langtang Himal. Einmal mehr sind wir von der Wucht und der Höhe dieser Berge überwältigt. Heute überzieht sich der Himmel wesentlich früher mit dunklen Wolken, und wir sind froh, nach dem Essen nur noch eine kurze Strecke gehen zu müssen. Nach Überwindung eines Steilstückes erweitert sich die enge Schlucht zu einem freundlichen, breiten Hochtal. Noch vor dem Einsetzen des Regens erreichen wir unser heutiges Etappenziel, die Ansiedlung Ghora Tabela in 3100 m Höhe. Hier stehen etwa ein Dutzend Holzhäuser, die vielleicht 5 bis 6 Jahre alt sein mögen. Auch zwei Unterkunftshäuser für Wanderer sind vorhanden, sie betiteln sich hochtrabend Restaurant bzw. Lodge. Die Lodge ist augenblicklich zur Gänze von einer Schweizer Gruppe belegt. Die Schweizer sind die erste größere Trekkinggruppe, der wir während der nun viertägigen Wanderung begegnen. Sonst haben wir nur gelegentlich Einzelgänger angetroffen. Von einem überlaufenen Himalaja kann also auch hier keineswegs die Rede sein. Interessant ist, daß hier friedfertige Khampas siedeln, die nach ihrer Flucht vor den Chinesen in Ghora Tabela seßhaft wurden. Sie haben mit den streitlustigen Khampas, derentwegen wir nicht ins Hidden Valley durften, außer Namen und Herkunft nichts gemein. Hier verkosten wir zum erstenmal auf dieser Reise die Nationalgetränke Tschang und Rakshi. Inzwischen ist es empfindlich kalt geworden und der Regen in ein Graupeln übergegangen. Weiter talaufwärts schneit es sogar. Welch ein krasser Temperaturwechsel zwischen jetzt und heute vormittag, als wir schweißgebadet durch tropischen Urwald marschierten.

Ein herrlicher Bergwandertag!

Eine recht kühle Nacht ist einem strahlend blauen Bergsommertag gewichen. Heute vertauschen wir die Turnschuhe mit den festen Bergstiefeln, denn der Weg wird zusehends felsiger. Wir sind bereits den sechsten Tag unterwegs und nähern uns endlich dem langersehnten Ziel unserer Reise, den Bergen des Langtanggebirges. Vor uns, in 3400 m Höhe, liegt das ausgedehnte Dorf Langtang. Fast auf jedem Dach flattern Gebetsfahnen. Sie sind entweder weiß oder bunt gestreift in den Farben Gelb, Blau, Rot, Weiß und Dunkelblau. Auf den verhältnismäßig großen Feldern rings um das Dorf wachsen jetzt zarte Maispflänzchen. Die Wiesenflächen sind übersät von blauen, kurzstieligen Schwertlilien, die uns lebhaft an die heimatlichen Krokuswiesen erinnern. Begrenzt wird dieses schöne Hochtal von steilen, wuchtigen Bergflanken, von denen Wasserfälle niederstürzen. Hoch aufragend darüber weiß strahlende, gewaltige Eisgipfel. Großartig ist auch der von kühnen Firn- und Eispyramiden gebildete Talabschluß.

Oberhalb des Dorfes Langtang gehen wir an zahlreichen Tschorten und an Hunderte Meter langen Manimauern vorbei. Hier bläst ein angenehmes, kühles Lüftchen, und einige Schönwetterwolken ziehen am dunkelblauen Himmel. Wir lagern am zahm gewordenen Flüßchen und warten auf das Mittagessen. Immer wieder wandern unsere Blicke hinauf zu dem eindrucksvollen Gipfelpanorama.

Das Mittagessen schmeckt den meisten schon wieder ausgezeichnet, denn sie sind dank der konsequent eingehaltenen Diät vom Durchfall völlig geheilt. Gerade zur rechten Zeit, um für die Gipfeltage in Form zu sein. Leider trifft dies nicht für alle unsere Freunde zu. Sie haben den Kochkünsten unseres Sherpakoches nicht widerstehen können und fühlen sich — trotz ständiger Medikamenteneinnahme — ausgesprochen elend.

Am frühen Nachmittag erreichen wir auf blumenübersäten Almwiesen Kyangchin-Ghompa. Dieser kleine Weiler liegt in 3800 m Höhe inmitten eines halboffenen Talkessels, der auf der einen Seite vom Flüßchen Langtang und mehreren kleinen Moränen-Seen, auf der anderen Seite von gewaltigen Eiswänden und Gletscherabbrüchen bis ins Tal herab begrenzt wird. Neben der uralten Ghompa befindet sich eine Käserei, die von den Schweizern im Rahmen ihrer Entwicklungshilfe für Nepal erbaut wurde. Yakalmen mit niedrigen Steinunterkünften für die Tiere füllen den Talkessel aus. Etwa 1 km taleinwärts liegt ein kleiner Flugplatz, den Maschinen vom Typ Pilatus Porter anfliegen können. Nach einem ersten Rundgang ersteigen wir noch rasch den 4300 m hohen „Hausberg" und genießen von oben eine prächtige Aussicht. Bald ziehen auch heute wieder Wolken auf, und es beginnt leicht zu regnen.

Anderntags ist der Boden steinhart gefroren, und eine dünne Schneedecke überzieht die Landschaft. Trotz der ungewohnt tiefen Nachttemperaturen haben wir dank der Daunenausrüstung tief geschlafen.

Angesichts der nahen, lockenden Gipfel ist unser Höhenauftrieb übermächtig. Als wir losstürmen, bedenken wir kaum, daß uns die nötige Höhenanpassung noch fehlt. Unser Ziel ist die Yala-Alm, 4700 m hoch gelegen und Ausgangspunkt, so hoffen wir, interessanter Gipfelbesteigungen. Stundenlang zieht sich der Weg an niederen Berberitzen und Wacholderbüschen vorbei, und je höher wir kommen, um so faszinierender wird der Rundblick. Nach 3½stündiger Wanderung erreichen wir die Yala-Alm. Es stehen sieben niedrige, unbewohnte Almhütten hier. Sie sind aus losen Steinen errichtet und mit Bambusmatten gedeckt. Dazwischen stellen wir unsere Zelte auf. Nach einer kurzen Verschnaufpause „laufen" einige noch auf den nächstliegenden Gipfel, den Yala Peak, 5020 m hoch. Trotz dieser relativ bescheidenen Höhe ist der Ausblick von hier großartig. Zahllose Fels- und Eisgipfel, gewaltige Gebirgsstöcke und tief eingeschnittene Täler umgeben uns. Unscheinbar und verlassen fühlt sich der Mensch angesichts dieser einmaligen Bergwelt. Der Nachmittag vergeht mit Faulenzen und mit der Überprüfung unserer Ausrüstung. Morgen steht ja der erste bedeutende Gipfel auf dem Programm. Zwar wäre es klüger gewesen, hier ein bis zwei Rasttage zur Höhenanpassung einzuschalten, aber der Wunsch, endlich auf einem richtigen Himalajagipfel zu stehen, ist größer. Unser morgiges Ziel ist der rund 5500 m hohe Ganesh Peak. Abends zieht das übliche Gewitter auf, es blitzt und donnert einige Male, und dann schneit es bis in die Nacht hinein.

Shisha Pangma, der höchste Berg Chinas!

Es ist noch Nacht, als uns die Sherpas mit dem Morgentee wecken. Heute fehlen die Sherpani, sie sind nämlich in Kyangchin zurückgeblieben, wo sie sich von den Strapazen der letzten Tage erholen können. Die Nacht ist sternenklar und bitter kalt.

Bild rechts: Getreidedrusch in Kirtipur.
Bild umseitig: Gleichgewicht und Mut erfordert das Überqueren der schwankenden Stege.

Erhaben stehen die Eisriesen da, vom Sternenlicht gespenstisch beleuchtet. Im Zeltinneren glänzt der Reif. Der heiße Tee ist jetzt besonders willkommen. Ziemlich appetitlos schlingen wir das schnell erkaltete Porridge hinunter. Bald darauf steigen wir mit Steigeisen, Pickel und Seil bergauf.

Da die Sherpas im Lager bleiben, tragen wir die unbedingt nötige Ausrüstung im eigenen Rucksack mit. Bedächtig setzen wir unsere Schritte in den Neuschnee. Allmählich wird es hell, und leuchtend erstrahlen die höchsten Gipfel, als sie von den ersten Sonnenstrahlen getroffen werden. Eiskalt bläst uns der Morgenwind den feinen Pulverschnee ins Gesicht, und sehnsüchtig schauen wir hinauf in die sonnenglitzernden Flanken und hoffen, daß es dort wärmer sein wird. Vorbei an eisblauen Gletscherbrüchen führt unsere Spur in sonnenbeschienene Höhen. Angesichts der lockeren Pulverschneeauflage bedauern wir sehr, keine Schier mitzuhaben. Allmählich macht sich die Höhe bemerkbar. Tief und schwer atmend stapfen wir jeder in der Spur des Vordermannes und bleiben öfters stehen, um wieder zu Atem zu kommen.

Nach 5 Stunden stehen wir dann endlich auf einem schmalen Firnrücken, dem Gipfel des Ganesh Peak, und sind überwältigt von der grandiosen Aussicht, die dieser Berg nach allen Seiten bietet. Selbst unser Führer, der schon oftmals im Himalaja war, meint begeistert, noch keine umfassendere Gipfelschau und vor allem keine solche Vielzahl markanter Sechs- und Siebentausender bisher erlebt zu haben. Freudig beglückwünschen wir uns zu diesem einmalig schönen Bergerlebnis. Bis auf Peter, der krank im Zeltlager zurückbleiben mußte, haben alle den Berggipfel auf Anhieb erreicht. Angesichts der fast endlosen Gipfelparade, deren kühne Grate und Spitzen von einem ultrablauen Himmel überspannt werden, vergessen wir Kopfschmerzen und Aufstiegsmühen. Anhand einer Übersichtskarte versuchen wir einzelne, besonders herausragende Gipfel zu erkennen. Zwar ist die zur Verfügung stehende Karte ziemlich fehlerhaft, doch sie genügt unserem Zweck.

Nordöstlich von unserem Standort, etwa 20 km entfernt und schon in Tibet, erhebt sich über einer riesigen Eiswand die Shisha Pangma*), der höchste Berg Tibets und seit der Besetzung dieses Landes durch die Chinesen auch der höchste Berg Chinas. Er ist 8003 m hoch, ein dunkler, wuchtiger, schneefreier Felsaufbau, und überragt alle Gipfel in der Runde. Gleichzeitig ist er der einzige Achttausender, der

---

*) Von den Nepali „Gosainthan“ genannt.

Bild umseitig: Uralte, wunderschöne Tschorten bei Dhumche.
Bild links: Erholsames Lagerleben in Kyang Chin auf 3800 m.

voll auf chinesischem Gebiet liegt. Gegen Norden zu stehen die Grenzberge nach Tibet vor uns. Daran schließt sich die Gipfelgruppe Pang Ri Guldong und Pyong Peak und in weiter Ferne die überaus markante Spitze des Dhortse Lakpa. Im Vordergrund der Khim Thung, der beherrschend vor uns steht. Von seinem Gipfelgrat ziehen sich viele Hunderte Meter hohe Eisrinnen trichterförmig in die Tiefe. Im Süden sehen wir den Pendong Kharpo und talauswärts eine Reihe zum Großteil unbenannter Gipfel. Daran schließt sich das Langtangtal, und darüber steht genau im Westen der mächtige Langtang-Lirung. Im Nordwesten erkennt man die Gipfel des Transhimalaja. Wahrlich eine endlose Gipfelschau!

Der Abstieg ist ein gelöstes, fast müheloses Abwärtsschreiten, wie dies eben nur nach einem beglückenden Gipfelerlebnis möglich ist. Am Zeltplatz erwarten uns bereits die braven Sherpas mit heißem Tee. Eine wahre Köstlichkeit nach achtstündiger Tour. Das vorbereitete Essen bringen wir allerdings nicht hinunter. Die Anstrengung oder die ungenügende Höhenanpassung hat uns den Appetit geraubt. Jetzt, nachdem alle nervliche Anspannung von uns gewichen ist, spüren wir die mangelnde Akklimatisation, und unser Gipfeldrang rächt sich. Hämmernde Kopfschmerzen, Appetitlosigkeit und leichte Übelkeit sind die Folgen des zu raschen Anstieges.

Innerhalb von zwei Tagen sind wir von 3100 m auf über 5500 m aufgestiegen. Würden wir jetzt wieder auf 3800 m hinuntergehen, wären die Höhenbeschwerden sofort vorbei. So aber bleiben wir auf der Yala-Alm in Montblanc-Höhe. Um uns hier wohl zu fühlen, hätten wir unbedingt einige Rasttage in mittlerer Höhe, also zwischen 3000 bis 4000 m, einschalten müssen. Aufgrund dieses Erlebnisses muß man wieder einmal jedem noch nicht akklimatisierten Bergsteiger dringend raten, seinen Gipfeldrang vorerst zu bezähmen. Dabei ist ein Zwischenanstieg auf größere Höhen im Sinne einer rascheren Höhenanpassung durchaus zweckmäßig, nur sollte man anschließend gleich wieder in die Erholungszone hinunter.

Nach einer unruhigen Nacht mit längeren Wachzeiten und starken Kopfschmerzen fehlt auch der Appetit auf ein ausgiebigeres Frühstück. Lediglich der Tee ist willkommen. Den heutigen „freien" Tag und das wolkenlose schöne Wetter nutzen wir für eine gemütliche Besteigung des Yala Peak. Dabei machen wir auch eine kleine Überschreitung in über 5000 m Höhe. 150 m tiefer leuchten einige Moränenseen herauf. Ihr Wasser ist glasklar, und die benachbarten Sechs- und Siebentausender spiegeln sich darin. Lange verweilen wir bei ihnen und genießen die Schönheit und Einsamkeit dieses Landes. Wieder zurück beim Lager, erfahren wir, daß Peter wegen Höhenerkrankung hinunter ins Tal muß. Der Führer und sein Freund begleiten ihn. Sie müssen ihn fast tragen, so schwach ist er.

Nachmittags faulenzen wir in der Sonne und schauen den Wolken zu, wie sie vom

Tal heraufziehen und die Gipfel umspielen. Das Wetter bleibt schön, und wir erleben einen herrlichen Sonnenuntergang. Scharf zeichnen die schräg einfallenden Sonnenstrahlen die Konturen der Eisrinnen und Bergspitzen, während tief im Tal die Nacht bereits aufzieht. Die Sherpas haben ein prasselndes Holzfeuer entzündet und singen ihre Lieder.

Eine Hiobsbotschaft!

Kalt und unruhig war die Nacht, doch der Morgen ist wunderbar. Als uns die ersten Sonnenstrahlen erreichen, weicht die Kälte und Nachtstarre, und wir haben das Gefühl, von der Sonne wieder zu neuem Leben erweckt worden zu sein.

Einige Stunden später treffen wir wieder in Kyangchin ein, wo wir den heutigen Tag verbringen. Unser Bergführer empfängt uns mit der unangenehmen Mitteilung, daß Peter und zwei ernstlich erkrankte Leute von der Sherpamannschaft auf keinen Fall die bevorstehende schwierige Paßüberschreitung über den Kangsha La mitmachen können und nach Kathmandu zurück müssen. Zum Glück wird die Schweizer Bergsteigergruppe, die wir vor einigen Tagen in Ghora Tabela getroffen hatten, von einem Flugzeug abgeholt, und bei dieser Gelegenheit kann ein Rettungsflug nach Kyangchin organisiert werden. Damit der Flug und die Einweisung ins Spital glatt verlaufen, muß er selbst auch mitfliegen.

Das bedeutet, daß wir den schwierigen Weiterweg ohne unseren Bergführer bewältigen müssen. Außerdem ist heuer noch niemand über den mehr als 5000 m hohen Paß gekommen. Im Vorjahr hat es beim Paßübergang sogar mehrere tote Träger durch einen Unglücksfall gegeben.

An diesem Tag fühlen wir uns wieder in ausgezeichneter Verfassung. Der herrliche Lagerplatz mit den vielen Primeln und Schwertlilien herunten auf 3800 m Höhe, die warme Luft und der wiedergekehrte Appetit tragen wesentlich dazu bei. Am Nachmittag wandern wir zum Talschluß zurück. Über gewaltige Moränenstufen mit riesigen Felsblöcken steigen wir durch stachelige Berberitzenstauden bis zu den Gletschern, die hier den Talboden berühren.

Nach dem Abendessen versammeln wir uns alle um ein wärmendes Feuer aus Birkenknüppeln. Wir singen und plaudern, und schließlich tanzen wir auch noch gemeinsam mit den Sherpani und Sherpas den stampfenden Sherpatanz. Dieser besteht aus wenigen Schrittkombinationen, wobei sich die Tanzenden reihenweise einhängen. Erst als die letzten Birken verbrannt sind, schlüpfen wir in die Schlafsäcke. Vor dem Einschlafen denken wir noch mit gewisser Sorge an den bevorstehenden Paßübergang und ob es uns gelingen wird, ihn zu bewältigen. Wäre dies nicht der Fall, dann müßten wir den langen Weg durch das Langtangtal, der uns schon geläufig ist, zurückmarschieren.

Woska, der tibetische Hirtenhund!

Wir sind bereits 11 Tage auf Trekkingtour, unser heutiges Etappenziel liegt nur 4400 m hoch, daher lassen wir uns beim Aufstehen Zeit. Wir nehmen Abschied von den zurückbleibenden Freunden und ziehen los. Ein junger schwarzer Hund namens Woska begleitet uns ab heute. Amang hat ihn für seinen Boß in Kathmandu gekauft. Es ist ein drolliger Kerl mit dicken Pfoten und honiggelben buschigen Augenbrauen. Wir freuen uns, daß er mit uns läuft. Nach 10 Minuten Gehzeit müssen wir über den Langtangfluß. Leider reicht die vorhandene „Brücke“ nur bis zur Flußhälfte, die andere Hälfte hat das Wasser weggerissen. Wir krempeln die Hosenbeine hoch und waten durch den reißenden Fluß. Am anderen Ufer windet sich der Pfad in engen Serpentinen steil durch einen lichten Birkenwald hinauf. Meterlange Flechtenbärte hängen von den knorrigen Bäumen, dazwischen stehen Rhododendronbüsche und glänzen silbrigweiß Weiden. Schwer bepackt plagen sich die Träger durch den Wald. Eigenartigerweise fluchen und stöhnen sie nicht bei diesem anstrengenden Marsch, sondern singen und schnattern unentwegt. Später werden wir erfahren, daß sie nicht nur bei großer Anstrengung, sondern auch aus Angst singen, die sie damit gleichsam überspielen. Vorbei an friedlich grasenden Yaks steigen wir über einen steilen Bergrücken höher. Der schöne romantische Birkenwald ist längst zurückgeblieben, und stachelige Berberitzen hemmen unseren Schritt.

Der so kurz erschienene Anstieg ist doch beschwerlicher als wir gedacht haben. Die Freunde meinen sogar, er sei richtig brutal. Einige von ihnen leiden noch immer an Durchfall und sind dementsprechend körperlich geschwächt. Sie bleiben weit hinter uns zurück. Die letzten 300 m bis zum heutigen Lagerplatz erfordern leichte Blockkletterei. Woska, der junge Tibeterhund, ist bisher brav und ausdauernd mitgezottelt. Nun aber will er nicht mehr weiter. Mit allen Vieren stemmt er sich gegen den Zug der Leine. Uns tut der Kleine leid, und kurzerhand tragen wir ihn unter dem Arm zum Zeltplatz. Zufrieden seufzend streckt er seine langen kräftigen Beine von sich und schläft ein.

Unseren Lagerplatz müssen wir erst mit Hilfe der Pickel einebnen. Durch Aufstauen einer kleinen Quelle errichten wir einen Waschplatz. Inzwischen hat sich der Himmel eingetrübt, und im Tal donnert es bereits. Die Sherpas stellen rasch das große Küchenzelt auf, damit sie und die Träger darunter Schutz finden, wenn das Gewitter losbricht. Amang teilt heute unsere Kleider- und Schuhspenden an Sherpas und Träger aus, und diese freuen sich wie kleine Kinder bei einer Weihnachtsbescherung. Erstaunlich, wie unglaublich genügsam und zufrieden diese Menschen sind.

Plötzlich bricht das Gewitter los, und der Sturm treibt die ersten Schneeflocken heran. Hoffentlich schneit es nicht zu lange. Denn morgen müssen wir über steile Moränen und Schneefelder hinauf zum Paß.

Der Kangsha La ist eine anspruchsvolle Bergtour!

Wieder erleben wir einen strahlenden Sonnenaufgang. Gleich nach dem Lagerplatz steigt der Pfad steil an, und auf den ersten Firnfeldern müssen wir bereits Stufen schlagen. Die Träger würden sonst kaum in dem steilen Gelände weiterkommen. Sie singen und schnattern unentwegt.

Wir orientieren uns beim Aufstieg an einem schon von weitem sichtbaren Steinmann. Tief unter uns das enge Langtangtal, uns gegenüber die Yala-Alm und darüber „unser“ Ganesh Peak. Im höher gelegenen Schneekessel brennt jetzt bereits unbarmherzig die Sonne, und die Strahlungshitze ist außergewöhnlich stark. Kein Wunder, wenn man bedenkt, daß wir uns schon auf fast 5000 m befinden. Wir fühlen uns gut in Form und stapfen in dem allmählich enger und steiler werdenden Firnfeld hinauf. Glücklicherweise liegt genug Schnee, so daß keine Spaltengefahr besteht. Bis hierher hat es eigentlich keine besonderen Schwierigkeiten für uns und auch nicht für die Träger gegeben. Schwierigkeiten beginnen erst auf den letzten 100 Höhenmetern unter dem 5150 m hohen Paß. Kleine Steinpyramiden weisen zwar die Richtung des Pfades an, der aber ist durch den vielen Schnee, der auf dem steilen Fels liegt, versperrt bzw. für die Träger und Sherpani nicht begehbar.

Uns gelingt es verhältnismäßig einfach — allerdings ohne schwere Last auf dem Rücken —, den Grat und damit den Paßübergang zu erreichen. Die Freude darüber ist groß. Wir haben vom Lager etwa 3,5 Stunden statt der geplanten 5 Stunden benötigt. Der Ausblick von hier oben ist nach allen Seiten großartig. Die Shisha Pangma und die übrigen Grenzberge nach Tibet erkennt man sogar noch besser als vom Ganesh Peak, und der Blick vom Paß ins Helambu verspricht für die nächsten Tage herrliche Bergfahrten. In der Zwischenzeit versucht eine weitere Gruppe einen weniger schwierigen und vor allem für die Träger begehbaren Übergang zu finden. Zuviel Schnee liegt hier, und der „Normalweg“ ist derzeit nicht begehbar. Hier bringen wir keine Träger darüber. Leider sitzen die Sherpas vorerst teilnahmslos unten am Rande des Firnfeldes und versuchen gar nicht, mit uns einen gangbaren Weg zu finden. Zunächst sind wir ratlos, und dann nehmen wir Rufkontakt mit der zweiten Gruppe auf, die über einen steilen Geröllhang aufgestiegen ist. Vielleicht haben sie eine günstigere Übergangsstelle gefunden, aber die Antwort klingt nicht sehr hoffnungsvoll: „Der Hang ist sehr steil und höchst steinschlaggefährdet!" Jeder Tritt löst eine kleine Steinlawine aus. Sollte es wirklich nicht gelingen, diesen Paß für alle begehbar herzurichten? Nach mehrmaliger Aufforderung unsererseits bequemt sich der Sirdar doch, uns zu unterstützen.

Da jedoch inzwischen das tägliche Gewitter aufzieht und weitere Bemühungen erfolglos bleiben, steigen wir alle mit hängenden Köpfen zum Rand des Firnfeldes ab, wo wir für diese Nacht kampieren wollen. Morgen ist schließlich auch noch ein Tag. Zu verlockend waren die Gipfel auf der anderen Seite des Passes.

Es ist jetzt 16 Uhr, wieder schneit es stark, und der Koch hat es bestimmt nicht leicht, in dieser Schneewüste auf 5000 m Höhe ein Essen zuzubereiten. Inzwischen stehen einige Zelte, und wir verkriechen uns in die Daunenschlafsäcke. Am Abend schneit es unentwegt weiter, und wir fürchten, den Kangsha-La-Paß endgültig aufgeben zu müssen.

Unsere Sorge vom Vorabend erwies sich als unbegründet, denn es fielen nicht mehr als 20 cm Neuschnee, und bereits um 5.30 Uhr leuchten die ersten Strahlen der aufgehenden Sonne in unsere Gesichter, als wir nach dem Erwachen sofort gespannt nach dem Wetter sehen. Wir nehmen uns kaum Zeit zum Frühstück und besprechen noch rasch mit unseren Freunden die verschiedenen Möglichkeiten, über den Paß zu kommen, und teilen einander die einzelnen Aufgaben zu. Zunächst versuchen wir verbissen, mit den Pickeln Stufen in einen supersteilen Hang zu schlagen, doch der nachrutschende Neuschnee deckt uns bis zur Brust zu. Hier geht es also nicht.

Zwischen dem nicht begehbaren Normalanstieg und dem steinschlaggefährdeten Schrofenhang zieht sich eine lange, schmale und übersteile Firnrinne bis zum Grat hinauf. Dort wollen wir einen letzten Versuch unternehmen.

Zuerst schlagen wir in das steile Firnfeld bis zum Fuß der Rinne Stufen, dann klettern drei Freunde die Rinne hinauf und befestigen an Felsblöcken zwei lange Seile. Eines als Aufstiegshilfe, das andere zum Aufziehen der Lasten. Inzwischen machen wir auch die Rinne durch Stufen begehbar. Amang, der Sherpaführer, wird aufgefordert, dafür zu sorgen, daß die Zelte abgerissen und die Lasten bis zum Fuß der Rinne gebracht werden. Bis jetzt haben uns die Sherpas und Träger von unten skeptisch zugesehen, doch als der Seilzug funktioniert und die ersten Lasten oben verschwinden, wegen der Steilheit der Rinne sieht man die oben ziehenden Freunde nicht, kommt Bewegung in die verharrende Gruppe. Nun verschwindet mit vielem Horuck Last um Last nach oben, und alle arbeiten mit Begeisterung mit.

Schließlich haben wir es geschafft, alle sind heroben am Paß versammelt, und nach einer ausgiebigen Rast mit herrlichen Ausblicken, Sonnenschein und Ananaskompott beginnen wir mit dem Abstieg. Querseile werden gespannt, Stufen geschlagen und loses Steinmaterial in die Tiefe befördert, damit es niemandem auf den Kopf fallen kann. Dann werden mehrere Seile zusammengeknüpft, damit reichen wir fast den ganzen Schrofenhang hinunter. Dieser endet in einem verhältnismäßig flachen Firnfeld am Rande eines ausgedehnten Gletschers. Es muß einzeln am Seil abgestiegen werden, denn es läßt sich nicht vermeiden, daß ständig Steine und Felsblöcke losgetreten werden. Dadurch kommen wir zwar langsam, aber sicher vorwärts, und nach vielstündiger Arbeit, bei der jeder aus unserer Gruppe sein Bestes gegeben hat, sind alle, auch die zwanzig Träger, wohlbehalten über den Kangsha-La-Paß drüber. Auch Woska, der Tibeterhund, ist natürlich da, er hat es heute ebenfalls nicht leicht gehabt und ist sehr verängstigt.

Nun ist der Weg frei zu neuen Gipfelabenteuern! Wir sind glücklich und einer Meinung, daß das heutige gemeinsame Erlebnis mehr wiegt als der eine oder andere Himalajagipfel. Nach einstündigem, entspanntem Wandern über den breiten Gletscher suchen wir auf einer vorgeschobenen Gletschermoräne unmittelbar am Gletscherende einen geeigneten Lagerplatz auf. Lange vor dem Eintreffen der Begleitmannschaft haben wir unseren Zeltplatz von groben Steinen gesäubert und mit dem Pickel eingeebnet. Rund um uns ragen wild zerklüftete Eis- und Felsgipfel auf. Bald verschwindet jedoch diese Urlandschaft unseren Blicken, denn Wolken ziehen auf und hüllen uns in grauweiße Schleier. Ein heftiger Wind bläst, wir haben einen sehr ausgesetzten Lagerplatz gewählt.

Abends blitzt und donnert es ununterbrochen weit draußen in der indischen Tiefebene. Über uns blinken und flimmern zwar unzählige Sterne, aber es weht ein Sturm, der uns die Luft zum Atmen raubt. Jedesmal, wenn wir einschlafen und unsere Atmung flacher wird, leiden wir unter akutem Sauerstoffmangel, so daß wir aufschrecken und tief Luft pumpen müssen.

Ein unfreiwilliger Ruhetag!

In den Morgenstunden steigt das Gewitter auch zu uns hoch und beschert Schnee und Nebel. Das Schlechtwetter zerstört natürlich unsere heutigen Gipfelpläne. Bis 10 Uhr schlafen und faulenzen wir in den Daunensäcken, dann halten wir das Nichtstun nicht mehr aus. Zeitweise bricht die Sonne hervor und verspricht uns Wetterbesserung. Die Kameraden packen voll Optimismus Steigeisen, Pickel und Seil ein und ziehen gletscheraufwärts; bald sind sie im neuerlich einbrechenden Nebel verschwunden. Nach etwa 4 Stunden kehren sie mit einer sehr schlechten Nachricht zurück. Aus den erhofften Fünf- und Sechstausendergipfeln wird nichts, denn so viel haben sie trotz Nebels gesehen, daß von unserem jetzigen Lager aus kein unschwieriger Gipfelanstieg möglich ist.

Enttäuscht darüber, daß diesmal kein Sechstausendergipfel „drinnen sein soll", beraten wir unsere Lage. Der Sirdar wird gerufen und befragt, wie viele Tagesmärsche wir von hier nach Kathmandu benötigen. Seiner Berechnung nach müssen wir morgen schon den Abstieg antreten, um rechtzeitig bis zum Abflug aus Kathmandu dort einzutreffen. Weitere Bergtage sind daher aus Zeitmangel nicht möglich. Inzwischen setzt neuerlich Schneefall ein. Wir kriechen in die Schlafsäcke und versuchen, das Schlafdefizit der vergangenen Nacht aufzuholen. Am Abend verstärkt sich der Sturm, und auch der Schneefall nimmt zu, so daß wir von Zeit zu Zeit die Zelte von der Schneelast befreien müssen. Wieder leiden wir unter Sauerstoffmangel, und es wird eine lange, schlaflose Nacht. Schließlich sind wir heilfroh, als es Tag wird und wir von diesem ungastlichen Lagerplatz wegkommen.

Der heutige Tag wird uns als der Nebeltag in Erinnerung bleiben. Doch zunächst scheint die Sonne, als wir losmarschieren. Noch einmal blicken wir zurück, hinauf zum Kangsha La, und empfinden Genugtuung darüber, daß es uns gelungen ist, ihn ohne Unfälle zu überwinden. Steil fällt der schmale Pfad über einen hohen Moränenrücken hinunter, und wir haben große Mühe, auf den schneebedeckten, abschüssigen Platten und Blöcken das Gleichgewicht zu halten. Sehr schwer haben es vor allem die Träger, die heute wieder mit ihren Turnschuhen gehen, um die schönen, guten Schuhe, die sie von uns geschenkt erhielten, zu schonen. Wir gelangen in ein breites Tal, durch das sich behende ein kleiner Bach schlängelt, den wir mehrere Male überqueren. Der Schnee bleibt zurück, und die grünen Hänge sind wieder voll von weißen und blauen Primeln, deren Anblick uns nach den Tagen in der Eis- und Steinwüste besonders wohltut.

Die Bergszenerie hier in Helambu ist zwar auch noch schön, aber lange nicht mehr so großartig und wuchtig wie im Langtangtal. Bald steigen vom Tal Wolken auf und hüllen uns vollkommen ein. Die Aussicht auf die nähere und weitere Umgebung ist vorbei. Den Rest des Tages wandern wir durch dicke Nebelsuppe. So gehen wir viele Stunden bei zeitweise leichtem Regen bis zum Abend, denn unterwegs gibt es nirgendwo eine Wasserstelle, bei der wir lagern könnten. Ein größerer Schneefleck stellt jedoch unsere Wasserversorgung sicher, und so beschließen wir, hier zu lagern. Wir sind zwar den ganzen Tag unterwegs gewesen, haben jedoch nur 900 Höhenmeter verloren und befinden uns noch immer auf 4150 m.

Nyatpola, mit ihren fünf Dächern die höchste Pagode Nepals; 1703 erbaut; Bhadgaon.

Ein Blütenmeer im Himalaja!

Nach einer traumlosen, in tiefem Schlaf verbrachten Nacht werden wir sehr früh geweckt. Wir haben heute einen ähnlichen Gewaltmarsch vor uns wie gestern und wollen bis zur Ortschaft Tharke auf 2600 m absteigen. Der Nebel ist der Sonne gewichen. Der Weg führt an steilen Bergflanken immer wieder auf und ab. Schließlich erreichen wir einen eindrucksvollen Aussichtsplatz. Von hier aus sehen wir einen großen Abschnitt der Himalajakette, darunter auch den Gaurisankar, den heiligen Berg. Er darf von Fremden nicht bestiegen werden und wartet bis heute noch auf seine ersten einheimischen Bezwinger. In der Ebene zu unseren Füßen quellen phantastische Wolkengebilde auf, die für den Nachmittag kein schönes Wetter verheißen. Die Vegetation besteht aus niedrigem Berberitzengesträuch und Wacholder. Woska, unser treuer Begleiter, ist schon wieder müde und schläft zwischen den Rucksäcken. Durch seine tolpatschige Art hat er uns während der letzten Tage immer wieder erheitert. An einem großen Felsen blühen herrliche gelbe, silbrigweißblättrige Felsenprimeln.

Wenig später schlängelt sich der Weg durch dichte Rhododendronbüsche, die noch nicht blühen, aber die Berghänge überziehen, ähnlich wie die Latschen in unserer Heimat. Dann senkt sich der Pfad in eine wohl auf der ganzen Welt einmalige Parklandschaft, bestehend aus verschiedenfarbig blühenden Rhododendronbäumen und -büschen. Neben dunkelroten sehen wir weiße, lila, rosa und bunte Rhododendronblüten, die sich phantastisch von den Eisgipfeln und vom blauen Himmel abheben. Wir alle sind restlos begeistert und „bekränzen" uns sogar mit den herrlichen Blüten.

Etwas weiter unten treten wir in den Nebelwald ein. Hier herrscht ständig hohe Luftfeuchtigkeit, wodurch die Steine, der Boden und die verschiedenen Bäume wie Himalajatanne und Rhododendron von einem dicken Moospolster überzogen sind. Wir glauben, durch einen Märchenwald zu schreiten. Viele Stunden sind wir nun bereits unterwegs, die längste Zeit sind wir im dichten, dämmrigen Nebelwald marschiert und machen erst kurze Rast, als wir auf ein ärmliches Lamakloster stoßen. Wir bekommen köstlich schmeckenden Yakquark, sogar Rakshi und Schnupftabak, und weiter geht es durch dichten Wald, der hier von der alles überragenden schlanken Himalajatanne geprägt wird. Die verschiedensten Vogelstimmen, darunter wieder der Ruf des Kuckucks, sind zu hören. Beim Dorf angekommen, finden wir große, reife

Dort, wo moderne Fortbewegungsmittel nicht mehr weiterkommen, benützen die „Honoratioren" auch heute noch gerne die Sänfte.

Erdbeeren, die hier auf den Wiesen in großer Zahl gedeihen. Sie sind viel größer als unsere Walderdbeeren, jedoch weniger süß und aromatisch.

Tharke, Mittelpunkt des Helambu

Wie sehr freuen wir uns doch, endlich wieder auf eine menschliche Siedlung zu stoßen! Tharke liegt auf 2600 m und besteht aus etwa 60 Häusern und aus einer großen Ghompa, die berühmt ist durch ihren riesigen Gebetszylinder. Die Bauten sind wie gewohnt aus Stein und mit steinbeschwerten Schindeln gedeckt. Sie stehen dicht beieinander. Auf jedem der flachen Dächer weht eine Gebetsfahne. Ebenerdig befinden sich in den Häusern die Viehställe, meist kleine dunkle Pferche, darüber, über eine schmale, steile Holztreppe erreichbar, liegen die Wohnräume. Ein Sherpa führt uns in das Haus eines, wie es scheint, wohlhabenden Dorfbewohners. Wir schlürfen genießerisch Tee und fallen mit Heißhunger über die angebotenen gekochten Kartoffeln her, als seien sie außerordentlich kulinarische Leckerbissen. Einige nehmen sich nicht einmal die Zeit, sie zu schälen, sondern stopfen sie gleich mit der Schale in den Mund. Die gastfreundlichen Leute kommen gar nicht nach mit dem Tee- und Kartoffelkochen. Endlich sind wir satt und schauen uns behaglich in dem sauberen großen Raum um.

Durch die schmale, niedrige Tür sind wir hereingekommen, an der Wand gegenüber steht in Regalen fein säuberlich blinkendes Messing- und Kupfergeschirr und verschiedenes Hausgerät.

In der Ecke befindet sich in einer Bodenvertiefung die offene Feuerstelle. Hier sitzt die Frau des Hauses, von hier aus überblickt sie den Eß-, Wohn- und Schlafraum. An der nächsten Wand befindet sich der reich ausgestattete und mit kostbaren Ziergefäßen geschmückte Hausaltar. Das große Bett, auf dem wir zu viert sitzen, steht auf der Fensterseite. Das Fenster ist recht groß, trotzdem fällt nur wenig Licht durch, denn nur wenige Scheiben sind aus Glas. Der übrige Teil besteht aus durchscheinendem Papier.

Nun kommen auch die Nachzügler mit großem Hallo die Treppe heraufgestürmt, und auch sie lädt der freundliche Gastgeber zu Tee und Kartoffeln ein. Dankend lehnen sie ab, denn auch sie waren beim Einzug in das Dorf von gastfreundlichen Leuten in deren Häuser eingeladen und bewirtet worden. Voll Besitzerstolz zeigen sie die ersten erstandenen Souvenirs. Wir verabschieden uns von den netten Menschen und bedanken uns für die erwiesene Gastfreundschaft, indem wir auf einen Sims oberhalb des Bettes kleine Geschenke wie Zigaretten, Kugelschreiber (eine hochwillkommene Kostbarkeit) und ähnliches legen. Namastee, Namastee . . .

Durch das Dorf hinaus wandern wir am Dorfwaschplatz und an einer gut erhaltenen Manimauer vorbei zu unserem Lagerplatz. Er liegt etwas außerhalb des Dorfes auf einer großen ebenen Wiesenfläche, unmittelbar neben einem halb fertiggestellten Hotel.

Wie wir erfahren, wird dieses Hotel von vier Brüdern aus Tharke erbaut. Hier sollen einmal die reichen Fremden untergebracht werden, die mittels Hubschrauber aus Kathmandu kommen sollen. Allein dieses Beispiel beweist die Geschäftstüchtigkeit und die Aufgeschlossenheit der Bewohner, denn solche Projekte gibt es in Nepal erst sehr wenige. Der Bau ist zwar mit viel Holzschnitzerei dem landesüblichen Stil nachempfunden, paßt aber leider durch seine Größe nicht hierher.

Nach und nach treffen alle unsere Freunde vollbepackt mit Souvenirs am Zeltplatz ein. Ihnen nach folgen die Andenkenverkäufer. Sie breiten ihre Schätze, wie Kukris, alte Münzen, Silberdosen, Jadeschmuck u. a., auf der Wiese zwischen den Kuhfladen aus, und das Handeln geht hier draußen weiter. Der Sirdar meint, hier wäre alles teurer als in Kathmandu, und warnt uns vor übereilten Käufen.

Nach dem Essen nützen wir die Gelegenheit zu einer langentbehrten, gründlichen Reinigung am Dorfwaschplatz. Wasserholende Frauen und Kinder bestaunen uns dabei. Groß ist ihre Freude, als wir ihre Bitte erfüllen und ihnen Seife und Zahnpasta leihen. Kichernd seifen sie sich damit ein und wundern sich über ihre veränderte Hautfarbe. Die ebenfalls sehr begehrte Zahnbürste bekommen sie aber nicht.

Inzwischen ist es finster geworden, und wir stolpern zum Zeltplatz zurück. Lustig brennt das Feuer, und wir setzen uns noch ein wenig zu den singenden Sherpas, denn morgen ist Rasttag.

Woska ist verschwunden!

Nach einem ruhigen, erholsamen Schlaf weckt uns bereits sehr früh der Ruf des nimmermüden Kuckucks, und bald setzt ein vielstimmiges Vogelgezwitscher ein. Schon lange haben wir derartiges nicht gehört und empfinden es dafür um so schöner.

In Tharke wird heute der monatliche Festtag mit vielstündiger Andacht in der Ghompa abgehalten. Von weitem tönt uns schon das fremdartig monotone „Bläserkonzert“ der Mönche entgegen. Durch einen offenen Vorraum, dessen Mauer mit bunten religiösen Motiven bemalt ist, treten wir in das Halbdunkel der Ghompa ein. An einer langen, niedrigen Bank sitzen zahlreiche Mönche im Gebet vertieft, und zuoberst thront der Oberlama. Vor sich hat er eine Opferschale, in die jeder von uns nach Aufforderung einen Rupienschein legt. Den Mönchen gegenüber sitzen die männlichen Dorfbewohner, die — bevor sie sich in religiöse Andacht vertiefen — mit einem vielgängigen Festmahl bewirtet werden. Im Hintergrund an der Wand haben sich die „Mönchslehrlinge" niedergelassen. Eifrig und laut beten sie und blicken nur kurz und verstohlen von ihren Büchern auf, als sie uns Fremdlinge bemerken. Die Gebetsbücher sind, wenn nicht gerade aus ihnen gelesen wird, mehrfach in bunte Tücher gehüllt. Sie bestehen aus losen, länglich schmalen Papierblättern, die oftmals kunstvoll beschrieben und bemalt sind. Reiskörner werden von den Versammelten als Opfergabe in den Raum geschleudert und wieder zusammengekehrt, das monoton dahinplätschernde Gebet wird plötzlich lauter und rasend schnell, um ebenso plötzlich wieder in einen ruhigen singenden Ton zurückzuverfallen. In einer Ecke steht eine riesige Pauke, hinter der wir Deckung nehmen, um die Leute nicht bei der Andacht zu stören. Die Innenwände sind mit vielen religiösen Fresken bemalt — meistens stellen sie Motive aus dem Leben Buddhas und die „Wächter der vier Himmelsrichtungen" dar. Überragt wird der große Raum von einer mächtigen Buddhafigur. Ein undefinierbarer fremder Geruch, zusammengesetzt aus vielen brennenden Räucherstäbchen, flackernden Öllämpchen und Essensresten, verstärkt den tiefen Eindruck dieses Ghompabesuches.

Nach eingehender Besichtigung auch der übrigen Klosterräume treten wir wieder hinaus in den hellen Tag.

Unsere Sherpas sind im Dorf ausgeschwärmt, um Woska, der seit gestern mittag verschwunden ist, zu suchen. Leider sollte er nicht mehr auftauchen. Vielleicht wurde er gestohlen. Die für ihn als Ersatz angebotenen Köter lehnen wir entrüstet ab. Eben sind wir auf den Lagerplatz zurückgekehrt, da kommt uns einer der schon bekannten Souvenirverkäufer nachgerannt und bedeutet uns, mitzukommen. Neugierig folgen wir ihm ins Dorf zurück. In diesem Hause befinden sich besonders wertvolle alte Thankas, Gebetsbücher sowie Silberfiguren. Einige dieser Schätze möchten wir gerne erstehen. Da uns der Besitzer anscheinend für Millionäre hält, sind auch die geforderten Preise dementsprechend hoch.

So verlangt er für eine besonders schöne Thanka 20.000 öS und für eine uralte Kupferplatte mit Buddhasiegel, in die ein Lehensvertrag eingraviert ist, etwa 50.000 öS. Für kleine, aber wunderschöne Gebetsbücher, bestehend aus zehn blaugrünen Papierblättern und mit goldenen Schriftzügen bemalt, verlangt er über 5000 öS. Dafür zeigen wir echtes Interesse, und es beginnt ein stundenlanges Feilschen. Als Dolmetscherin fungiert die ein wenig englisch sprechende älteste Tochter des Hauses. Sie kredenzt in kleinen, hauchdünnen Porzellantassen tibetischen Buttertee. Schließlich werden wir handelseinig. Voll Besitzerstolz und hochzufrieden mit dem Ausgang des Handels ziehen wir zurück zum Lagerplatz. Wäre uns damals der wirkliche Wert dieser Gebetsblätter bekannt gewesen, so wäre uns viel Geld erspart geblieben. Tatsächlich hätten wir in Kathmandu ähnliche Gebetsbücher um ein Sechstel der Kaufsumme erstehen können.

Nachgefolgt sind uns diesmal die Mönchsnovizen, die sich neugierig im Lager umsehen und unser Eigentum bestaunen. Interessiert blicken sie uns beim Schreiben des Tagebuches zu, unsere Schrift ist ihnen ja vollkommen fremd.

Zum Mittagessen gibt es Yakfleisch. Unsere Zähne sind aber diesem zähen Yak nicht gewachsen. Das Gebiß unserer Sherpas ist beneidenswert gesund, ihnen sagt das Fleisch sichtlich zu. Übrigens ist uns auch aufgefallen, daß einige von ihnen einen Goldzahn besitzen. Dieser ist jedoch nur Zierde und gleichzeitig sichtbares Zeichen für Wohlstand.

In der unmittelbaren Umgebung des Dorfes wird jeder Quadratmeter Boden ackerbaulich genutzt. Auf den Terrassen reift eben die Gerste, und auch die Kartoffeln gedeihen bestens. In den gepflegten Hausgärten stehen fruchtende Apfel- und Pfirsichbäume. Die Terrassen sind hier nicht mit trockenen Steinmauern abgestützt wie im Langtang, sondern die Steilwände bestehen aus Lehmerde.

Ein Abend in einem Sherpahaus

Unser Lager bekommt Besuch. Es ist die englisch sprechende Tochter, mit der wir am Vormittag gehandelt hatten, die zusammen mit einigen Freundinnen auf uns zusteuert.

Es entwickelt sich ein langes, interessantes Gespräch, in dessen Verlauf wir erfahren, daß ihr Vater der Bürgermeister von Tharke ist. Sie erzählt auch, daß sie die Dorfkinder seit zwei Jahren unterrichtet, seit der Lehrer das Dorf und die Schule verlassen hat. Auf unsere Frage, warum der Lehrer fortgegangen sei, erklärt sie ganz offen, daß die Lamas schuld daran seien. Diese hätten die öffentliche Schule dauernd sabotiert, weil sie die Kinder in ihrer eigenen Schule unterrichten wollen. — Dort werden allerdings nur die buddhistische Glaubenslehre und nur die tibetische Schrift gelehrt.

Die Tochter des Bürgermeisters erbittet von uns auch Medikamente für die Dorfbewohner, denn der nächste Arzt befindet sich in Kathmandu, das drei lange Tagesmärsche weit von hier entfernt ist.

Als sich des Bürgermeisters Töchterlein, reich beschenkt mit Medikamenten, Kugelschreibern und Malstiften, von uns verabschiedet, lädt sie uns alle zum Abendessen ein.

Im Haus des Bürgermeisters werden wir köstlich bewirtet. Zuerst trinken wir drei Jahre alten Maistschang mit Honig, später normalen Tschang. Dazu werden herrlich schmeckende Kartoffelchips gereicht. Die Hausfrau kommt gar nicht mit dem Braten der Chips nach, so schnell leeren sich die Schüsseln. Danach bekommen wir noch

Rakshi und Hartkäse. Zwischen den einzelnen Gängen erfreuen wir die versammelte Familie mit unseren Liedern. Als Gegenleistung singen die jüngeren Kinder des Hauses voll Stolz ein englisches Kinderlied, das ihnen von der älteren Schwester gelehrt wurde. Spät am Abend wandern wir zum Zeltplatz zurück, nicht ohne der Frau des Hauses mit allerlei Geschenken für die köstliche Bewirtung gedankt zu haben.

Köstliche „Maisfladen"!

Vor unserem Abmarsch tauchen noch einmal die Souvenirverkäufer auf, die uns hier fast ständig belagerten. Wir haben in den letzten Tagen das Handeln gelernt, und automatisch bieten wir nur die Hälfte der jeweils geforderten Kaufsumme. Rasch werden noch einige Käufe getätigt. Wenn hier in Tharke in naher Zukunft die Hubschrauber mit den reichen Amerikanern landen, wird ein restloser Ausverkauf an Kunstschätzen und wertvollem Kunstgut einsetzen. Ähnliches spielte sich ja auch seit langem in unserer Heimat ab.

Nach dem Rasttag wandern wir heute schnell und beschwingt. Der Weg führt durch bebautes Land, wo die Getreideernte in vollem Gange ist und die Kartoffelstauden eben erblüht sind. Selbstverständlich wird das Getreide händisch abgeerntet, und zwar werden die reifen Ähren mit Sicheln abgeschnitten, in Körben gesammelt und heimgetragen. Dort werden die Ähren auf Matten zum Trocknen ausgebreitet und sodann mit Dreschflegeln ausgedroschen. Die auf den Äckern verbliebenen Strohhalme werden von Kindern mitsamt den Wurzeln ausgerissen und gesammelt, um möglichst viel Einstreu zu gewinnen. Später wandern wir stundenlang durch geschneitelte, verstümmelte Eichenwälder, immer in einer Höhe von etwa 2600 m. Tief unten im Tal rauscht ein milchig-trüber Fluß. In der Ortschaft Samertang, einem Zentrum des Apfelanbaues, bleiben wir, um das Mittagessen einzunehmen.

Samertang ist eine aufgelockerte Hangsiedlung mit einer 400jährigen Ghompa und fast gleich hoch wie Tharke gelegen. Auf dem Vorplatz der Ghompa machen wir Rast. Bis das Essen fertig ist, vertreiben wir uns die Zeit mit der Besichtigung der kleinen, aber interessanten Ghompa. Der Lama führt uns. Er macht einen rechtschaffenen Eindruck und will uns nicht gleich alles andrehen, so wie es in Tharke der Fall war. Er ist verheiratet und besitzt eine große Kinderschar. Seine Frau bringt eben selbstgeknüpfte Teppiche, die sehr gefällig aussehen und gleich Käufer unter uns finden. Da die nächste Wasserstelle mehr als vier Gehstunden weit entfernt ist, beschließen wir, hier zu übernachten. Wir sind ja heute schon viele Stunden lang marschiert und müssen auf die Träger Rücksicht nehmen. In der Sonne liegend, faulenzen wir in den Nachmittag hinein.

Eine Zeitlang beobachten wir die Kinder des Lamas, wie sie aus einem Raum kommen und in ihren kleinen schmutzigen Händen gelbe Breiklumpen halten, von denen sie behaglich schmatzend abbeißen. Neugierig geworden, folgen wir ihnen und entdecken drei Frauen und den Lama, die hier aus Maisschrot Tschang bereiten. Und das, was den Kindern so schmeckt, ist gekochter Maisschrot. Wir kosten davon, und der Brei erinnert im Geschmack und Aussehen an eine Maisspezialität, die in unserer steirischen Heimat unter dem Namen „Sterz" bekannt ist. Schallendes Gelächter empfängt uns Steirer, als wir mit einer angebrannten Maiskruste unter unsere Freunde treten. Sie können es zunächst nicht glauben, daß man diesen angebrannten Maisbrei essen mag. Es dauert aber nicht lange, und allmählich verschwindet einer nach dem anderen der Kameraden in dem dunklen Raum, um sich ein möglichst großes Stück „Maisfladen" zu holen. Als uns die Sherpas so vergnügt schmausen sehen, sind schließlich auch sie von der Köstlichkeit dieses „Sterzes" überzeugt und essen begeistert davon. Fassungslos beobachten nun die tschangbereitenden Frauen, wie wir die angebrannte Maiskruste mit Genuß kauen. Sie hätten diese an das Vieh verfüttert.

Der Lama erzählt, daß in drei Tagen „Kirchfest" sei. Wir sehen, wie er einen weißen Stoffstreifen mittels eines hölzernen Druckstockes dicht mit frommen Sprüchen bedruckt. Dann heftet er diese Fahne mit Nägeln an eine vorbereitete lange Holzstange, die an der Spitze mit frischem Reisig von der Himalajatanne geschmückt ist. Schließlich verankert er die Holzstange in der Erde, und der kühle Abendwind bringt die Gebetsfahne sogleich zum Flattern. Der Aufenthalt in den Häusern von Tharke hat übrigens bei den meisten Freunden unliebsame Folgen, denn sie werden hartnäckig von Flöhen gepeinigt. Die Armen sehen aus, als hätten sie Scharlach, denn sie haben sich nicht vorsorglich mit Abwehrmitteln präpariert.

Ein letzter Blick auf die Eisriesen!

Seit dem Morgengrauen sind wir schon unterwegs, denn die heutige Etappe ist lang und führt bis ins Tal in die nicht mehr gewohnte Hitze des nepalischen Hochsommers.

Etwa eineinhalb Stunden nach Samertang taucht vor uns eine Gruppe von Tschorten auf, die gerade von den ersten Sonnenstrahlen angeleuchtet wird. Wir bleiben stehen und genießen von diesem vorgeschobenen Platz eine herrliche Aussicht. Noch einmal tauchen die Eisriesen des Himalaja in ihrer ganzen Mächtigkeit auf, und die Firn- und Eisflanken erstrahlen hell in der Morgensonne. Drehen wir uns um, sehen wir das tiefgefurchte und von unzähligen Terrassen geprägte Kulturland Nepals zu unseren Füßen ausgebreitet. Weit draußen im Taldunst kann man bereits das fast ausgetrocknete Flußbett des Indravati, unser heutiges Tagesziel, erkennen. Die Freunde drängen schon, sie wollen weiter, und mit einem letzten Blick nehmen wir wehmütig Abschied von den Gipfeln des Langtang Himal.

Seit dem letzten Dorf marschiert auch ein Ziegenbock mit, den ein Sherpa zu unserer Verpflegung eingekauft hat. Wir kommen in dicht besiedeltes Land, und die Vegetation wird subtropisch. Feigenbäume, voll mit Früchten behangen, wechseln mit Bananen, die zugleich blühen und fruchten, dazwischen wächst armdicker Bambus und gedeihen Pfirsich- und Pflaumenbäume. Auch Agaven und Euphorbien entwickeln sich hier zu außerordentlich großen Exemplaren. Auf den vorbildlich angelegten und gepflegten Terrassen wird bereits Mais als Nachfolgefrucht von Getreide kultiviert. Hier begegnen wir auch den ersten Reisterrassen, die uns heute und den ganzen morgigen Tag begleiten werden. Die Wohnhäuser sind solide gemauert und sehen sehr sauber aus, der Wohlstand dieses Gebietes ist unverkennbar. Wir rasten im erfrischenden Schatten eines uralten riesigen Bodibaumes und betrachten das fruchtbare Land, das unter der flimmernden Hitze wie ausgestorben daliegt. Hoch oben in den Lüften tummeln sich die Schwalben, und die Luft ist voll vom Gezirpe der Zikaden. Leider können wir nicht ewig hier im kühlen Schatten faulenzen. Seufzend erheben wir uns, und automatisch setzen sich unsere Füße wieder in Bewegung. Steil bergab windet sich der Weg durch die Dörfer und Terrassen des schönen nepalischen Mittellandes. Schwer lastet nun die Mittagshitze auf uns, und nur die Nähe des Flusses, der Abkühlung verspricht und dessen Rauschen schon lange zu hören ist, treibt uns voran. Doch schließlich sind auch die letzten Höhenmeter auf staubigem Pfad geschafft. Tief aufatmend tauchen wir in den Fluten unter und können es kaum fassen, daß eine solche erfrischende Köstlichkeit wirklich wahr sein kann. Lange liegen wir im Wasser und spüren, wie allmählich die Müdigkeit und Hitze von uns weichen. Anschließend überqueren wir den Fluß.

Zwar ist das Wasser nur hüfthoch, jedoch ziemlich reißend, und der Anblick der auf den rutschigen Steinen krampfhaft gegen die Strömung ankämpfenden Freunde ist zu komisch. Die Sherpani kreischen und kichern, nur die Sherpas bleiben ernst und leisten Hilfe. Schließlich ist die Aktion erfolgreich beendet, und wir beziehen in der Nähe des Flusses unser heutiges Quartier. Zu Mittag gibt es herrlichen Ziegenbraten und das erste Bier.

Bild rechts: Links oben: Das „goldene Tor“ am Königspalast in Bhadgaon.
Rechts oben: Charakteristisch orangerot gefärbelte Häuser der Thamang in Mittelnepal.
Links unten: Yakkuh („Nak“) mit Kalb.
Rechts unten: Tharke, Hauptort im Helambu.
Bild umseitig: Oben: Mount Everest vom Südwesten.
Unten: Sieben kleine „Struwwelpeterlein“.

Den Rest des Tages verbringen wir im kühlen Wasser des Indravati und sind mit unserem Schicksal hochzufrieden. Wir beobachten, wie Fischer im Fluß stehend geduldig ihre Netze auswerfen und wieder einziehen, meist ohne besonderes Fangglück zu haben. Zwischendurch kommt auch eine Herde Wasserbüffel zum Fluß. Schnaufend und prustend tauchen die Tiere im Wasser unter, so daß nur noch die Köpfe herausschauen.

Nach dem Abendessen sitzen wir vor den Zelten und plaudern. Eine laue Sommernacht, wie wir sie in unserer Heimat nur selten erleben, mit einem reich funkelnden Sternenhimmel umgibt uns. Wir haben während der Mußestunden viel miteinander über Politik, Wirtschaft und natürlich über den Sinn des Bergsteigens debattiert und sind trotz gegensätzlicher Meinungen nie in Streit geraten. Einmal, auf der Yala-Alm, als es — wie so oft — um den Weltkommunismus ging, prallten unsere Ansichten sehr lautstark aufeinander, so daß die Sherpas beunruhigt näherkamen. Sie glaubten wohl, da sie uns nicht verstehen konnten, wir würden in einem plötzlichen Anfall von Höhenkoller aufeinander losgehen. Als wir ihre besorgten Mienen sahen, mußten wir alle hellauf lachen.

Jetzt, knapp vor dem Ende unserer Trekkingtour, kann man feststellen, daß wir eine gute Gruppe waren. Die gute Kameradschaft, wie sie eben einmal zum Gelingen eines solchen Unternehmens gehört, hat uns nie verlassen, und der vom Führer am Beginn unserer Tour prophezeite Lagerkoller hat nie stattgefunden. Nun geht auch dieser lange schöne Tag zu Ende. Es ist die letzte Zeltnacht auf dieser Reise.

Endstation „Chinesen-Straße“

Bereits im Morgengrauen werden wir geweckt. Ein letztes Mal kommen die freundlichen Sherpani mit dem Early Morning Tea zum Zelt. Wie so oft erleichtern sie uns mit ihrer gewinnenden Freundlichkeit auch heute das frühe Aufstehen. Noch ist es finster, als wir bereits durch Reisfelder und verschlafene Dörfer marschieren. Etwa 30 km lang ist die letzte Etappe, und wir wollen noch vor der ärgsten Hitze am Zielort, der Chinesen-Straße, eintreffen. Hier, an der von Chinesen erbauten Straße, wird uns unser Führer, aus Kathmandu kommend, mit einem Bus erwarten. Nach stundenlangem Marsch durch unzählige Reis- und Maisfelder steht die Sonne

Bild umseitig: Auch massive Brücken gibt es in Nepal.
Bild links: Beschauliche Rast am stillen Moränensee.

schon recht hoch, und wir rasten noch einmal im kühlen Schatten eines riesigen Bodibaumes.

Noch zwei Stunden müssen wir bis zur Chinesen-Straße wandern, dann haben wir es geschafft. Also ziehen wir wieder los, hinaus in die sonnendurchflutete Landschaft. Der letzte Wegabschnitt verläuft über sanfte Hügel, die dicht bebaut und bepflanzt sind. Die strohgedeckten Häuser sind mit prachtvoll blühenden Bougainvilleensträuchern geschmückt. Auf der roten Erde gedeihen Mais, Reis, Hirse und Bananen, die kleine süße Früchte und zugleich Blüten tragen. Endlich stehen wir auf dem Asphaltband, das Kathmandu mit dem riesigen chinesischen Reich verbindet. Der Endpunkt der Tour ist erreicht, fast 300 km haben wir in 20 Tagen zurückgelegt. Gemütlich trotten wir auf dem Asphalt den letzten Kilometer bis zur Ortschaft Panchhal.

Die ersten Autos begegnen uns. Wir spüren, daß jetzt das Abenteuer beendet ist und wir wieder in die Zivilisation zurückgekehrt sind. Wir sitzen entspannt in einer Schenke und spülen mangels Bier mit Coca-Cola den Staub und Durst hinunter. Die letzten Stunden in der ungewohnten Hochsommerhitze waren schon recht anstrengend, waren wir doch vor wenigen Tagen noch in 5000 m Höhe gewesen.

Einige Stunden später kommt auch unser Reiseführer mit dem Fahrzeug, das uns nach Kathmandu zurückbringen wird.

Die Rückfahrt verzögert sich aber durch einen aufsehenerregenden Vorfall. Zwei schwerverletzte Arbeiter, die von einer Steinlawine überrascht wurden, sind von ihren Kollegen hierhergebracht worden, damit sie nach Kathmandu ins Spital eingeliefert werden können. Niemand aber findet sich bereit, sie mitzunehmen. Die asiatische Gleichgültigkeit und wohl auch Kastenschranken würden es ohne weiteres zulassen, daß die beiden im Straßengraben wie Hunde verrecken. Was bedeutet hier schon das Leben eines Kulis.

Wir entschließen uns, einen Teil unseres Gepäcks unter Aufsicht der Sherpas zurückzulassen und die beiden mit unserem Bus ins Spital zu transportieren. Michael leistet den armen Teufeln ärztliche Hilfe, so gut er es eben vermag, und wir fahren los.

Unterwegs sind überall die Leute mit der Getreideernte beschäftigt, die im Kathmandutal in diesem Jahr besonders gut ausfällt. Das Land ist von der Sonne verbrannt, und kein grünes Fleckchen ist zu sehen. Nach 35 km Fahrt kehren wir wieder in die Hauptstadt des Landes zurück. Vor dem Spital gibt es noch einen Volksauflauf, als wir die Schwerverletzten abliefern. Man ist der Meinung, wir hätten die beiden überfahren. Der Irrtum ist aber rasch aufgeklärt, und wir können zu unserem Hotel fahren.

Nach einem ausgiebigen Bad und einem vorzüglichen Abendessen schmieden wir bereits eifrig Pläne für die drei nächsten Tage, die wir noch hier in Kathmandu verbringen können. Die drei Tage haben wir dank der Gewaltmärsche durch das Helambu und „dank" der mangelhaften Streckenkenntnis unseres Sirdars gewonnen. Darüber sind wir aber sehr froh, denn dadurch haben wir ausgiebig Gelegenheit, die Schätze des Kathmandutales zu besichtigen. Meistens kommen die Trekkingteilnehmer gerade noch zum Rückflug zurecht.

Das Fest des Regengottes

Nach einer traumlosen Nacht und einem langen Frühstück nützen wir den schönen Tag, um unsere Aufnahmen von Kathmandus Altstadt zu vervollständigen. Am frühen Vormittag sind die Straßen und Plätze fast menschenleer, und die noch flach einfallenden Sonnenstrahlen ergeben interessante Motive.

Das Mittagessen im Hotel ist wieder ausgiebig. Nach einem Verdauungsschläfchen, die ärgste Hitze ist inzwischen auch vorüber, fahren wir mit dem Taxi nach Patan.

Patan ist die älteste Stadt im Tal und war bis um die Mitte des 15. Jahrhunderts die Hauptstadt des Landes. Sie liegt 5 km südöstlich von Kathmandu.

Unser Besuch gilt zuerst den Tibetern, die hier nach ihrer Flucht vor den Chinesen angesiedelt wurden und dank einer sinnvollen schweizerischen Entwicklungshilfe eine blühende Heimindustrie aufgebaut haben.

Besonders vorteilhaft kauft man bei ihnen handgeknüpfte Teppiche, die sie in vielen Größen und Farbkombinationen herstellen. Aber auch hübsch verzierte Decken und Tragtaschen, aus Yakwolle angefertigt, locken neben kunstvollen Andenkenartikeln zum Kauf. Die Tibeter haben reelle Preise und lassen fast nicht handeln. Wieder fällt uns das offene, ehrliche Wesen dieser Menschen auf, durch das sie so sympathisch auf uns wirken.

In Patan findet derzeit das Fest des Gottes „Macchendranath" statt. Er ist der Gott des Regens und der Ernte, und sein Standbild wird alljährlich in einem zwei Monate dauernden Festzug auf einem hohen Tempelwagen durch die Gassen und Straßen der Stadt gezogen; jeden Abend ein kurzes Wegstück weiter. Zu diesem Fest strömen jeden Nachmittag viele Bewohner des ganzen Kathmandutales. Dem Menschenstrom folgend, kommen wir an verfallenen Tempeln vorbei und eilen durch schmutzige und nach Kloaken stinkende Gassen. Hier fehlt es selbst an der primitivsten Hygiene, und es ist kein Wunder, daß die Bevölkerung zu einem hohen Prozentsatz an den verschiedensten Krankheiten leidet. Der aufkommende Wind bläst den kotdurchsetzten Staub auf, so daß unsere Geruchs- und Magennerven rebellieren. Die trostlose Armut der hier wohnenden Menschen vervollständigt das Bild dieses Elendsviertels am Stadtrand.

Wir sind heilfroh, als wir in die Innenstadt kommen. Hier begegnen wir vielen festlich gekleideten Menschen, die Frauen haben sich mit Blumen und bunten Haarbändern geschmückt. In den Fenstern der stockhohen unverputzten Häuser stecken dicht gedrängt die Köpfe der Neugierigen. Nun wird das Gedränge immer ärger, wir sind in der Nähe des Festzuges. Ununterbrochen hört man rhythmischen Trommelwirbel, dazwischen hektisch geschlagene Tschinellen und einzelne Gewehrsalven, die von Soldaten in Traditionsuniform abgefeuert werden. Unermüdlich tanzende Männer tauchen aus der eng aneinandergepreßten Menge auf, bald wird die Prozession bei uns vorüberziehen. Der Spektakel ist riesengroß, und die religiös erregten Massen werden immer hektischer.

Schon erkennt man den turmhohen Aufbau des Festwagens, der aus reisiggeschmückten Bambusstangen errichtet ist und über die Dächer der Stadt hinausragt. Bedenklich schwankt der Aufbau und kann nur mühsam mit armdicken Seilen in Balance gehalten werden. Doch plötzlich neigt sich der Turm zur Seite und bleibt am Dach eines mehrstöckigen Hauses hängen. Die Menschen um uns stöhnen entsetzt auf, als alle Bemühungen der Begleitmannschaft, den Turm wieder aufzurichten, scheitern.

Wir wir nachträglich erfahren, bedeutet das Steckenbleiben des Festwagens Unglück für die Bevölkerung und einen Todesfall in der Königsfamilie sowie Hungersnöte durch Mißernten im folgenden Jahr. Enttäuscht und mit hängenden Köpfen zerstreuen sich die Menschen. Ein Hotelboy erzählt uns, daß der diesjährige Konstrukteur des Turmaufbaues von der aufgebrachten Menge fast zu Tode gesteinigt wurde.

Noch vor dem Abendessen besuchen wir einen für uns arrangierten Folkloreabend. Eine Gruppe junger, ambitionierter Studenten bringt typische Tänze und Gesänge der einzelnen Volksstämme Nepals. Wir folgen interessiert und begeistert ihren Darbietungen. Die Sherpatänze und -lieder haben wir jedoch droben in den Höhen und um das Lagerfeuer echter erlebt als hier in Kathmandu.

Die Rache des Regengottes

Das Programm für den vorletzten Tag in Kathmandu sieht am Vormittag einen nochmaligen Besuch der Tempelstadt Patan unter der fachkundigen Führung eines Professors für Kunsthistorik vor. Für den Nachmittag ist eine Fahrt zu einer weiteren Tempelstadt, und zwar nach Bhadgaon, geplant.

In Patan angekommen, sehen wir uns noch einmal den verunglückten Festwagen an. Einsam und verlassen steht die primitive Turmkonstruktion auf dem uralten

Tempelwagen mit den bunten, übermannshohen Holzrädern da. Zwei Soldaten halten Wache, und einige Gassenjungen stehen gaffend umher. Unweit davon steht ein ähnlich gebauter, aber wesentlich kleinerer Wagen, für Chahuwa Deya, eine Gottheit, die als Kind Macchendranaths gilt.

Nachdem wir dieses denkwürdige Ereignis von allen Seiten fotografiert haben, folgen wir dem Professor von Tempel zu Tempel, die häufig in Hinterhöfen versteckt liegen. Im Zentrum der Stadt befindet sich der eigentliche Tempelbezirk. Patan besitzt die meisten Kloster- und Tempelbauten.

Nach dem Mittagessen zieht südlich von Kathmandu ein schweres Gewitter auf, es grollt und donnert ununterbrochen. Trotzdem fahren wir nach Bhadgaon, das 15 km östlich liegt. Am Stadtrand lassen wir den Bus stehen und wandern zu Fuß weiter. Noch hält das Wetter, aber es ist bereits so stark bewölkt, daß an ein Fotografieren nicht zu denken ist. Bhadgaon ist vor allem wegen der einmaligen fünfstöckigen Pagode, Nyatpola genannt, interessant. Sie steht auf einer fünfstufigen Terrasse mit Standbildern von Ringern, Elefanten, Löwen und Göttinnen auf jeder einzelnen Stufe. Etwas abseits des großen Tempelplatzes befindet sich ein Priesterhaus, das durch prächtige Holzfenster, darunter das berühmte Pfauenfenster, bekannt ist. Weiters ist hier das goldene Tor mit der Schutzgöttin Taleju am Königspalast überaus sehenswert. Gerade als wir bewundernd vor dem Tor stehen, treibt ein kleines, ärmlich gekleidetes Kind ein schmutzstarrendes Schwein vorbei. Einen drastischeren Gegensatz zwischen dem Prunk und Reichtum früherer Jahrhunderte und der Armut der gegenwärtig hier lebenden Bevölkerung kann man wohl kaum sonstwo finden.

Unweit des goldenen Tores befindet sich ein Museum, in dem eine großartige Sammlung von Thankas, Stein- und Holzskulpturen zu besichtigen ist. Aus dem Museumfenster im ersten Stock hat man übrigens einen ausgezeichneten Ausblick auf den Tempelplatz und auf die goldglänzende Statue eines Mallakönigs.

Bei der Rückfahrt erreicht uns das Gewitter mit voller Wucht. Zuerst peitscht ein heftiger Sturm den Sand zu haushohen Fontänen auf, dann setzt mit Blitz und Donner sintflutartiger Regen ein. Alte Bäume werden entwurzelt und geknickt, Wellblechdächer abgedeckt, elektrische Freileitungen reißen, und viele Straßen werden unpassierbar. Einzelne herumirrende Menschen suchen ängstlich nach einer einigermaßen sicheren Deckung. Kurzum, es herrscht förmlich Weltuntergangsstimmung. Für die dämonen- und göttergläubigen Menschen dieses Landes bedeutet dieses heftige Gewitter nach einer langen Schönwetterperiode natürlich den ersten Racheakt des Regengottes Macchendranath.

Am Abend sind wir in die Wohnung Amangs, unseres Sirdars, eingeladen. Wir begrüßen ihn und die anderen uns so vertraut gewordenen Sherpagestalten freudig, als wir sie nochmals alle treffen. Räucherstäbchen werden angebrannt, und im flackernden Kerzenlicht schlürfen wir Thongba, ein leicht alkoholisches, säuerlich schmeckendes Gebräu aus Hirse. Anschließend überreicht unser Führer jedem Sherpa 10 Dollar als Trinkgeld, womit der eigentliche Zweck der Einladung erfüllt ist und wir uns verabschieden.

Nach dem Abendessen suchen wir noch die bekannte Bar „Yak und Yeti" am Stadtrand von Kathmandu auf. Der Besitzer ist Boris Lissanewitsch, ein Russe, der hier seinerzeit das erste Hotel eröffnete und dadurch die ersten Touristen nach Nepal brachte. Berühmt ist übrigens seine russische Borschtsch. Zurück zum Hotel gehen wir zu Fuß, die Luft ist kühl und der Himmel sternenklar. Morgen wird wieder ein schöner Tag, es ist unser letzter in Kathmandu.

Am nächsten Tag fahren wir mit dem Landrover zuerst über asphaltierter, später über holpriger Sandstraße nach Changu-Narayan, einem der ältesten historischen Plätze im Kathmandutal.

Wegen der Unwetterschäden vom Vortag müssen wir etliche Male Umwege fahren, bis wir nach Shanbu kommen, wo die Straße endet. Zu Fuß wandern wir auf die 1670 m hohe Bergkuppe. Hier befinden sich in einem Innenhof eine dreistöckige Pagode und eine Anzahl kleiner Tempel sowie die ältesten Steinskulpturen des Kathmandutales.

Wir sind ganz allein, unbelästigt von Kindern und Bettlern, und ohne Staub und Gestank können wir uns in Ruhe dem Kunstgenuß hingeben.

Früher als am gestrigen Tag zieht jedoch heute ein Gewitter auf, und wir beeilen uns, um zum Auto zu kommen. Die letzten Meter legen wir im Laufschritt zurück, denn der Sandsturm und die schnell näher kommende Regenfront treiben uns voran. Aufatmend erreichen wir mit den ersten Regentropfen das Auto, und zufrieden darüber, daß wir dem Wetter zuvorgekommen sind, fahren wir ins Hotel zum Mittagessen.

Am Nachmittag bummeln wir ein letztes Mal in die Innenstadt von Kathmandu. Wir wollen noch einige Andenken kaufen und, wie wir der hübschen Bürgermeisterstochter in Tharke versprochen haben, ihrem hier in Kathmandu lebenden Bruder die übriggebliebenen, nicht mehr benötigten Medikamente übergeben.

Nach langem Suchen finden wir den Verwandten schließlich und können wenig später auch noch die beabsichtigten Geschenkartikel erstehen. Dabei müssen wir in den Häusern viele Treppen auf und ab steigen, und der Blick in die schmutzstarrenden, übelriechenden Hinterhöfe dieser sogenannten Geschäftshäuser bringt die abgehärtesten Magennerven zum Revoltieren.

Abends sind wir beim Manager unserer Reise, einem aus Bhutan geflüchteten und seinerzeit in diesem Lande sehr einflußreichen Mann, zu Gast. Die Bewirtung mit Speisen und Getränken ist überreichlich. Die meisten unserer Freunde haben sich an der ungewohnten üppigen Kost seit der Rückkehr aus den Bergen wieder gründlich den Magen verdorben. Einigen geht es jedoch ausgezeichnet, und mit Genuß lassen sie sich die fremden Leckerbissen, wie in Teig gebackene Leber, Krevetten und verschiedene Fleischsorten mit vielerlei Gemüse und Reis, schmecken.

Kathmandu — Delhi — Frankfurt!

Noch einmal fahren wir nach dem Frühstück nach Bhadgaon. Ein strahlend schöner Morgen lockt uns in die Stadt der fünfstöckigen Pagode und des goldenen Tores.

Zu dieser frühen Stunde sind fast keine Bettler hier, und der große Platz vor dem goldenen Tor ist menschenleer. Um so fremdartiger berührt uns der Anblick der im Sonnenlicht aufblitzenden Tempel und Pagoden, stumme und doch so beredte Zeugen einer vergangenen Epoche.

Die letzten Trinkgelder im Hotel sind verteilt. Die üblichen Zollformalitäten sind bald überstanden, und während sich über das Kathmandutal das knapp vor dem Monsunbeginn tägliche Gewitter entlädt, verlassen wir an Bord der Düsenmaschine der RNAC Nepal. Nach eineinhalbstündigem Flug landen wir in Delhi bei 39° C Abendtemperatur.

Die fünfstündige Wartezeit ist schließlich auch überstanden, und mit der Air India fliegen wir zurück nach Europa. Die exotische Atmosphäre des Jumbo Jet der Air India verdrängt allmählich die eiskalten, schlaflosen Zeltnächte im Himalaja aus unserem Gedächtnis. Zurück bleibt die Erinnerung an erfüllte Gipfelstunden, an die herrlichen Wanderwege, die Menschen des Landes und seine Götter sowie an die Tage der Bewährung und Kameradschaft. Tief und unvergeßlich hat sich das Erlebnis Nepal in uns eingeprägt.

Unser Hochlager auf der rund 4800 m hoch gelegenen Yala-Alm im Langtang (gegenüber der noch unerstiegene Pendong Kharpo).

Räumliche Lage und Gliederung Nepals

Der klassische Pufferstaat

Das Königreich Nepal liegt als echter Pufferstaat zwischen den zwei Großmächten China (Tibet) im Norden und Indien im Süden. Es erstreckt sich südlich des Himalajahauptkammes und hat etwa die Größe und Form Österreichs und der Schweiz. Die Staatsfläche nimmt 141.000 km² ein, und das Land ist ca. 800 km lang und 200 km breit. Die Bevölkerungszahl beträgt an die 12 Millionen; das ist sehr viel, wenn man bedenkt, daß die Gletscher-, Fels- und Ödlandregion des Hochgebirges unbewohnt ist. Tatsächlich ist das klimatisch sehr begünstigte Mittelland besonders dicht besiedelt.

Durch Nepal verläuft der 28. und 29. Breitengrad, womit seine südliche Lage, vergleichbar der Breite Ägyptens, offenkundig wird. Vegetation und Klima sind in den tiefen Lagen Nepals daher auch subtropisch bis tropisch zu nennen.

Jeweils geprägt durch die Seehöhe kann man von Nord nach Süd sehr unterschiedliche Gebiete unterscheiden, die sich ziemlich gleichförmig von West nach Ost erstrecken. Es ist charakteristisch für Nepal, daß sich diese in der Vegetation gänzlich verschiedenen Landschaften auf kürzeste Distanzen ändern, wie dies selten sonstwo auf der Erde anzutreffen ist.

Zweckmäßig angefertigte Strohdächer schützen die Gurkhahäuser vor den schweren Monsunregen und der subtropischen Hitze (1500 m Seehöhe, Dudh-Kosi-Tal).

Dschungel, Tiger und Moskitos

Längs der indischen Grenze liegt ein durchschnittlich nur 30 bis 35 km breiter Streifen, das **TERAI.** Es ist ein Gebiet, welches Anteil an der Ganges-Tiefebene und somit am tropischen Klimabereich hat und im Durchschnitt 150 m hoch liegt. Hier ist noch eines der großen Tierparadiese der Erde. In den dichten Dschungelgebieten lebt noch eine große Anzahl von Tigern, Leoparden, Nashörnern, Elefanten usw.

Obwohl malariaverseucht und voller Giftschlangen, sind Teile des Terai auf Rodungs- und Schwemmlandflächen dicht besiedelt, und die landwirtschaftliche Produktion ist dort bedeutungsvoll.

An das Terai schließt ein schmaler Gebirgsstreifen mit bis zu 1500 m hohen Bergen an. Es sind dies die sogenannten **CHURIABERGE,** die eine Fortsetzung der indischen Siwalikberge darstellen. Sie sind hauptsächlich mit Wald bestanden, weisen schlechte Böden und ungünstige Wasserverhältnisse auf und sind daher auch kaum besiedelt.

Der Mahabharat Lekh verdankt Nepal seine Eigenständigkeit

Weiter nach Norden schließt dann eine Gebirgskette an, die sich fast durch ganz Nepal von West nach Ost erstreckt und vielfach zwischen 2500 und 3000 m hoch ist: die **MAHABHARAT LEKH.** Zwischen diesem Gebirgszug und dem Himalaja liegt dann das wirtschaftlich sehr bedeutungsvolle Mittelland Nepals. Diese Bergkette hat Nepal durch 2 Jahrtausende bis in unsere Zeit stets nach Süden hin abgeschirmt, kriegerische Einflüsse ferngehalten und Flüchtlingen immer wieder Schutz geboten.

Die Himalajaflüsse durchbrechen die Mahabharat Lekh in wilden, völlig unzugänglichen Schluchten, und bis heute überqueren nur 2 Straßen und einige Wege das Gebirge. Es ist dünn besiedelt, und die Behausungen reichen nur bis auf 2000 m Höhe hinauf.

Die meisten Nepali leben im Pahar

Von größter Bedeutung für Nepals Wirtschaft und Kultur ist das **PAHAR,** das Mittelland. Seine Länge beträgt mehr als 800 km und seine durchschnittliche Breite 80 km. Seine Höhen reichen von 700 bis 2000 m, und die drei Hauptströme Karnali, Narayani und Sapt Kosi (so heißen die drei Flüsse in ihrem Unterlauf) teilen das Land hier in West-, Zentral- und Ostnepal. Hier im Mittelland lebt der größte Teil der Bevölkerung Nepals, und hier findet auch die Landwirtschaft ihre besten Produktionsbedingungen vor, die vielfach subtropisch geprägt sind.

An der Grenze zwischen Zentral- und Ostnepal liegt das klimatisch und bodenmäßig besonders begünstigte **Becken von Kathmandu** mit einer Größe von rund 700 km^2. Mit einer Seehöhe von 1400 m liegt es sozusagen am nördlichen Rande der Mahabharat Lekh, und will man von hier zum Himalaja-Hauptkamm, dann muß man in jedem Falle vorerst einmal in tiefere Lagen des Pahar auf 1000 bis 600 m Seehöhe hinunter. Vor vielen Jahrtausenden bedeckte ein riesiger See das Land, worauf auch die große Bodenfruchtbarkeit zurückzuführen ist. Hier entwickelten sich die drei bedeutenden Städte des Landes: Kathmandu, Patan und Bhadgaon, und hier leben an die 500.000 Menschen.

8 Achttausender liegen in Nepal

Direkt an das Pahar, das Mittelland, schließt dann mit gewaltigen Steilaufschwüngen über kleinste Distanzen das **HIMALAJAGEBIRGE***) an. In gewaltigen Schluchten durchbrechen sämtliche hinter der Hauptkette entspringenden Flüsse diese höchste Gebirgskette der Erde. Zusammen mit den jähen Aufschwüngen aus der Ebene sind hier auf kurze Entfernung Höhendifferenzen bis zu 6000 m und darüber keine Seltenheit. — Wahrlich eine gewaltige Landschaft. Hier sind auch 8 der 14 Achttausender der Erde zu finden, und zwar ganz auf nepalischem Boden Dhaulagiri (8172 m, Erstbesteigung: 1960 Schweiz), Annapurna (= „Lebensspender") (8091 m, Erstbesteigung: 1950 Frankreich) und Manaslu (8156 m, Erstbesteigung: 1956 Japan) sowie als Grenzberge zwischen Nepal und China bzw. Indien Cho Oyu (= „Götterkopf" oder „Göttin des Türkis") (8153 m, Erstbesteigung: 1954 Österreich), Mount Everest (8848 m, Erstbesteigung: 1953 Großbritannien), Lhotse (8571 m, Erstbesteigung: 1956 Schweiz), Makalu (8481 m, Erstbesteigung: 1955 Frankreich) und Kangchendzönga (= „Die 5 Kleinodien des ewigen Schnees") (8586 m, Erstbesteigung: 1955 Großbritannien).

An der **Südseite des Himalaja** reichen die Siedlungen nur bis etwa 2500 m, darüber erstreckt sich bis auf etwa 4000 m dichter Wald, und dann kommen erst die Almen, aus denen sich die eigentliche Gipfelkette erhebt.

Anders ist es im **„Inneren Himalaja"** wie etwa im Khumbu am Fuß des Mount Everest, wo in den Hochgebirstälern die Siedlungen bis auf über 4000 m hinaufreichen und dort dank der klimatischen Gunst in 4200 m noch Kartoffeln kultiviert werden können. Diese Hochtäler sind von den Eisgiganten eingerahmt, deren Gletscher oft bis in die Nähe der kargen Kulturflächen reichen. Der Monsun wirkt sich

*) Sanskrit: Hima = Schnee; Alaya = Heimat, Wohnung; „Himalaja" = „Heimat des Schnees".

hier noch in den Sommermonaten stark aus, aber in der Nähe des Hauptkammes wird es extrem trocken. Ähnlich verhält es sich im nördlich davon gelegenen Tibet.

Am Südrand des **tibetischen Plateaus,** welches sich nördlich der Himalajakette erstreckt, hat Nepal nur im Gebiet des Fürstentums Lo Mustang gewissen Anteil. Hier ist das Klima extrem trocken, große Schuttmassen bedecken die Basis der Berge, und die Gletscher sind sehr klein.

Geologie

Ein junges Gebirge

Der Himalaja ist geologisch wesentlich jünger als die Alpen und wahrscheinlich durch Hebungen und durch horizontale Schubkräfte entstanden. Die letzte große Auftürmung der gigantischen Berge erfolgte nach Forschungsergebnissen von Geologen erst vor etwa 600.000 Jahren. Bekanntlich ist das für geologische Zeitbegriffe ein ganz junges Alter, und es kann vermutet werden, daß die Urmenschen bereits Zeugen dieser Geschehnisse wurden. Ausgrabungsfunde vom Pekingmenschen, der um diese Zeit gelebt hat, beweisen diese Annahme.

In späteren Zeiten sank ein Teil des Gebirgszuges ein, es entstand das Mahabharat-Lekh-Gebirge und zwischen ihm und der Hauptkette das Mittelland (Pahar). Dadurch wurden die zum Ganges nach Süden fließenden Ströme aufgestaut, es entstanden große Seen, und nur die drei großen Hauptflüsse konnten die Mahabharat Lekh jeweils an Stellen mit weicheren Gesteinsschichten durchbrechen.

Kathmandu liegt am Grund eines Sees

Einer der großen Seen war jener von Kathmandu, der einen Großteil des Talkessels bedeckte und erst seit ca. 200.000 Jahren trocken ist und die Ursache für den äußerst fruchtbaren Boden im Kathmandutal darstellt. Es ist faszinierend zu erfahren, daß über die Existenz des Sees eine umfangreiche Legende besteht, und es darf angenommen werden, daß diese Sage durch viele hundert Generationen bis auf den heutigen Tag weitererzählt wurde. — Eine Parallele für einen derart unglaublichen Kontakt der heutigen Menschen mit ihren Ur-Ur-Vorfahren haben die Autoren übrigens auch am Kilimandscharo gefunden, wo ebenfalls eine sich hartnäckig bis in unsere Zeit erhaltene Sage kürzlich durch die Geologen bestätigt wurde: Sie besagt nämlich, daß der Kibo jünger als der Mawenzi ist und in der letzten Phase seiner vulkanischen Tätigkeit vor vielen Zehntausenden Jahren von den um den Berg lebenden Menschen beobachtet werden konnte. (Jedenfalls vermutet man in beiden Gegenden, in Ostafrika und in Zentralasien, die Wiegen des Menschengeschlechtes, und wir befinden uns dort und da auf uraltem Kulturboden.) Das Gebirge südlich des Kathmandutales hebt sich übrigens noch immer. Dieses Gebiet, wie der Himalaja überhaupt, ist daher auch eine Erdbebenzone. (Z. B. katastrophale Erdbeben in Nordpakistan Ende des Jahres 1974!) Kathmandu selbst ist 1934 zum letztenmal von einem sehr argen Erdbeben heimgesucht worden, und damals wurde ein Großteil der Stadt zerstört. Wunderbarerweise wurde dabei kein einziges der bedeutenden kulturhistorischen Bauwerke, der großen Tempel und Pagoden, vernichtet. Für uns „aufgeklärte" Menschen wird dafür wohl weniger die schützende Hand der Götter als vielmehr die altbewährte Holzbaukonstruktion verantwortlich sein.

Die tiefste Schlucht der Erde

Besonders bemerkenswert ist die Tatsache, daß die Himalaja-Hauptkette nicht auch gleichzeitig die Hauptwasserscheide ist, obwohl dies sonst in allen Gebirgen der Erde zutrifft. Die wichtigsten Flüsse entspringen nämlich nördlich des Hauptkammes in den Bergen des tibetischen Hochlandes, fließen aber nicht zu dem ihnen näherliegenden Tsangpo, sondern nehmen durch wilde Durchbruchsschluchten zwischen den Eisriesen den Weg zum Ganges nach Süden. Derart entstand z. B. die gewaltige und weltberühmte Schlucht des Kali Gandaki, der sich zwischen Dhaulagiri und Annapurna seinen Weg gesucht hat. Nur 35 km sind die beiden Achttausender voneinander entfernt, und doch liegt die Talsohle des Flusses unter 2000 m.

Die erst in geologisch jüngerer Zeit erfolgte Hebung des Gebirgszuges ist eine Erklärung dafür, weil nämlich die Flußsysteme schon angelegt waren, als die großen Hebungen begannen, und die Ursprungsgegend, das tibetische Plateau, geologisch älter ist. Andere Geologen wollen nur in einer rückwärtsschreitenden Erosion durch die Flüsse die Erklärung für dieses Phänomen sehen. Jedenfalls dürfte auch diese Tatsache mit eine Rolle gespielt haben.

Klima

Wie schon bei der geographischen Gliederung besprochen, beeinflussen die äußerst unterschiedlichen Seehöhen zusammen mit der südlichen geographischen Breite die so verschiedenartige Klimagestaltung Nepals. Es treten daher alle Klimastufen, von den feuchtheißen Tropen bis zum extrem trockenkalten Hochgebirge, auf.

Die Niederschläge werden in erster Linie vom Monsun gesteuert, der seinen Ursprung im Indischen Ozean hat und von Juni bis Ende September feuchtwarme Luftmassen großer Mächtigkeit von Süden her gegen die Berge führt. Dort steigt die Luft entlang der Berghänge auf und kühlt dabei ab, so daß gewaltige Wassermassen abregnen. In den Vorbergen des Himalaja, östlich der nepalisch-indischen Grenze, fallen dadurch die höchsten Regenmengen der Erde. (Cherrapunje mit 10 bis 12 m Jahresniederschlag.) An der Leeseite der Himalajaberge ist es dagegen trocken, und das führt dann, verstärkt durch eine Föhnwirkung, am tibetischen Hochplateau zur Ausbildung wüstenähnlicher Gebiete.

Im inneren Himalaja ist es trocken

In den 3½ bis 4 Sommermonaten fallen 4/5 des Jahresniederschlages in Nepal. Die Niederschlagsmengen schwanken im Terai zwischen 1000 und 2000 mm, an den Südflanken der Mahabharat Lekh werden 2500 mm gemessen, und in Kathmandu fallen etwa 1700 mm Regen pro Jahr. Im gesamten Mittelland gibt es 1500 mm Regen, und in den Vorbergen des hohen Himalaja fallen Niederschläge bis 2400 mm. Diese nehmen in den inneren Himalajatälern wieder ab, je näher zum Hauptkamm um so mehr, und erreichen z. B. am Khumbugletscher des Mount Everest nur noch 400 mm.

Eine winterliche Schneedecke tritt in Nepal in den Monaten Dezember bis Februar

TIBET
7132
Api
Chala
7040
Saipal
Mugu
7043
Kanjiroba
Dandeldhura
Silgarhi
Jumla
Karnali
Chilkha
Mustang
Chharka
Thakkhola
Dailekh
Muktinath
Bilauri
TERAI
Jajarkot
8172
Jomosom
8078
Dhaulagiri
Annapurna
6997
Tatopani
Bheri
Dhor Patan
Machhapuchhara
Marsyandi
Baglung
Pokhara
Nepalgani
Dang
Kali Gandaki
Tansing
TERAI
Butwal
Kapilavastu
Bhairawa
Nautanwa
INDIEN

NEPAL

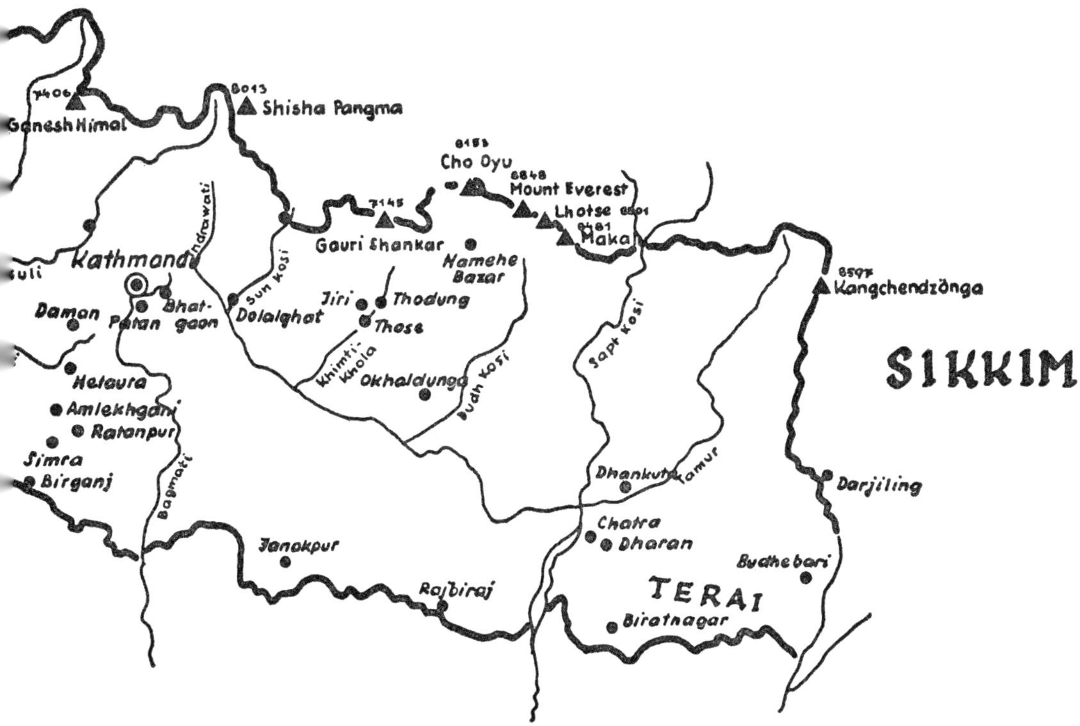
SIKKIM
Ganesh Himal
Shisha Pangma
Cho Oyu
Mount Everest
Lhotse
Makalu
Kangchendzönga
Gauri Shankar
Namche Bazar
Kathmandu
Indrawati
Sun Kosi
Dolalghat
Jiri
Thodung
Those
Bhat-gaon
Patan
Daman
Hetaura
Amlekhganj
Ratanpur
Simra
Birganj
Khimti-Khola
Okhaldunga
Budh Kosi
Sapt Kosi
Bagmati
Dhankuta
Tamur
Darjiling
Chatra
Dharan
Janakpur
Rajbiraj
Budhebari
TERAI
Biratnagar

in Ostnepal in Höhen über 2800 m und in Westnepal in Höhen über etwa 2000 m auf.

Die Temperaturen sind verhältnismäßig sehr mild, sie steigen z. B. im 1400 m hoch gelegenen Kathmandu kaum je über 30° C, und der Gefrierpunkt wird dort praktisch nie erreicht. Die mittlere Jännertemperatur beträgt in Kathmandu +10°, und die tiefste dort jemals gemessene Temperatur war —3°.

Die wärmste Jahreszeit ist zwischen April und Monsunbeginn im Juni, dann folgen die feuchtschwülen Monsunmonate bis Ende September. Die darauffolgenden Herbstmonate Oktober und November bringen meist klaren Himmel mit kühleren Temperaturen. Die Wintermonate Dezember bis Februar sind im Mittelland sehr mild, manchmal etwas neblig und gelegentlich von kurzen Regenschauern unterbrochen. Der Frühling mit der Pracht der blühenden Rhododendronbäume im März und April in den Vorbergen leitet dann zur heißesten Zeit des Jahres mit dem Monsunbeginn über. Dieser kündigt sich oft schon im April mit regelmäßigen Gewittern an, welche besonders im Annapurnagebiet, wo die warme Talluft auf kürzeste Entfernung an die 5000 und 6000 m hoch gerissen wird, sehr heftig sein können. Fast immer ist es aber dann am nächsten Tag strahlend schön, bis sich am Nachmittag die Wolken wieder zusammenbrauen.

Die beste Zeit für Bergwanderungen in Nepal ist daher März/April (Rhododendronblüte!) bis in den Mai hinein und anderseits Mitte Oktober bis Mitte November, wo mit strahlenden, aber meist schon kühleren Herbsttagen gerechnet werden kann. Anfang bis Mitte Oktober können noch schwere Nachmonsunregen auftreten, und ab Mittag muß man fast immer mit Nebel rechnen. Ab Mitte November kann es in den Hochlagen schon Schnee geben und empfindlich kalt werden.

Bei der Wahl der Reisezeit nach Nepal sollte aber jedenfalls bedacht werden, daß das Mittelland, durch welches sämtliche Anmarschwege führen, im Herbst durch die üppige Vegetation prachtvoll grün ist. Im Frühjahr ist das gleiche Gebiet hingegen durch die Trockenheit der Wintermonate dürr und zeigt sich in einem nicht besonders einladenden gelbbraunen Kleid.

Pflanzenwelt

Salholz für die Pagoden

Bedingt durch die außergewöhnlich differenzierte geographische Gliederung, mit dem Ansteigen der Höhen vom Flachland bis auf über 8000 m, muß auch die Vegetation eine kaum sonst noch wo erreichte Mannigfaltigkeit auf engstem Raum bieten.

Im ziemlich geschlossenen Dschungelgebiet des Terai gibt es wertvolle tropische Nutzhölzer und Eichen. Besonders hervorzuheben ist der Salbaum (Shorea robusta), aus dessen eisenhartem Holz die prächtigen Pagodenbauten stammen. Daneben gedeiht aber eine unübersehbare Vielzahl tropischer Pflanzen, besonders auch viele Farne und Orchideenarten. Prächtig sind auch die Banyan-Bäume mit ihren Luftwurzeln, die als „heiliger Baum“ den Dorfplatz in Indien und Südnepal beherrschen.

Papier aus Seidelbast

Auf den Bergen des Mittellandes, des Pahar, finden sich vor allem die immergrünen Laubwälder mit Eichen, Bambus, Ahorn und Kastanienarten, aber auch schon Kiefern und in den oberen Zonen die während der Blüte herrlichen Rhododendrenwälder. Von krautigen Pflanzen gedeihen wunderbare Orchideen, Farne und auch die für die Herstellung des handgeschöpften nepalischen Papieres so bedeutenden Seidelbastarten. Auf die landwirtschaftlichen Kulturen wird gesondert eingegangen; hier sei nur erwähnt, daß alle europäischen Nutzpflanzen und noch zusätzlich einige tropisch-subtropische Früchte wie z. B. die Banane bestens gedeihen.

Edelweißwiesen unterm Everest

In den Himalajabergen selbst wächst der immergrüne Gebirgslaubwald bis auf 3000 m, dann kommt eine Zone prächtiger Nadelwälder mit der Himalajatanne, der Himalajazeder (im Westen Nepals) und mit Lärchen. Zwischen 3000 und 3500 m die herrlichen Rhododendrenwälder. Von 3700 bis 4200 m gedeihen dann die Himalajabirke und wieder Rhododendrenarten, die aber nur noch einige Meter hoch werden und sehr ähnlich unseren Latschenfeldern sind.

Darüber sind dann Alm- und Hochweideflächen mit einer Vegetation krautiger Pflanzen, die sehr ähnlich unserer Alpinflora ist. Einige Arten, wie das stellenweise massenhaft vorkommende Edelweiß, sind sogar vollkommen identisch mit unserer in den Alpen heimischen Art. Besonders im klimatisch begünstigten Everestgebiet kann man einzelne Blütenpflanzen noch sehr hoch oben finden. So haben die Verfasser hier in einer Felsspalte in 5400 m eine blühende Eisenhutart angetroffen, und es wird von Blütenpflanzen berichtet, die sogar auf 6300 m gefunden wurden.

Das botanische Höhenprofil Nepals

Nachstehend ein botanisches Höhenprofil mit Aufzählung wichtiger Pflanzen für die verschiedenen **Höhenstufen** (wobei in einzelnen Landesteilen bzw. je nach der Exposition die Höhengrenzen auch ziemlich schwanken können):

Bis 1000 m: **Tropischer Fallaubwald** mit dem Salbaum (Shorea robusta), einer Johanniskraut-(Hypericum-)Art mit honiggelben Blütentrauben.

1000—2000 m: **Tropischer, immergrüner Bergwald** mit Schima Wallichiana, Kastanienarten wie z. B. Castanopsis indica, dem Gagelstrauch (Myrica esculenta), Eschen- und Ahornarten (Fraxinus floribunda, Acer oblongum etc.).

Hier gedeihen auch, meist epiphytisch, wunderbare Orchideenarten, wie z. B. die Pleionen (besonders zwei Arten: die eine mit weißen Blütenblättern und orangeroten Punkten im Schlund, die andere mit rosaroten Schmetterlingsflügeln), die Coelogyne, aber auch Dendrobium, deren aufgeblasene Blüten mit dunkelbraunem Schlund, umrahmt von rosaroten Blütenblättern, auf hohen Stengeln stehen.

An den Sonnenhängen findet man auch häufig die prächtige Tränenkiefer (Pinus excelsa):

Mehrere Eichenarten gedeihen in dieser, aber auch in der nächsthöheren Zone bis 3000 m. Besonders zu erwähnen: Quercus lanuginosa und Quercus lamellosa, die oft von epiphytischen Orchideen, wie z. B. der hübschen Coelogyne, mit den ausgefransten Blütenzipfeln bewachsen sind. Diese beiden Eichenarten werden aber auch besonders gerne geschneitelt und als Viehfutter verwendet.

2000—3000 m: **Nebelfeuchter, immergrüner Gebirgswald** mit besonders viel Bambus = Dendrocalamus strictus (Bedachungsmaterial für Hütten und Viehunterstände, Zäune, Matten, Körbe) und den vorhin bereits angeführten Eichenarten.

Hier gedeiht natürlich auch eine ganze Reihe Blütenpflanzen, von denen z. B. besonders die Balsaminenarten (Impatiens sp.) und viele Lippen- und Rachenblütler sowie die für Mittelnepal typische Osbeckia stellata mit den rosaroten Blüten und den stachelig behaarten Kelchen (eigentlich eine Strauchart) auffällt.

In der oberen Stufe dieser Zone findet sich dann auch häufig ein Eichen-Koniferen-Mischwald, der zwischen

3000—3700 m in einen **nebelfeuchten Rhododendren-Koniferenwald** übergeht: Hier gibt es die herrlichsten Nadelwälder, vor allem mit der Himalajatanne (Abies spectabilis), mit der berühmten Himalajazeder (Cedrus deodara), mit der Hemlocktanne (Tsuga dumosa), mit Lärchen usw.

Von den Baum-Rhododendren gibt es eine ganze Reihe herrlich blühender Arten, für deren ledrige Blätter allesamt typisch ist, daß sie in Froststellung schlaff herunterhängen.

3700—4200 m: **Subalpiner Wald** mit Rhododendren (die hier aber nur noch 2 bis 5 m hoch werden), mit der Himalajabirke (Betula utilis) und mit baumförmigen Wacholderarten (z. B. Juniperus recurva, der in Pangboche am Fuß des Everest in 4000 m den „Tempelwald" stellt).

An wasserzügigen, erdrutschgefährdeten Stellen wächst häufig die Nepal-Erle (Alnus nepalensis). Häufig trifft man aber auch eine Berberitzenart, deren Blätter sich im Herbst wunderbar rot färben (Berberis angulosa).

4200—5000 m: **Matten und Büsche** mit Zwergrhododendren, ähnlich unseren Alpenrosen, mit Azaleen und niedrigeren Wacholderarten.

Eine ganze Reihe von Pflanzengruppen, wie wir sie aus unseren Alpen kennen, gedeiht zwischen 3500 und 5000 m. Hier wäre vorweg unser Edelweiß (im Himalaja eine nur wenig modifizierte Art) zu nennen, das z. B. im Khumbu zwischen 3600 und 4200 m in großen Mengen vorkommt. Sehr viele Enzianarten sind zu finden, vor allem Gentiana ornata, der mit hellblauen Trichterblüten und gelbgrünen Streifen unserem „Echten Enzian" sehr ähnlich ist. Daneben gibt es eine Vielzahl von Läusekräutern, Erikaarten, Fingerkräuter, Eisenhut, Bergastern, eine hübsche Zwergirisart und viele andere mehr. Höher oben nehmen sehr viele Pflanzen einen Polster- und Rosettenwuchs an.

Sehr interessant sind schließlich noch Pflanzen der **tibetischen Steppe**, wie man sie z. B. im oberen Khumbu ab 4300 m und höher auf Flußschwemmland und auf Flugsandfeldern finden kann. Es sind dies besonders Ephedra gerardiana, ein schachtelhalmähnliches Gewächs mit roten Beeren, sowie eine niedrigwüchsige Sanddornart (Hippophae salicifolia).

Abschließend wäre noch zu erwähnen, daß die untere Frostbodengrenze bei 4800 m liegt und daß Lawinenschäden an der Vegetation wegen der allgemein geringen Schneehöhen nicht häufig sind.

Tierwelt

Das Land ist reich an einer vielfältigen Fauna als Folge der äußerst vielgestaltigen Klimabedingungen mit der jeweils zugehörigen Pflanzengesellschaft.

Die meisten Tiger der Erde

Das Terai ist auf dem asiatischen Kontinent eines der letzten Großwildgebiete auf der Erde. Hier gibt es Leoparden, Panther, Hyänen, Nashörner, Affen, Antilopen, Rehe, Elefanten, wilde Büffel, Schlangen und — so wie im übrigen Nepal — sehr viele Vogelarten. Bezogen auf die Fläche leben hier noch die meisten Tiger der Erde, ihre Zahl beträgt aber nur noch etwa 200 Stück. Auch das sehr seltene Panzernashorn kommt hier noch in etwa 30 Exemplaren vor. Jagdbeschränkungen und Naturschutzbestimmungen wurden vor einigen Jahren erlassen. Nach dem Vorbild des Tree-Tops-Hotels im Aberdarepark in Kenya hat man hier kürzlich im Chitawan Valley in der Nähe des Ortes Megauli das „Tiger-Tops-Hotel“, ebenfalls in den Ästen riesiger Bäume, eingerichtet.

Im Pahar, im nepalischen Mittelland, sind vom Großwild besonders Leoparden, Bären und Affen anzutreffen. Große Fledermäuse (Fliegende Hunde) besiedeln oft in dichten Trauben bestimmte Bäume und geben pfeifende Laute von sich; etwas gespenstisch ist das Bild, wenn sie in der Abend- oder Morgendämmerung ihre Schlafbäume umschwirren.

Pfeifhase statt Murmeltier

In der Hochregion der Himalajatäler gibt es Schneeleoparden, Lippen-, Kragen- und Braunbären, den Panda (Katzenbären) und eine Schakalart, die manchmal mit unbeschreiblichem Gewinsel und Geheul während der Nacht durch die Zeltlager der

Bergsteiger tobt. Auch wilde Bergziegen, das Moschusreh (Moschushirsch), Hasen usw. kommen hier vor. Sehr interessant ist der Pfeifhase, „Taiakbo", der bis in 6000 m Höhe anzutreffen ist und in der Lebensweise sehr unseren Murmeltieren ähnelt. Im Winter ist diese Kaninchenart unscheinbar grau, im Sommer rotbraun gefärbt. Seine größten Feinde sind der Lämmergeier und verschiedene Adlerarten, die zahlreich vorkommen. Die Bergratte, ein hübsches Nagetier (ohne „Rattenschwanz"), findet man häufig im Gemäuer verlassener Almgebäude. Auch die Kolkraben mit ihrem weiten Jagdgebiet sind in Nepal nicht selten.

Sehr selten kommt dagegen in Nordnepal der wilde Yak oder Grunzochse vor, der in Tibet noch häufig in freier Wildbahn angetroffen wird.

Yeti — der Schrecken der Jungfrauen

Über den Yeti (Ye = Fels, Teh = Tier), den sagenhaften „Schneemenschen", sind schon seitenlange Illustriertenberichte geschrieben und hiebei eine große Zahl von angeblichen Augenzeugenberichten veröffentlicht worden. Tatsächlich wurde aber noch auf keiner der wissenschaftlichen Expeditionen auch nur eine einzige sichere Spur des geheimnisvollen „Schnee-Menschenaffen" gefunden, von dem hauptsächlich im Everest- und im anschließenden Rolwaling-Himal immer wieder bei den Sherpas die Rede ist. Allerdings hat Eric Shipton 1951 in 6000 m Höhe im weichen (!) Schnee ein scharfes Foto einer 30 cm langen und 15 cm breiten menschenfußähnlichen Spur geschossen, und auch andere glaubhafte Bergsteiger haben ähnliche Beobachtungen gemacht.

Wenn man diesen Erzählungen der Einheimischen nachgeht, die von einem 2½ m großen, dichtbehaarten Affenmenschen sprechen, so hat ihn persönlich nicht der Vater, sondern nur dessen im Nachbartal lebender Onkel gesehen, „der aber leider schon länger verstorben ist". Es wird von ziemlichen Greueltaten dieses Wesens berichtet, von denen der Jungfrauenraub noch harmlos ist. Durch die Sonneneinstrahlung können unter Umständen sogar die relativ kleinen Fußabdrücke von einem Leoparden oder einem Himalajabären zu breiten, übergroßen Spuren ausschmelzen. — Wir Bergsteiger lassen jedenfalls mit angenehmem Gruseln alle diese Geschichten auf uns wirken, halten für alle Fälle immer ein „schußbereites Tele" bereit und sind

Der Yak ist Milch-, Woll- und Fleischlieferant sowie wichtigstes Tragtier im Himalaja.

amüsiert, wenn sich die Träger vor einer ihnen unbekannten Spur verbeugen und „Yeti, Yeti" sagen.

Abschließend sei vermerkt, daß die Bergwanderer leider sehr wenig Tiere zu Gesicht bekommen, weil die Träger- und Bergsteigergruppen meistens viel zuviel Lärm machen. Für eine Wildbeobachtung muß man sich daher schon einige Stunden lang in die Einsamkeit zurückziehen. Leider wird in weiten Teilen Nepals durch die Bevölkerung auch viel gewildert.

Der Platz vor dem Durbar, dem alten Königspalast in Patan, hat sich mit seinen vielen Pagoden, Tempeln und Statuen seit dem Mittelalter nicht verändert und gibt einen kleinen Einblick in die ungeheure Fülle der Kulturschätze des Kathmandutales.

Volksstämme und Gebräuche

Ein dichtbesiedelter Staat

Bevölkerung:

Die Volkszählung 1961 ergab für Nepal eine Gesamtbevölkerung von 9,4 Millionen mit einem jährlichen Zuwachs von 1,6% (Indien fast 3%). Die Zählung von 1971 brachte 11,2 Millionen, und für 1981 sind 13,8 Millionen vorausgesagt. Die durchschnittliche Bevölkerungsdichte liegt bei 80 Personen pro Quadratkilometer. Am dichtesten bewohnt ist das Kathmandutal, und Kathmandu selbst hat, wie viele orientalische Städte mittelalterlicher Prägung, eine unglaublich dichte Besiedlung von 19.000 Einwohner je km², das ist eine größere Einwohnerdichte, als sie etwa London oder New York aufweist. 97% der Bevölkerung leben außerhalb der 7 Städte mit mehr als 10.000 Einwohnern (Kathmandu 180.000, Patan 50.000, Bhadgaon 45.000, Biratnagar 35.000, Nepalganj 16.000, Dharan 15.000 und Birganj 11.000; die ersten drei im Kathmandutal, die restlichen Orte im Terai). 40% der Menschen leben im Terai, 60% im Mittel- und Bergland. Weite Teile Nepals, besonders im Westen, sind überhaupt unbesiedelt; hier wäre noch durchaus fruchtbares Siedlungsland zu finden.

Viele Kinder ohne Schulen und Lehrer

1971 gab es rund 8000 Hochschulgraduierte und nur rund 5000 Personen mit mittlerer fachlicher Ausbildung. Mehr als 80% sind Analphabeten.

Die Ursache für den relativ mäßigen Bevölkerungszuwachs ist in der noch immer hohen Sterblichkeitsziffer zu sehen, die ihrerseits aber natürlich durch hohe Kinderzahlen noch immer überboten wird. Viele Söhne zu haben, ist für den Hindu wichtig. Nicht nur wegen der sozialen Sicherheitsfunktion der Obsorge für die arbeitsunfähigen Alten durch die Jungen, sondern auch, weil nur die Söhne die für das Seelenheil der verstorbenen Eltern notwendigen täglichen Opferzeremonien verrichten können.

Nepal zählt zu den dichtestbevölkerten Ländern Asiens, und viele Nepali wandern daher nach Indien aus, wo man sie wegen ihrer Ehrlichkeit und Treue gegenüber dem Arbeitgeber gar nicht selten als Wächter bei Banken und Geschäften finden kann.

„Wer kennt die Völker, zählt die Namen?"

Volksstämme:

Es gibt nur wenige Länder der Erde, die auf so engem Raum eine derartige Vielfalt der Rassen, Völker, Sprachen und kulturellen Eigenheiten aufweisen. Grundsätzlich kann man die Menschen aber in zwei Hauptgruppen, und zwar in Tibeto-Burmesen und in Indo-Arier, einteilen.

Die tibetoburmesische Gruppe mit den mongolischen und mandelförmigen Augen als Rassenmerkmal umfaßt im wesentlichen:

a) die Altnepali:
Newar, Thamang, Gurung, Mangar, Kiranti, Tharu;

b) die Tibeter:
Bhotiya, Sherpa und Thakal.

Zur indoarischen Gruppe mit dem offenen Auge als Rassenmerkmal zählen:

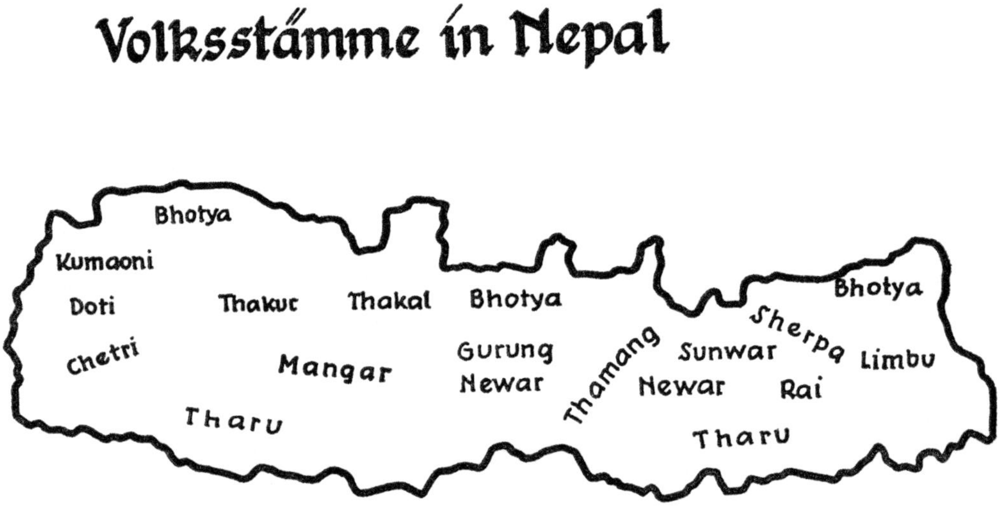

c) die Indonepali:
   Brahmanen und Kshatriya;
d) die Inder:
   Garhwal, Kumaon und Inder.

Außer bei der tibetischen Gruppe haben sich die Rassenmerkmale aber teilweise stark vermischt, wobei besonders zu beachten ist, daß sich das mongolische Auge immer dominant vererbt!

Jeder Höhenstufe ihr Volksstamm

Betrachtet man eine genaue Rassenkarte Nepals, dann stimmt die ganz grobe Einteilung nicht immer, derzufolge im Norden die tibetischen und im Süden die indischen Stämme sowie im Mittelland die Mischungen beider leben. Die Volksgruppen sind häufig unregelmäßig über das Land verteilt. Die Ursache ist darin zu suchen, daß die meisten Stämme auf der ihnen zusagenden Höhenstufe siedeln. Die Völkergrenzen stimmen daher häufig mit den Höhenschichtenlinien überein.

Die meisten Stämme sprechen auch heute noch ihre eigene Sprache. Seit der Eroberung Nepals durch die Gurkha hat sich aber deren Sprache, das Gurkhali, langsam durchgesetzt und ist heute zur offiziellen Amtssprache geworden. So wie das Hindi, die Sprache Indiens, stammt auch das Gurkhali vom Sanskrit ab, enthält aber viele tibetoburmesische Lehnwörter. Die Schrift ist gleich der in Indien geschriebenen (Devanagari-Schrift).

Die altnepalischen Stämme sind also die ursprünglichen Bewohner Mittelnepals, welche sich durch viele Jahrhunderte, ja wahrscheinlich Jahrtausende in ungestörter Ruhe entwickeln konnten, waren sie doch von allen Seiten durch die Gebirge geschützt. Dies ist sicher auch der Grund für die kunsthistorisch wertvollen Schätze, welche sich im Kathmandutal im Laufe der Zeit angesammelt haben. Aber ebenso beigetragen haben dazu das große handwerkliche Können und das künstlerische Ausdrucksvermögen der dort lebenden Menschen, besonders der Newar. Erst die großen Eroberungszüge der Mohammedaner im frühen Mittelalter in Nordindien beendeten diese Ruhe, und in vielen Wellen kamen immer wieder Flüchtlinge aus Indien in das Bergland von Nepal. Bezeichnenderweise kamen hiebei fast nur die Mitglieder der beiden durch die Moguln besonders verfolgten obersten Kasten, die Brahmanen und Kshatriya, ins Land. Als typische Flachlandbewohner siedelten sie sich aber vorwiegend in Höhen unter 2000 m an. Die Flüchtlingsherkunft ist auch die Erklärung dafür, daß weite Teile des Mittellandes nur von Brahmanen besiedelt sind, die dort das ihrer hohen Kaste entsprechende Leben voll aufgeben mußten und Bauern und Handwerker wurden.

Unbesiedelte Gebiete in Westnepal

Die tibetischen Volksstämme sind ihrerseits vom Norden her ebenfalls schon vor langer Zeit in die inneren Gebirgstäler eingewandert und haben diese in Höhen über 3000 m besiedelt; als letzte die Sherpas vor etwa 300 bis 400 Jahren. In Westnepal klafft heute sogar noch eine riesige Siedlungslücke zwischen den vom Norden kommenden tibetischen und den vom Süden kommenden indischen Stämmen. Hier sind fast alle Höhenlagen zwischen 2000 und 3000 m unbewohnt!

Die **Newar** leben schon seit urdenklichen Zeiten ziemlich geschlossen im Kathmandutal, haben aber im Verlauf der Zeit auch die Angehörigen indoarischer Stämme aufgesogen. Sie zählen etwa 400.000 Personen. Sie haben die uralte nepalische Kultur begründet und sind die Schöpfer der großartigen Bauwerke und Kunstdenkmäler im Kathmandutal. Seit jeher waren sie berühmte Architekten, Maler, Bildhauer, Holzschnitzer und Goldschmiede, und es ist ziemlich sicher, daß sie den Pagodenstil erfunden und nach China gebracht haben. Ihre große Spezialität ist aber auch die Kombination von Ziegel und Holz, also eine Art Fachwerkbau. Meisterhaft verstehen sie auch das Gießen von Bronze in Wachsformen.

Die kunstfertigen Newar

Die Newar sind sehr tolerant und leben mit ihrer Religion ohne Fanatismus. Die Witwenverbrennung haben auch die Hindugläubigen unter ihnen seit jeher mit dem Trick vermieden, daß sie ihre Töchter vorerst einmal mit dem selbstverständlich unsterblichen Gott Narayan verheirateten, so daß sie im übertragenen Sinn nie Witwen werden konnten.

Ihre Mythologie ist überaus reich, und sie geht zurück bis auf die Anfänge der Menschheitsgeschichte. Die Newar sprechen noch heute ihre eigentümliche kurzsilbige Sprache, die zu den mongolischen Sprachen zählt, aber mit indischen Buchstaben geschrieben wird. Besondere Wertschätzung genießen bei ihnen die Astrologen, die auch heute noch alle wichtigen Termine zu bestimmen haben.

Eigenartigerweise bearbeiten die Newar trotz ihrer hohen Kunstfertigkeit und ihres bestechenden handwerklichen Könnens die Äcker nicht mit dem Pflug wie in den meisten übrigen Teilen Nepals, sondern mit der Haue. Es handelt sich dabei um eine schaufelartige Eisenhacke mit ganz kurzem Stiel, „Kodali“ genannt.

Die Newar sind in eine hinduistische und in eine buddhistische Gruppe aufgespalten, und eigentümlicherweise gibt es auch unter letzteren eine Kasteneinteilung, die sonst im Buddhismus unbekannt ist.

Die meisten unserer Träger waren Thamang

Die **Thamang** siedeln vorwiegend in Mittelnepal nördlich der von den Newar bewohnten Gebiete bzw. auch südlich im Mahabharat Lekh. Sie bevorzugen Höhenlagen bis 2500 m und bauen im Norden ihre Häuser im alpenländischen Stil mit wenig geneigten Satteldächern, deren Holzschindeln mit Steinen beschwert sind. Je nach der Höhenlage kultivieren sie alle landwirtschaftlichen Früchte vom Reis bis zu den Kartoffeln, und dementsprechend halten sie auch Wasserbüffel oder Tsaoris (eine Kreuzung zwischen Tieflandrind und Yak). Sie stellen sehr häufig Träger für Trekkingtouren und Expeditionen.

Die Thamang haben einen stark mongolischen Gesichtsschnitt und sind allesamt Buddhisten, haben aber eine Art Kastensystem entwickelt. In einigen ganz abgelegenen Tälern finden sich auch noch Anhänger der vorbuddhistischen Glaubenslehre, der Bon-Religion mit ihren Geistern, Dämonen und Zaubersprüchen. Fast in allen Dörfern gibt es neben den Lamas auch noch den Schamanen („bombo"), der für Krankheitsheilungen zuständig ist.

Gurung und Mangar, die tapferen Gurkhasoldaten

Die **Gurung** siedeln in Zentralnepal ungefähr nördlich von Pokhara bis zur Annapurna und sind die westlichen Nachbarn der Thamang. Ihre Dörfer sind die größten Nepals, die aus Steinen sauber geschlichteten Häuser haben meist zwei Stockwerke, und die Dächer sind mit Schieferplatten gedeckt. Sie bewirtschaften von den oft hoch oben an den Hängen liegenden Siedlungsplätzen aus sowohl die Reisfelder in den Talsohlen als auch die Hochweiden über ihren Dörfern.

Die Gurung haben einen stark mongolischen Einschlag, bekennen sich aber zum größten Teil zum Hinduismus. Aus diesem Volksstamm gehen noch heute sehr viele Legionäre hervor, die in den berühmten indischen und britischen Gurkharegimentern Dienst machen.

Die **Mangar** leben westlich der Gurung und besiedeln vor allem das Gebiet westlich und südlich der Dhaulagirigruppe. Ihre Häuser bauen sie so wie die tibetischen Nachbarstämme im Norden bzw. wie die Gurung im Osten. Neben der Landwirtschaft betreiben sie verschiedene Handwerke und sind wegen ihrer manuellen Geschicklichkeit bekannt. Auch aus diesem Volksteil werden immer wieder viele „Gurkhasoldaten" rekrutiert.

Die Mangar sind den Newar sehr verwandt, und es fehlt daher im allgemeinen das mongolische Auge. Im Norden sind sie Buddhisten und im Süden Hindus.

Die **Kiranti** leben in Ostnepal südlich des Siedlungsgebietes der Sherpas. Man kann sie noch in die zwei großen Untergruppen Rai und Limbu teilen. Sie bauen stattliche zweigeschossige Häuser, mit Lehmmörtel verkleidet und strohgedeckt. Die rundum laufenden Balkons und Veranden sind mit schönen Schnitzereien verziert.

Die Kiranti weisen stark mongolischen Einschlag auf und haben als gewisses Rassenmerkmal auch abstehende Ohren. Sie sind überwiegend Buddhisten und ebenfalls bekannte Gurkhasöldner.

Die dunkelhäutigen Tharu

Die Tharu sind schließlich der einzige altnepalische Stamm, der im Terai lebt. Die Bauern sind auch Jäger und Fischer. Sie besitzen das offene Auge, sind aber von ganz dunkler Hautfarbe.

Zu den Indo-Nepali gehören vor allem die **Brahmanen** und **Kshatrya,** die von Indien her in mehreren Wellen im 12. und 13. Jahrhundert nach Nepal eingewandert sind und das Kastensystem mitgebracht haben. Die Kinder aus Mischehen mit den Newar, Gurung, Mangar usw. wurden **Khas** genannt, sie sind aber kein selbständiger Volksstamm.

Das dominierende Volk der Gurkha

Zu den Brahmanen und Kshatriya gehören auch die **Gurkha** — hier nicht als Söldner gemeint —, welche die Nachkommen rajputischer Brahmanen sind. Als Herrschergeschlecht der letzten 200 Jahre führten sie ihre Sprache, das Khas-kura (auch „Gurkhali" genannt), in ganz Nepal ein. Als strenggläubige Hindus waren sie von großem sittlichem Ernst und lebten auch nicht so gesellig wie die Newar in großen Sippenhäusern, sondern jede Familie siedelte für sich.

Die rein indische Volksgruppe mit den **Garhwal** und **Kumaon** sind **Indo-Arier,** die im Süden und äußersten Westen längs der indischen Grenze siedeln.

Die Bhotya sind reine Tibeter

Die rein tibetischen Volksgruppen der Bhotiya, Thakal und Sherpas besiedeln den gesamten Norden Nepals.

Bild rechts: Im Aufstieg zum Ganesh Peak (5500 m); im Hintergrund Langtang Lirung (ca. 7200 m).
Bild umseitig: Wuchtig erhebt sich die Shisha Pangma (8013 m), der höchste Berg Chinas, über gewaltigen Eisabstürzen (Aufnahmestandort: Ganesh Peak im Langtang Himal).

Die größere Volksgruppe der drei genannten sind die **Bhotiya** (Bhot = Tibet), welche hauptsächlich nördlich des Himalajahauptkammes angrenzend an Tibet in Mittel- und Westnepal leben. Sie sind in Wesensart, Sprache und Religion praktisch reine Tibeter. Auch heute noch sind vielfach die charakteristische grobwollene Kleidung und der kniehohe Strumpfstiefel zu finden, während der lange schwarze Zopf bei den Männern langsam zu verschwinden beginnt. Typisch ist wohl auch der den Menschen anhaftende Geruch nach Räucherwerk, ranzigem Fett und Vieh. Die meisten Wesenszüge sowie Kultur und Religion sind mit den Sherpas identisch und werden dort besprochen.

Der „König“ von Mustang

Die räumliche Abgeschlossenheit vieler Dörfer vom übrigen Nepal hat sogar die Existenz des bis 1952 halbautonomen Königreiches Mustang (Lo) ermöglicht. Es wurde 1795 durch die Gurkha erobert und war bis 1952 an Nepal tributpflichtig. Es gehört aber seit dieser Zeit offiziell zum Staatsverband: Heute noch von einem König von Mustang zu sprechen, ist daher unrichtig. Hier leben die **Thakal**, vornehmlich als Händler an der wichtigen Kali-Gandaki-Route, und diese haben sich, zumindest solange die Grenze mit Tibet offen war, eines beachtlichen Wohlstandes erfreut. Von besonderer Bedeutung ist in ihrem Gebiet die heilige Stätte von Muktinath (nordöstlich von Jomosom gelegen), wo Erdgas und Wasser gemeinsam einer Bodenspalte entweichen und als großes Wunder das Wasser „brennt“. — Dieses Gebiet ist offiziell für alle Fremden gesperrt*), und es wäre von höchstem Interesse, wenn man bald dorthin auch als Bergsteiger und Tourist einreisen könnte.

Die berühmten Sherpas

Dem europäischen Bergsteiger ist von allen nepalischen Völkern jenes der **Sherpas** am meisten bekannt. Allerdings wird in Europa der Ausdruck häufig für „Träger“ schlechthin verwendet. Das ist unrichtig, denn die Masse der Träger bei einer

*) Für Forscher und Wissenschaftler werden Einzelgenehmigungen erteilt.

Bild umseitig: Schwerbepackte Trägergruppe bei einer Paßüberschreitung; besonders malerisch wirken die Sherpani mit ihrer bunten Tracht.
Bild links: Nepal hat viele Gesichter: Links oben: Trotz schwerer Tagesarbeit sind die Sherpani immer freundlich.
Rechts oben: Der Oberlama des Klosters Thame wird als „Rimpoche“ — als „Wiedergeburt“ — hoch verehrt.
Links unten: Gläubige Hindufrauen warten auf den Festzug ...
Rechts unten: Ohne Scheu blicken die beiden „Hauptrassen“ Nepals in die Kamera.

Trekkingtour oder Expedition wird von anderen Stämmen gestellt. Die Sherpas sind die Organisatoren, Köche und vor allem die berggewohnten Hochträger und Begleiter bis auf die Gipfel. Durch ihre hervorragenden Charaktereigenschaften, wie unbedingte Treue dem Auftraggeber gegenüber, durch Intelligenz, beste Höhengewöhnung, extreme Ausdauer und schließlich auch durch ihren Humor haben sie sich höchste Achtung bei den Bergsteigern errungen.

Ihr Ruf ist so gut und schon in so vielen Schriften dargestellt worden, daß ihre Bedeutung, wie kaum sonst bei einem Volk der Erde, die Bevölkerungszahl bei weitem übertrifft. Umfaßt doch erstaunlicherweise der ganze Volksstamm nur etwa 20.000 Personen. Sie gliedern sich in etwa 20 Sippen, die wegen Inzucht untereinander nicht heiraten dürfen. Aus ihrem Volk stammt auch Tenzing Norkay, der 1953 zusammen mit Hillary den höchsten Gipfel der Erde, den Mount Everest, betrat.

Sherpa-„Volk aus dem Osten"

Sie siedeln vor allem in den Hochtälern südlich des Mount Everest im Khumbu sowie im Pharak und Solu und eine größere Gruppe auch in der Gegend von Darjeeling in Indien, also alle im Nordosten Nepals. Sie sind erst ab dem 16. Jahrhundert von Tibet nach Nepal eingewandert, und zwar wahrscheinlich aus Furcht vor den Mongoleneinfällen und später wegen der Moslems, die von Kashmir aus Tibet bedrohten. Die Einwanderung erfolgte hauptsächlich über dem westlich des Cho Oyu gelegenen 5700 m hohen Nangpa La, der bis heute noch eine Rolle als Handelsübergang nach Tibet spielt. Der Name Sherpa kommt aus dem Tibetischen: Shar = Osten, Pa = Volk und weist ebenfalls eindeutig auf die Einwanderung aus Tibet hin. Sprache und Schrift der Sherpas sind rein tibetisch. Die tibetische Schrift wird wie ihr Vorbild, das Sanskrit, von links nach rechts in horizontalen Linien geschrieben.

Ein altes Handelsvolk

Das Leben im Khumbu, einem über 3800 m hoch gelegenen Gebiet, hat den Sherpas ganz spezifische Lebens- und Wirtschaftsbedingungen aufgezwungen. Obwohl in 4200 m an geschützten Stellen noch die Kartoffel gedeiht, ist das Klima doch schon so rauh und gibt es so wenige ebene und kultivierbare Stellen, daß man von der Landwirtschaft allein hier nicht leben kann. Die Haupteinnahmen sind für die Sherpas daher schon seit jeher aus dem Handel mit Tibet gekommen, welcher sich über den Nangpa La abgewickelt hat. Sie haben das kostbare Salz von Tibet nach Ostnepal und weiter nach Indien und landwirtschaftliche Erzeugnisse, vor allem Yaks, Zucker, Butter und Papier, im Tauschwege zurückgebracht. Als durch die endgültige Besetzung Tibets durch die Chinesen im Jahre 1959 jeglicher Verkehr über die Grenze unterbunden worden ist, war dies für die Sherpas ein schwerer Schlag. Viele sind nach Indien ausgewandert und haben dort versucht, sich eine neue Existenz zu gründen. — Eine deutliche Wende haben dort erst der zunehmende Tourismus im letzten Jahrzehnt und die steigende Zahl von Expeditionen gebracht. Dank ihrer glänzenden Eigenschaften, besonders wegen ihres Organisationstalentes, haben sie sich bei diesen Unternehmungen unentbehrlich gemacht, und so kann man heute im Gebiet deutlich wieder einen wirtschaftlichen Aufschwung wahrnehmen. Seit wenigen Jahren gibt es nun sogar wieder einen „kleinen Grenzverkehr" mit Tibet über den Nangpa La, und es wird in bescheidenem Maße wieder mit Yak-Karawanen Handel wie früher betrieben, wobei sich der Handelsumschlagplatz zwei Tagesmärsche von der Grenze entfernt auf chinesischem Gebiet befindet.

Von Mitte November bis Mitte März herrscht tiefer Winter im Khumbu, insgesamt also Verhältnisse wie bei uns in den Westalpen, nur daß die vergleichbaren Lagen im Sherpaland um 2000 m höher liegen. Ähnlich wie die Bergbauern bei uns, besitzen die meisten Sherpas neben dem festen Wohnsitz im Dorf noch eine Zwischenalm (Maiensäße) und eine Hochalm mit einfachen Steinhäusern, „Phu" genannt. Die in mühsamer Arbeit entsteinten Weideflächen um die Almbauten sind mit geschlichteten Steinmauern eingefaßt und die Häuser mit Steinplatten gedeckt. Würden nicht häufig kleine Tschorten mit daraufgesteckten Gebetsfähnchen zu sehen sein, könnte man meinen, sich im Wallis zu befinden. Da die Dörfer zwischen 3800 und 4200 m liegen, befinden sich manche Hochalmen 600 bis 1000 m höher als die Hauptsiedlungen.

Die meisten Sherpas besitzen auch unterhalb der Dörfer längs der tiefer eingeschnittenen Flußtäler häufig noch ein kleines Haus. Hier werden Steckrüben und einige wenige Gemüsearten angebaut. Diese Nebensiedlungen werden Gunsa genannt. Kartoffeln und Buchweizen werden aber bis 4200 m und sogar noch gelegentlich etwas höher gebaut.

Tsampa, Buttertee und Tschang

Hauptnahrungsmittel der Sherpas ist die Kartoffel, welche roh gerieben zu einem sehr schmackhaften Fladen, dem „Gurr", gebacken wird. Daneben wird aber das nepalische Hauptgericht „Tsampa" ebenfalls sehr geschätzt, das bei den Sherpas häufig aus Buchweizenmehl besteht. In Mittelnepal wird Tsampa vornehmlich aus gerösteten und geschroteten Gerstenkörnern zubereitet, welche mit Wasser angerührt zu einem teigigen Brei geknetet und roh gegessen werden. Gleich wie in Tibet ist das tägliche Getränk der Sherpas der Buttertee. In einem speziellen länglichen Holzfäßchen werden aufgekochter russischer Tee und Yakbutter gequirlt. Die Flüssigkeit wird dann schließlich gesalzen serviert. Wenn die Butter nicht zu arg ranzig war, schmeckt er auch einem europäischen Gaumen einigermaßen. Recht gut ist allerdings der Tschang, das Festtagsgetränk. Es ist ein milchig-trübes Reis-, Weizen- oder Gerstenbier, das leicht alkoholisch, etwas säuerlich und ein wenig nach Hefe schmeckt; Tschang wird überall in Nepal bereitet und getrunken. Die Tschangmaische wird in großen Tonkrügen oder Fässern angesetzt. Häufig wird sie direkt vor dem Verbrauch mit Wasser vermischt, über einem Sieb durchgeknetet und die milchig-trübe Flüssigkeit aus Kupferkannen ausgeschenkt. Guter Tschang schmeckt leicht säuerlich, wenig hefig und natürlich leicht alkoholisch; er sollte keine Maischebröckchen enthalten und auch nicht zu stark milchig-trüb sein. Tschang kann bereits nach drei Tagen genossen werden; in Flaschen abgefüllt hält er sich aber mehrere Jahre und wird dann als große Spezialität (unter Umständen sogar mit Honig gesüßt) ausgeschenkt. Ähnlich den Genossenschaftsalmen in Österreich oder in der Schweiz bewirtschaften auch die Sherpas ihre Almweiden vielfach gemeinsam. Von großer Bedeutung für eine leidlich funktionierende Forstwirtschaft ist wegen der Holzknappheit aber auch die gemeinsam geregelte Nutzung der Wälder und die Einsetzung von Waldhütern. Dies ist eine Einrichtung, die man sonst nirgends in Nepal findet. Auch die seit alten Zeiten bereits auf demokratischer Basis gewählten Dorfvorsteher findet man nur hier.

Sherpahäuser sind sauber und geräumig

Die Sherpahäuser, aber auch jene der anderen tibetischen Stämme, sind alle ziemlich ähnlich gebaut: zweigeschossig, aus Trockenmauerwerk errichtet, bei welchem die Fugen mit Lehm oder auch gelegentlich nur mit Yakmist abgedichtet sind, und ein holzschindelgedecktes Satteldach, welches mit Steinen beschwert ist. Man geht ebenerdig in den Wirtschaftsraum, wo im Winter Brennholz gestapelt ist und die Kälber eingestellt werden. Das Obergeschoß besteht praktisch nur aus einem großen Raum, der Küche, Wohn- und Schlafstelle zugleich ist. Nur manchmal ist noch ein kleiner Raum mit einem Loch im Boden abgeteilt, welches als Latrine dient. Mit Nadelreisig und Laubstreu werden die Exkremente jeweils überschichtet, so daß fast keine unangenehmen Gerüche entstehen und gleichzeitig Dünger für den landwirtschaftlich genutzten Boden anfällt.

Meistens findet man eine offene Feuerstelle, nur in vornehmen Häusern begegnet man lehmgebrannten Herden mit einigen Öffnungen für die Töpfe. Kamine gibt es selten; der Rauch zieht durch die offenen Dachsparren ab, so daß man von außen anfangs oft glaubt, ein Haus brenne. Wände und Decke sind mit einer teerartigen, glänzenden Rußschicht überzogen, was die Räume noch dunkler macht. Bei Tiefdruckwetter schlägt es den Rauch im Raum tief herunter, vielleicht sind deshalb die Sitzgelegenheiten so niedrig angeordnet. Jedenfalls ist die Situation nicht unähnlich jener, die man in den alpenländischen Rauchstuben früher bei uns vorfand.

Fenster ohne Glas

An einer Wandseite gibt es eine niedrige Holzbank mit davorstehenden niedrigen Tischen, an einer anderen stehen verzierte Holzregale mit einer Reihe von Kupfer- und Messinggefäßen. Sie sind oft am Rand mit dem uralten indoarischen Hakenkreuzsymbol, dem „Swastika", verziert und enthalten Trinkwasser oder Tschang. Diese blankgeriebenen Kessel und Krüge sind der große Stolz der Hausfrau. Die kleinen, an hölzernen Angeln befestigten Fenster haben meist noch keine Glasscheiben, sondern bestehen aus einem engmaschigen Holzgitter, das nur wenig Licht hereinläßt. In einer Ecke des Raumes stehen Truhen zur Aufbewahrung der wichtigsten Habseligkeiten und der Wäsche.

Die Sherpas haben aus ihrer alten Heimat Tibet auch die dortige Religion, den lamaistischen Buddhismus, mitgebracht, und heute noch sind Alltag und Religion eine Einheit. Da ihnen das Töten verboten ist, sie aber trotzdem Fleisch recht gerne essen, ziehen eigene Metzger aus anderen Gegenden Nepals im Khumbu umher, um die Yaks zu schlachten. Jedwedes Töten ist den Sherpas untersagt, und so hat sich die britische Armee auch nie ihrer Dienste in den Gurkharegimentern erfreuen können, obwohl sie dort sicher die besten Unterführer abgegeben hätten. Ihr Hauptanliegen ist es, viel „Sönam" („gute Taten") zu sammeln. Die Menge der während eines Lebens erworbenen Verdienste ist ausschlaggebend dafür, in welcher Form man wiedergeboren wird oder ob man schließlich gar einmal ins Nirwana eingehen kann. Als Haupttugenden gelten Weisheit und Mitleid mit der Kreatur, und der Sherpa glaubt bedingungslos daran, daß ihm nach dem Tode echte Gerechtigkeit für seine Taten widerfahren wird. So findet man häufig auch tätige Nächstenliebe.

„Om mani padme hum"*)

Jedes Dorf hat seinen Tempel, auf jedem Paßübergang und häufig auch längs der Wege finden sich die „Manimauern", Steinplatten mit dem eingemeißelten Spruch „Om mani padme hum". „Oh, Du Juwel im Lotos", die Lobpreisung Buddhas, der ja aus einer Lotosblüte geboren sein soll. Gebetsfahnen mit dem Spruch flattern von den Häusern und Klöstern, und fast alle Bergbäche treiben in kleinen gemauerten Häuschen Gebetszylinder mit dem „Manispruch" an.

Die Mittelpunkte der Religiosität und der Kultur sind die Klöster, von denen einige sehr berühmt sind und seit dem Rückgang des Buddhismus in Tibet sehr an Bedeutung zugenommen haben. An erster Stelle ist hier in Nepal das erst rund 50 Jahre alte Kloster Tengpoche zu nennen (siehe Bilder), welches auf einem ganz prächtigen Platz steht. Anders als in den tibetischen Klöstern leben hier die Mönche mit Ausnahme des Oberlamas nicht im Hauptgebäude, sondern in kleinen Häuschen rund um das Kloster. Man kann es als Ausdruck der großen Individualität der Sherpas ansehen, daß jeder Mönch selbst für seinen Lebensunterhalt sorgt. Allerdings bedingt dies, daß sich hauptsächlich nur die Söhne reicher Eltern zum Mönchsleben berufen fühlen und nicht selten vom Geldverleih ihrer „Klostermitgift" leben.

Die Klöster sind mit prächtigen Malereien, Buddhastatuen und anderen Kunstwerken geschmückt. Die betreffenden Künstler kamen aber nicht aus den Reihen der Sherpas, die hiefür wenig begabt zu sein scheinen, sondern aus Tibet oder dem Kathmandutal.

Die Sherpas leben nicht in Sippenhäusern wie die Newar, sondern jedes junge Paar gründet einen eigenen Hausstand, dem dann nur die engsten Verwandten in direkter Linie angehören. Im sexuellen Verhalten sind die Sherpas sehr freizügig. Wenn sich zwei Liebende gefunden haben, dann können sie zusammenkommen, wann immer sie es wünschen. Der Bursch braucht also nicht — wie früher einmal in den Alpenländern — „fensterln" gehen, sondern begibt sich unbekümmert in den allgemeinen Schlafraum.

Vielmännerei

Bei den Sherpas gibt es rund 10% polygame Ehen, wobei die Hälfte davon polyandrisch ist. Das heißt, daß eine Frau mit zwei Männern, meist Brüdern, verheiratet ist. Es ist allerdings nicht erlaubt, daß in monogamen Ehen später ein zweiter Mann aufgenommen wird, sondern die Eheschließung muß gleichzeitig erfolgen.

*) In manchen Gebieten kann man statt padme auch „peme" hören. „Om" und „hum" sind übrigens mystische, nicht übersetzbare Silben.

Außerdem kommt keineswegs „Gruppensex“ vor, sondern der ältere Mann hat, solange er daheim anwesend ist, alle ehelichen Rechte. Erst wenn er verreist ist, gehen diese auf den Jüngeren über. Die „Vielmännerei“ wird damit begründet, daß die Männer immer sehr lange durch Handelsreisen und zur Viehbetreuung auf den Hochalmen von daheim abwesend sind. Auch wird durch eine Ehe mit zwei Brüdern die Erbteilung verhindert. Seit der Mitte der fünfziger Jahre sind sowohl Polygynie als auch Polyandrie gesetzlich untersagt. — Jede Hochzeit ist übrigens eine sehr wichtige und kostenaufwendige Sache, bei welcher der soziale Stand zur Schau gestellt wird.

Eheliche Untreue ist kein Scheidungsgrund, aber nach den Moralgesetzen nicht gerne gesehen. Eine Scheidung durch eine gegen- oder auch nur eine einseitige Willenserklärung ist jederzeit möglich.

Die „Stampf-Zisch-Tänze“

Die Sherpas sind fröhlich, gesellig und schätzen Gesang mit Tanz. Berühmt sind ihre „Stampftänze“, bei denen die Männer eingehakt eine Reihe bilden, an die sich die Reihe der Mädchen anschließt oder man sich gegenübersteht. Nachdem man sich zuerst eine Weile „ziert“, treten dann immer mehr Tänzerinnen und Tänzer in die Reihe, bis schließlich alles vom schlichten Rhythmus mitgerissen wird und beim Gemeinschaftstanz mitmacht. Meist begleiten sie sich ihre Tänze durch den eigenen Gesang. Mit bestimmten Tanz- und Stampfschritten und hin- und herwiegenden Körpern werden die Tänze ausgeführt. Zum Schluß werden die Schritte immer schneller, der Gesang hört auf, und es wird mit Zischlauten 1, 2, 3, 4, 5 usw. gezählt. Die Tschangbecher kreisen, und die Tänze gehen die halben Nächte hindurch weiter.

Die Frauen kleiden sich noch alle in echt tibetischer Tracht mit der „Tschuwa“, dem Mantelkleid und der bunten, quergestreiften Sherpaschürze. Als Schmuck wird häufig ein silberziseliertes Amulettkästchen getragen, das mit den „glückbringenden“ Türkisen eingelegt ist. Die zugehörige Kette besteht hauptsächlich aus rundgeschliffenen, großen Korallenstücken.

Der lange Zopf der Männer ist schon längst einem kurzen Haarschnitt gewichen, und bei ihnen ist auch europäische Bekleidung schon sehr häufig.

Die Sherpani muß sich mit 2 bis 3 Liter Milch pro Tag von ihrem „Nak“ (= weiblicher Yak) begnügen (Pangboche, 4000 m).

Geschichte und politische Verfassung

Das einzige Hindu-Königreich der Erde

Nepal ist ein absolutistisches Königreich, in dem der König die Exekutivgewalt ausübt, dem Volk aber nur ein gewisses Mitspracherecht zukommt. (Im hinduistischen Glauben gilt der nepalische König als Inkarnation, als Wiedergeburt der obersten Gottheit Vishnu.) Die neue Verfassung besteht seit 1962, seit diesem Zeitpunkt werden die Dorf- und Stadträte vom Volk gewählt. Diese wählen aus ihrer Mitte die Distriktsräte, die ihrerseits wieder ihre Delegierten in die Nationalversammlung („Panchayat“) entsenden. Von den 125 Abgeordneten des Nationalrates kommen 90 von den Distrikten, 15 von den Berufsverbänden, 4 sind Akademikervertreter und 16 ernennt der König selbst. Daneben gibt es noch einen Staatsrat mit 73 Mitgliedern. Nationalrat und Staatsrat haben aber nur beratende Aufgaben.

Seit 1972 herrschen König Birendra und Königin Aishwarya. Letztere stammt aus der wichtigen Familie der Ranas, welche über 100 Jahre lang die Geschicke Nepals lenkte. König Birendra wurde am 24. Februar 1975 in feierlichen Zeremonien nach uralter Tradition gekrönt, nachdem dieser Termin von den Hofastrologen schon längere Zeit vorher festgelegt worden war.

„Ich will beliebt sein wie der Regentropfen“

Viele Gebäude der Hauptstadt waren frisch gestrichen und restauriert worden. Fahnen und Gebetswimpeln flatterten im Wind, und nachts verwandelten unzählige

Ein „Sadhu“, ein „Heiliger Mann“, bringt dem Elefantengott Ganesh das tägliche Reisopfer dar.

Lampions, Umzüge und tanzende Menschen die Stadt in ein Märchen aus Tausendundeiner Nacht. Seine Majestät Birendra Bir Bikram Shah Dev wurde der Tradition zufolge mit Erde von 15 verschiedenen Plätzen des Landes eingerieben: von einer Bergspitze, vom Eingang eines Freudenhauses, vom Fuß eines königlichen Elefanten usw. Dann wurde er mit Wasser aus allen Flüssen des Landes — angereichert mit Honig, Wurzeln, Milch, Butter, Joghurt, Obst und Blumensamen — gewaschen.

Schließlich folgte die Krönung durch den höchsten Hindupriester Nepals, der ihm die ungeheuer wertvolle Krone aufsetzte. Sie besteht aus einem Goldhelm, der mit Diamanten, Smaragden und Rubinen besetzt und mit den herrlichen Schwanzfedern des Paradiesvogels geschmückt ist. Er nahm auf seinem Thron Platz, den eine neunköpfige vergoldete Kobra schmückt und dessen Boden mit Fellen eines Tigers, eines Leoparden, eines Rehs und eines Rindes ausgelegt ist (Sinnbild der Herrschergewalt auch über die Tiere). „Ich bin bereit, König zu sein", verkündete er. „Ich will beliebt sein wie der Regentropfen und freundlich wie die Sonne." Mit der Krönung nahm er den Titel „Inkarnation Vishnus, König der Könige, der fünffach göttliche tapfere Krieger und göttliche Kaiser" an.

Flüchtlingsasyl Nepal

Eine so unzugängliche Gebirgswelt wie der Himalaja gewährte ideale Rückzugsmöglichkeiten und gestattete außerdem eine Isolationspolitik bis in unsere Tage wie sonst kaum anderswo in der Welt.

Während Indien von islamischen Völkern mehrmals überrollt wurde, war Nepal davon völlig verschont geblieben, so daß wir heute dort noch viele Zeugen indischer Kultur finden, wie sie zu Beginn der christlichen Zeitrechnung und dem 1. Jahrtausend nachher bestanden hat. Man weiß heute, daß etwa zwischen dem 10. und 7. Jahrhundert vor Christi ziemlich gleichzeitig indoarische Volksstämme aus dem Süden und tibetisch-mongolische Völker aus dem Norden in den nepalischen Raum eindrangen und sich dort niederließen. Auch heute noch kann man im Süden und im Norden jeweils unvermischte Volksgruppen dieser Herkunft finden, und im Mittelland haben sich die beiden großen Rassen entsprechend vermischt.

Buddhas Geburtsort liegt in Nepal

Den ersten exakten geschichtlichen Anhaltspunkt bietet die Geburt von Gautama Buddha im Jahre 560 vor Christus in der Nähe des Ortes Rummindei, heute Lumbini genannt, im nepalisch-indischen Grenzgebiet.

Aus den Jahrhunderten nachher ist wenig Konkretes bekannt, feststeht nur, daß die Newar, das älteste bekannte Volk, das wir heute in Nepal finden, schon im 5. Jahrhundert nach Christus im Kathmandutal nachgewiesen werden können. Dieses Volk ist hauptsächlich indo-arischer Herkunft und von außerordentlicher künstlerischer Begabung und großer kultureller Kraft; es hat ständig alle fremden Einflüsse assimiliert.

Der Name Nepal scheint erstmals im 4. Jahrhundert nach Christi auf der bekannten Säule von Allahabad*) auf.

Anfang des 7. Jahrhunderts hatte Nepal seinen ersten Nationalhelden in Gestalt des Herrschers Amshuvarman, der das Land etwa auf seine heutige Ausdehnung brachte. Er schuf die erste Sanskrit-Grammatik und führte als Nationalzeichen Sonne und Mond ein, die noch heute als Münz- und Wappensymbol Nepals zu finden sind. Er förderte besonders den Buddhismus und verheiratete seine Tochter mit dem mächtigen König Tibets. Sie führte dort die neue Religion ein.

Die Pagode stammt aus Nepal

Da Tibet Vasall Chinas war, stammen aus dieser Zeit auch die ersten bedeutenden Beziehungen Nepals mit China, und man vermutet, daß seit damals newarische Künstler und Baumeister die Kunst Chinas stark beeinflußt und den Pagodenstil in China eingeführt haben. Der Buddhismus verlor in den darauffolgenden Jahrhunderten im Kathmandutal wieder an Einfluß.

Im 13. Jahrhundert begann dann die Zeit der großen Mallakönige, die ihre Herkunft auf die Sonne zurückführten. Jaya Stithi Malla, der größte unter ihnen, fühlte sich sogar als Inkarnation Vishnus. Aus seiner Regierungszeit stammt ein Gesetzbuch, das bis 1950 (!) Gültigkeit hatte.

Der König regierte in jener Zeit vollkommen absolutistisch, neben ihm bestand ein „Chautara", ein Ministerpräsident, und als geistliches Oberhaupt hatte der „Rajguru", der Oberpriester, sehr großen Einfluß. Erst König Mahendra schaffte in den sechziger Jahren des 20. Jahrhunderts die Erblichkeit dieses Amtes ab.

Die Dienste in der Verwaltung wurden durch die Zuweisung von Land entlohnt. Das Steuerwesen beruhte im wesentlichen auf 4 Steuereinkünften: aus einer Grundsteuer, einem Verteidigungsbeitrag, einer Steuer für die Benützung der Bewässerungskanäle und einem Beitrag für die Erhaltung religiöser Bauwerke.

---

*) Allahabad ist eine nordindische Stadt am Ganges mit historisch sehr wertvollen Inschriftenpfeilern in der alten Festung.

Kastenschranken trennen die Menschen

Dem Kastenwesen wurde unter dem vorhin genannten Mallakönig eine rechtliche Basis gegeben. Obwohl heute offiziell abgeschafft, hat es trotzdem noch immer sozialen Bestand. Es beruht auf der großen Tradition der 4 Hauptkasten (Varnas) und der 36 Unterkasten (Jatas) sowie den Unberührbaren. Die 4 Hauptkasten waren: die Priester (Brahmanen), die Krieger und Beamten (Kshatriya), die Händler (Vaishya) sowie die Handwerker und Bauern (Shudra). Bereits im Mittelalter begannen sich aber Kaste und berufliche Tätigkeit zu trennen, so daß z. B. ein Brahmane nicht unbedingt immer Priester sein mußte, sondern sogar Bauer sein konnte, wie man es in manchen Gegenden Südwestnepals findet. Wohl waren die Brahmanen aber gegenüber dem Strafrecht privilegiert, sie konnten nicht getötet und auch nicht anderen Blutstrafen unterzogen werden.

Die auf Gleichheit gerichtete Stammesorganisation der Bergvölker Nordnepals steht an sich im krassen Gegensatz zum Kastensystem in Südnepal. Die Familie lebt als Großfamilie, ihr Oberhaupt hat alle familiären und wirtschaftlichen Rechte und stellt auch den Hauptkontakt mit der Familiengottheit her. Alle Familienmitglieder haben sich vor dem „Ältesten“ zu verbeugen und erhalten ein Handzeichen auf die Stirn.

Hindus ohne Witwenverbrennung

Die Frauen hatten eine untergeordnete Stellung, trugen aber keinen Schleier und waren in ihrer persönlichen Freiheit ziemlich uneingeschränkt. Die Witwenverbrennung war nur bei der königlichen Familie ein Gebot. So verbrannten mit dem König Pratapa Malla 9 Frauen und mit Parthivendra Malla 24 Frauen. Die Verbrennungen geschahen aber mehr oder weniger freiwillig, wie berichtet wird. (Ob dabei auch Drogen eine Rolle gespielt haben?) Die Newar umgingen schon seit eh und je die Witwenverbrennung dadurch, daß jedes noch unmündige Mädchen mit dem Gott Narayan verehelicht wurde und so im religiösen Sinn nicht mehr Witwe werden konnte (siehe auch das Kapitel „Volksstämme und Gebräuche“).

Astrologie und Lebensablauf

Eine ganz große Bedeutung hat vom Mittelalter an bis fast auf den heutigen Tag die Astrologie gehabt, die alle wichtigen Daten für das Königshaus, im besonderen Kriegsbeginn, Hochzeit und ähnliches, hat bestimmen müssen.

Obwohl die mittelalterlichen, mit Festungsmauern umgebenen Städte des Kathmandutales ursprünglich gute Wasserversorgungseinrichtungen und Abwässerkanäle hatten, verfielen diese hygienischen Einrichtungen im Verlauf der Zeit immer mehr, und Cholera, Pest und Pocken suchten die Bevölkerung immer wieder heim. — Selbst heute vermißt man in den Städten des Kathmandutales häufig die primitivsten hygienischen Einrichtungen.

Die Nasenlosen

Die islamischen Eroberer waren im 14. und 15. Jahrhundert in Indien bis über den Brahmaputra vorgestoßen, konnten aber in das wilde Bergland Nepals nicht eindringen. Wohl aber flüchteten die Rajputen, welche vornehmlich aus der Kriegerkaste (Kshatriya) stammten, vor ihnen in das nepalische Mittelland und wurden Mitte des 16. Jahrhunderts in Gorkha (auch „Gurkha"*) ansässig. Von hier aus begann dieser besonders kriegerische Stamm seine Einflüsse immer mehr auszudehnen und die weitere Umgebung zu erobern. Die Mallakönige hatten inzwischen ihr Reich sozusagen in drei rivalisierende Stadtstaaten, Kathmandu, Bhadgaon und Patan, aufgeteilt. Sie leisteten dem tapferen Gurkhaführer Prithvi Narayan an die 20 Jahre Widerstand. Aber schließlich wurde das Kathmandutal 1769 endgültig von den Gurkha erobert, und diese machten sich zu den neuen Königen, wobei sie aber die ganze Tradition der Mallakönige übernahmen. Lediglich ihre Sprache, das Gorhkali, das heutige Nepali, wurde eingeführt und ist zur Staatssprache geworden. Die Mallakönige hatten sogar die Engländer zu Hilfe gerufen, die aber von den Gurkha zurückgeschlagen wurden. Die letzten Verteidiger der Hauptfestung Kathmandus hatte man zwar nicht getötet, aber ihnen — 865 an der Zahl — die Nasen abgeschnitten.

Die Gurkha wurden die Herren des Himalaja

In den späteren Jahrzehnten weiteten die Gurkha Nepal fast auf das Doppelte seiner heutigen Größe aus, bis nach Bhutan im Osten und bis an den Garhwal Himal im Westen. Den Expansionsgelüsten im Norden wurde aber durch ein 10.000 Mann starkes Heer des chinesischen Kaisers ein Ende gesetzt, das sehr rasch vor den Toren

*) Die Bezeichnung „Gurkha" dürfte sich aus „Gurung", einem Volksstamm in Zentralnepal, und „Khas", der Bezeichnung für Kinder aus Mischehen von Kshatriya mit Newar, Gurung usw., ableiten.

Kathmandus stand. Nur ein demütiges Friedensangebot und die Zusicherung regelmäßiger Tributzahlungen konnte die Chinesen vor einer Besetzung Kathmandus abhalten. Bis 1908 wurde dieser Tribut in das rund 160 Tagesmärsche entfernte kaiserliche Peking in regelmäßigen Fünf-Jahres-Abständen gebracht.

Aber auch nach Süden war der Expansionsdrang groß, was schließlich die Engländer bewog, 1814 Nepal den Krieg zu erklären. Einer großen Streitmacht von 30.000 Mann standen nur rund 12.000 schlechter bewaffnete Gurkha gegenüber. Als die Engländer bereits 35 km vor Kathmandu standen, wurde ihnen ein Friedensvertrag angeboten und in diesem Sikkim sowie die im Westen und Süden eroberten Gebiete wieder an Indien zurückgegeben. Seit dieser Zeit hat Nepal seine heutige Form. Außerdem mußten sich die Nepali britische Residenten gefallen lassen. Diese waren zum Teil sehr bedeutende Persönlichkeiten, und so wurde bald aus der ehemaligen Feindschaft eine enge Freundschaft.

Fremdenlegionäre vom Himalaja

Die Engländer hatten die unglaubliche Tapferkeit der Nepali erkannt und erhielten die Erlaubnis, Soldaten (also Fremdenlegionäre) für eine Reihe von Regimentern zu rekrutieren. Diese stellen bis auf den heutigen Tag die berühmten Gurkharegimenter. Die Soldaten werden relativ gut bezahlt und in der Regel nach 15jähriger Dienstzeit entlassen, wobei sie dann auf Lebenszeit eine bescheidene — aber für nepalische Begriffe recht bedeutende — Pension beziehen, die für die gesamte Wirtschaftslage Nepals bis vor kurzem nicht unerheblich war.

Seit der Unabhängigkeit Indiens setzt dieser Staat die Tradition der Gurkharegimenter fort, aber auch Großbritannien rekrutiert heute noch jeweils einige Truppeneinheiten. — Die Gurkha haben übrigens am Ersten*) und Zweiten Weltkrieg teilgenommen, in Malaysia bis zum letzten Mann gekämpft und den Deutschen bei der Verteidigung Monte Casinos sowie in El Alamein sehr hart zugesetzt.

Die Macht lag bei den Ranas

Vom Beginn des 19. Jahrhunderts an war die Macht des Premierministers immer größer geworden, und hiebei hatten sich die Mitglieder der Familie der Ranas in den Vordergrund gespielt. Daher lag 100 Jahre lang die wirkliche Macht nicht beim

*) Im Ersten Weltkrieg kämpften 50.000 Gurkha auf Seite der Engländer.

König, sondern bei den Maharadschas aus der Familie der Rana, welche sich 1856 diesen Titel zugelegt und die Erbfolge hiefür eingeführt hatten. Vom ersten König von Gurkha und Kathmandu, Prithwi Narayan, führt die Linie der Monarchen zwar ununterbrochen bis zum jetzigen König Birendra, und dieser Zustand dauerte bis 1951 an. Die Könige hatten während dieser Zeit nur repräsentative Aufgaben zu erfüllen und lebten sozusagen in einem goldenen Käfig.

Die „unreine" Erde Europas

Die markanteste Gestalt dieser Maharadschas war Jang Bahadur, der sogar einen erfolgreichen Krieg mit Tibet führte und im Friedensvertrag von 1856 erreichte, daß Tibet jährlich 10.000 Rupien Tribut an Nepal zu bezahlen hatte und einen nepalischen Residenten in Lhasa zulassen mußte. Bis 1953, also noch nach der Besetzung durch Rotchina, entrichtete Tibet diesen Tribut, und der Vertreter Nepals übte bis 1959, bis zum tibetischen Aufstand in Lhasa, seine Funktion aus. Jang Bahadur war der erste Herrscher Nepals, der es wagte, Europa zu besuchen und die für einen Hindu unreine europäische Erde zu betreten. Er verlor damit automatisch sein Kastenrecht, was er nach seiner Rückkehr durch umständliche Sühne- und Reinigungszeremonien wiedergutzumachen hatte. (Ähnliche Prozeduren wurden übrigens auch mit den Gurkha-Fremdenlegionären durchgeführt.)

„Mit der Bibel kommt das Bajonett ..."

Auf die Verhältnisse in Nepal unter den Ranas, deren Herrschaft für die totale Isolierung Nepals bis in unsere Zeit und für die technische Rückständigkeit verantwortlich ist, muß im folgenden noch kurz eingegangen werden: Um die Ansprüche der Familienmitglieder der Ranas auf die Staatsposten zu regeln, gab es je nach der Vornehmheit der Herkunft der Frauen eine Unterteilung in A-, B- und C-Ranas. Die A-Ranas wurden mit 21 Jahren automatisch Generäle, die B-Ranas Oberstleutnant, und die C-Ranas begannen als Leutnants ihre Karriere. — Die Armee wurde während der Ranazeit nach englischem Vorbild eingerichtet, war aber nie stärker als etwa 20.000 Mann.

Ein Schulwesen gab es unter den Ranas überhaupt nicht, denn schulische Erziehung galt den Ranas als für sie gefährlich und wurde daher strikte untersagt. Selbst auf die Einrichtung einer Bibliothek stand Gefängnisstrafe. Die Isolierung des Landes wurde streng aufrechterhalten, und es war keinem Ausländer erlaubt, sich niederzulassen oder auch nur als Tourist einzureisen. Diese Abgeschlossenheit galt ursprünglich als Abwehr gegen Missionare und den ihnen nachfolgenden Händlern, wobei der in Indien gängige Spruch die damalige Meinung sehr klar aufzeigt: „Mit der Bibel kommt das Bajonett, mit den Missionaren kommen die Kanonen!"

Nur die Ranas trugen Sonnenbrillen

1951 gab es nicht einmal zehn graduierte Akademiker, und Nepal war in technischer Hinsicht um gut zwei Jahrhunderte gegenüber der europäischen Entwicklung zurück. Während der letzten 100 Jahre war Nepal sozusagen zum Privatunternehmen der Ranas geworden. Modern in unserem Sinn waren nur die mehr als 20 luxuriösen Paläste der Ranas, die heute noch zum größten Teil zu sehen sind. Sie sind im allgemeinen dem europäischen Stil von 1880 bis 1900 nachgebaut und entsprachen auch in der Inneneinrichtung dem Geschmack jener Zeit. Der größte Palast Singha Durbar wurde von französischen Architekten geplant und dient mit seinen 1600 Räumen der nepalischen Regierung als Amtssitz. Die hofseitigen Teile des Palastes brannten 1973 gänzlich ab, und heute ist nur der Frontteil mit seinen Räumlichkeiten im alten Glanz zu sehen. Nur in diesen Palästen — und sonst praktisch nirgends in Nepal — gab es Uhren, europäische Möbel, Spiegel, Badewannen und sogar elektrische Klaviere.

Jeder der Rana-Maharadschas besaß zur Unterstreichung seines Ansehens einige hundert Elefanten. Zur großen Jagdeinladung für den englischen König im Jahre 1911 hatten die Ranas 600 Elefanten beigestellt und eine Zeltstadt für über 10.000 Personen errichtet. Autos gab es für die Ranas schon seit den zwanziger Jahren, obwohl es nur im Kathmandutal einige Kilometer befahrbarer Straßen gab. Die Autos wurden von Trägern über die 2500 m hohen Pässe des Mahabharat Lekh in die Hauptstadt getragen. Die Ranas lebten wirklich wie Halbgötter, denn kein normaler Bürger durfte sich dem Amtspalast des Maharadschas nähern. Übrigens war sogar das Tragen einer Sonnenbrille nur den Ranas erlaubt.

Die ersten technischen Errungenschaften

Es gibt aber auch Positives über die Ranas zu berichten. So gab es in den zwanziger Jahren einen relativ fortschrittlichen Herrscher, der die Sklaverei abschaffte und

Bild rechts: Einer der ganz wenigen „Wegweiser" im Himalaja.
Bild umseitig: Oben: Thamang-Frau beim Wasserholen.
Unten: Selbst einfache Bauernhäuser sind häufig mit prächtigen Holzschnitzereien verziert.

1 Million Dollar aufwendete, um die damals noch existierenden 50.000 Sklaven freizukaufen. Er ließ zwei kleine Kraftwerke bauen, die heute noch für die Stromversorgung Kathmandus von Bedeutung sind. Unter ihm wurde eine kleine Stahlindustrie aufgebaut, die ersten ordentlichen Brücken und eine Seilbahn errichtet, die Güter nach Kathmandu befördert. — Und noch eine „positive" Seite der Rana-Herrschaft wäre zu vermerken: daß wir Touristen eine Kultur vorfinden, die hochinteressante mittelalterliche Züge trägt.

Ein kurzes Zwischenspiel der Demokratie

Langsam regten sich aber auch in Nepal demokratische Kräfte, die nach der Unabhängigkeit Indiens dorthin flohen und durch die indische Kongreßpartei Hilfe erhielten. König Tribhuvana, der Ende der vierziger Jahre praktisch ein Gefangener der Ranas geworden war, sympathisierte mit den nepalischen Exilpolitikern und floh schließlich 1950 mit Hilfe der indischen Botschaft nach Delhi. Gleichzeitig rückten die Chinesen in Tibet immer näher an die Grenze Nepals heran, so daß unter dem Druck dieser Ereignisse der König 1951 nach Kathmandu zurückkehrte.

Er bildete die erste demokratische Regierung, starb aber bereits 1955, worauf bis 1959 wieder eine politisch unruhige Zeit kam. Sein Sohn Mahendra wurde erst 1959 König und schrieb die ersten demokratischen Wahlen aus, in denen die Kongreßpartei 75% der Sitze erhielt. Aber bereits 1960 setzte der König die Regierung ab, verbot alle politischen Parteien und proklamierte 1962 die neue Verfassung (siehe Anfang dieses Kapitels!). Wie in vielen anderen Entwicklungsländern, scheint auch in Nepal eine demokratische Regierungsform im europäischen Sinne tatsächlich noch nicht zweckmäßig zu sein. Das jetzige System lehnt sich etwa an jenes von Pakistan an. Es entspricht einem Land, in dem es Reiche und Arme, aber noch keine Mittelklasse gibt, vielleicht noch am ehesten. Mit Recht verlangt die politisch gebildete Jugend aber ein baldiges Ende der Feudalherrschaft, um jedem Staatsbürger gleiche Chancen einzuräumen.

Moderne Reformen

Der König ist sehr bemüht, die bereits 1955 eingeführte Landreform voranzutreiben, die Kastenprivilegien abzubauen, und das Verbot, höhere Zinsen als 10%

Bild umseitig: Eine der vielen Mallakönig-Statuen (Bhupatindra Malla).
Bild links: Oben: Lustig flattern die Gebetswimpel von der vergoldeten Spitze der Stupa von Swayambunath (der Turm ist mit Bambusmatten vor den Monsunregen geschützt).
Unten: Prachtvolle Thankas locken zum Kauf.

zu nehmen, auch durchzusetzen. (Kredite der Feudalherrn mit Zinssätzen zwischen 25 und 50% waren durchaus üblich!) Neben den wirtschaftlichen Problemen, auf die in einem eigenen Kapitel gesondert eingegangen wird, ist aber vor allem am Bildungssektor noch unendlich viel nachzuholen. Es gibt erst 7000 fünfjährige Elementarschulen, die nur für 30% der schulpflichtigen Kinder reichen. Rund 70.000 Schüler besuchen die 800 Sekundarschulen (6. bis 10. Schuljahr), und 10.000 Studenten die Hochschulen und angegliederten Colleges.

Die Hilfe Chinas, Indiens und der USA

Recht gut sind heute die Beziehungen Nepals zu der Volksrepublik China und Indien. Nach einem Besuch Tschou En-Lais wurde 1956 ein Freundschaftsvertrag unterzeichnet, und die Chinesen bauten anschließend eine Straße von Lhasa nach Kathmandu (den Aniko-Highway), die später bis Pokhara verlängert wurde. Im Grenzabkommen zwischen China und Nepal von 1960 konnte schließlich die bisherige Grenzziehung bestätigt werden, nachdem der Mount Everest vorerst als zum chinesischen Hoheitsgebiet gehörig betrachtet worden war.

Die Inder bauten ihrerseits eine Straße vom Süden nach Kathmandu (den Tribhuvana Raj Path) und leisteten weitere wirksame Hilfe durch die Errichtung des Flugplatzes Gauchar in Kathmandu, dem Bau des großen Trisuli-Kraftwerkes, der Errichtung von Bewässerungsanlagen usw.

Schon der Vorgänger des jetzigen Königs unternahm mehrere Reisen in die wichtigsten Staaten der Welt, tauschte Botschafter aus, und Nepal trat auch der UNO bei, um seine Unabhängigkeit international rückzuversichern. Über die Neutralität wachen heute aber nicht nur die beiden angrenzenden Großmächte, sondern auch die UdSSR und die USA, welche einen beachtlichen Entwicklungshilfestab in Nepal installiert haben.

1976 = 2033

Zum Abschluß des Kapitels über die Geschichte Nepals sei schließlich noch vermerkt, daß es dort schon verschiedene Zeitrechnungen gegeben hat, seit Ende des 19. Jahrhunderts aber das Jahr 58 vor Christi als das Jahr Null gilt. Das Jahr 1976 ist in Nepal ab Mitte April (dem Jahresbeginn) somit bereits das Jahr 2033. (Jeder der 7 Wochentage ist übrigens einem Gott geweiht, und der wöchentliche Ruhetag ist der Samstag. Außerdem wird das Jahr in 6 Abschnitte zu je 2 Monate eingeteilt.)

Religionen und Feste in Nepal

Nepals Kultur und auch der Alltag seiner Bewohner werden bis zum heutigen Tage von den beiden großen Religionen geprägt — dem **Hinduismus** und dem **Buddhismus.** Im Süden Nepals kommt der Hinduismus, im Norden der Buddhismus und im Mittelland beide Religionen nebeneinander vor; dies ist allerdings eine sehr grobe Einteilung.

Der Siegeszug des Buddhismus

Es kann mit Sicherheit angenommen werden, daß vor der Geburt Buddhas die Bewohner Süd- und Mittelnepals Hinduisten waren, während im Norden die Bon-Religion*), der Schamanismus**) und Naturreligionen verbreitet waren. Der Buddhismus trat dann besonders im Norden, aber auch im Mittelland seinen Siegeszug an, und erst die Eroberung Mittelnepals im 18. Jahrhundert durch die streng hinduistischen Gurkha drängte dort den Buddhismus wieder zurück. So haben z. B. die Newar des Kathmandutales einen hinduistischen und einen buddhistischen Zweig entwickelt, wobei sich beide Konfessionen gegenseitig stark beeinflußt haben. Insgesamt dürfte es heute in Nepal etwa 60% Hindus und 40% Buddhisten geben.

Christus und Mohammed — „Inkarnationen Vishnus"

Typisch und bewundernswert ist aber auch die gegenseitige Toleranz der beiden Religionen, die vielleicht deswegen gegeben ist, weil beide nie eine kirchliche

---

*) Auch Bön-Religion genannt. Nach dieser Religion existieren mehrere Seelen im menschlichen Körper, die bei kranken Personen z. B. den Körper verlassen und durch Rituale zurückgeholt werden müssen. Himmel und Erde sind durch böse Taten der Menschen getrennt usw.

**) Schamanismus ist ein alter Geisterglaube, nach welchem der Schamane u. a. imstande ist, die Seelen verstorbener Personen als Totengeleiter zu führen. Die Priester waren befähigt, in Ekstase die Zukunft zu weissagen usw.

Organisation entwickelt haben. Gautama Buddha ist die neunte Inkarnation*) einer ihrer beiden obersten Gottheiten, nämlich Vishnus, sagen die Hindus und beseitigen damit auf einfache Art die eventuell auftretenden Schwierigkeiten. Aber auch der jeweilige König Nepals ist für die Hindus eine später rangierende Inkarnation Vishnus. (Auch Christus und Mohammed stehen übrigens weiter hinten irgendwo in dieser „Inkarnationsrangliste".) Für die Buddhisten wiederum ist der nepalische König ein „Bodhisattva", das ist ein Mensch auf den letzten Stufen vor der Buddhawerdung, vor der letzten Erleuchtung. Der **Hinduismus** kennt neben dem Schöpfer „Brahma", dessen Verehrung heute stark in den Hintergrund getreten ist, zwei Hauptgötter, nämlich Vishnu und Shiva.

Vishnu ist der große Bewahrer und Erhalter, das statische Element. Durch seine verschiedenen Inkarnationen (Buddha an 9. Stelle) befreit er die Welt vom Bösen. Er wird immer vierarmig dargestellt; mit Lotosblüte, Muschel, Keule und einer Diskusscheibe. Sein Reittier ist der Vogel Garuda. Seine Frau Lakshmi ist die Göttin der Schönheit und des Glücks.

Shiva — höchstverehrter Gott

In Nepal steht aber die Gottheit Shiva in höheren Ehren. Sie verfügt über zerstörende und über aufbauende, schaffende Kräfte. Shivas dynamische Wesenszüge haben den militanten Gurkhas immer besser entsprochen, und so ist er auch der Gott des nepalischen Nationalheiligtums Pashupatinath. Er wird vierarmig dargestellt und hält in seinen Händen den heiligen Dreizack (trisula), einen Bogen, ein Seil und eine Trommel. Sein Reittier ist der heilige Stier „Nandi", dessen Denkmal in Pashupatinath übrigens als eine der wenigen Kultstätten in Nepal von Andersgläubigen nicht betreten werden darf. Die schaffende Kraft Shivas wird vor allem durch den Lingam (auch Linga), den immer wieder dargestellten Phallus, symbolisiert, der meist auf Yoni, der Vagina, ruht. Shiva wird eigenartigerweise auch öfter in einer weiblichen Form dargestellt, und deren Sohn ist der in Nepal allseits beliebte elefantenköpfige Gott Ganesh, der zur Beseitigung aller möglichen Schwierigkeiten von den Gläubigen angerufen werden kann. Er wird immer nur mit einem Stoßzahn dargestellt, hat um seinen Bauch eine Schlange gewickelt und reitet auf einer Ratte.

Hanuman, der „General" der Affen

Der Affengott Hanuman ist eine wichtige Gestalt des uralten indischen Epos Ramayana, in dem der gottähnliche „General" des Affenheeres dem Prinzen Rama

*) Wiedergeburt, Fleischwerdung.

hilft, seine entführte Gemahlin dem bösen Dämonenkönig zu entreißen.

Schließlich wäre noch die Göttin Sarasvati, die Beschützerin der Wissenschaft und Kunst, zu nennen. Sie ist die Gattin Brahmas und wird ebenfalls vierarmig dargestellt; mit Buch, Laute, Rosenkranz und Wassertopf.

Die „heiligen" Kühe

Ein besonderes Phänomen des Hinduglaubens sind die „heiligen Kühe", die als Symbol der Mütterlichkeit und des Friedens hoch verehrt werden. Es gibt in Nepal heute noch Strafen bis zu mehreren Jahren Gefängnis, wenn man eine Kuh tötet. Auch die Ochsen sind heilig, nicht aber die Stiere und Büffel, die ja häufig geopfert werden. Die in den Straßen der Städte herumstreunenden Kühe sind meistens zuchtuntaugliche Tiere, die von den Bauern nicht getötet werden dürfen, wie dies außerhalb des Hindubereiches überall auf der Erde geschieht; sie werden eben nur vom Anwesen verjagt. Oft werden die Rinder aber nur des Morgens zur Nahrungssuche auf die Straße getrieben.

Wiedergeburt im Kreislauf des Lebens

Grundsätzlich beruht der Hinduismus auf der Tatsache, daß die Welt in ständigem Entstehen und Vergehen begriffen ist und daß alle Lebewesen eine Stufenleiter bilden, die bei den Pflanzen beginnt und über Tier und Mensch bei den Göttern endet. Die Menschheit ihrerseits ist in viele Stufen eingeteilt, auf deren obersten die Hindukasten stehen. Die höchste ist die der Brahmanen. Die Zugehörigkeit zu einer Kaste ist kein Zufall, sondern das Ergebnis guter oder böser Handlungen in den vorangegangenen Leben. Je höher die Kaste ist, um so eher muß man sittliche Vorschriften beachten. (Die Kaste wird übrigens den beiden Namen einer Person als dritte Bezeichnung beigefügt.)

Yoga — der Weg zum Wissen

Theoretisch ist der Hinduismus die einfachste aller Religionen. Er hat keine zentrale Autorität, keine Hierarchie, keine Offenbarung, vor allem auch keinen starren Moralkodex. In der Praxis ist er aber so vielschichtig, daß zahllose Gurus (das sind religiöse Lehrer) täglich stundenlang auf den Straßen Indiens religiöse Fragen vor aufmerksamen Schülern und interessierten Zuhörern erörtern.

Natürlich gibt es auch eine Hindu-Ethik, welche Reinheit, Selbstbeherrschung, Abgeklärtheit, Wahrheit, Gewaltlosigkeit, Barmherzigkeit und Mitleid gegenüber aller lebenden Kreatur verlangt.

Die hinduistische Lehre meint, daß, wenn Gerechtigkeit und Güte unter den Menschen vom Bösen beherrscht werden, das Gute in neuer Gestalt wiedergeboren wird, um die Gerechtigkeit aufs neue zum Sieg zu führen.

Die verschiedenen Wege des Yoga verhelfen den Menschen zum Wissen über die letzten Dinge.

Was Benares und der Ganges für Indien sind, das sind Pashupatinath und der Bagmati für Nepal. Von weit her lassen sich Kranke und Sterbende transportieren, um möglichst im Heiligtum Shivas, in Pashupatinath, zu sterben. Hier schafft Shiva im besonderen Maße die Möglichkeit zur neuen Wiedergeburt, zum Kreislauf des Lebens.

Tieropfer — hauptsächlich Hühner und Ziegen — werden den Göttern an vielen Stellen dargebracht. Berühmt ist hiefür der 20 km von Kathmandu entfernte, romantisch gelegene Ort Dakshin-Kali. Wie vielerlei Einflüssen der Hinduismus in Nepal ausgesetzt war, bezeugen schließlich aber die Menschenopfer, die an wenigen Orten bis ins 20. Jahrhundert herein vorgekommen sind. So wurden tantrischen*) Göttinnen in den kleinen Städtchen Harisiddhi und Khokana regelmäßig Menschenopfer dargebracht und auch immer wieder Gefangene geopfert!

Religion ohne Gott

Der **Buddhismus** verschwand in Indien vor rund 600 Jahren fast vollständig, blieb aber in Nepal dank der Abgeschiedenheit des Landes lebendig.

Der Ausgangspunkt der buddhistischen Lehre ist der Grundsatz vom Leiden, zusammengefaßt in den „Vier Wahrheiten", die Buddha in Benares verkündete: 1. Alles Leben ist dem Leiden unterworfen. 2. Ursache des Leidens sind die Leidenschaften. 3. Die Befreiung von den Leidenschaften und auch vom Willen zum Leben hebt das Leiden auf. 4. Der Weg zur Aufhebung des Leidens ist ein achtfacher: rechte Anschauung, rechte Gesinnung, rechtes Reden, rechtes Handeln, rechtes Leben, rechtes Streben, rechtes Denken und rechtes Sich-Versenken!

Alle Wesen unterstehen zwar dem Gesetz des Wiedergeborenwerdens, doch kann die strikte Befolgung der Lehre und Regeln Buddhas jeden einzelnen direkt aus dem

*) Tantrismus = Lehre, nach der alles im Weltall in mystischer Verbindung zueinander steht. Dem weiblichen Prinzip wird in der tantrischen Tradition eine gleich wichtige Rolle zuerkannt wie dem männlichen.

Kreislauf der Geburten lösen und in das Nirwana, in den Zustand des endgültigen Erlöschens, hineinführen. Hierin unterscheidet sich der Buddhismus vom Hinduismus sehr stark, und außerdem werden nicht Götter hoch verehrt, sondern diese spielen eine mehr untergeordnete Rolle als Vermittler für irdische Wünsche. Der Buddhismus ist also — streng formuliert — eine Religion ohne Gott.

Der Buddhismus hat sich im Laufe der Jahrhunderte stark gewandelt und auch aufgespalten.

Die vier buddhistischen Religionsformen

1. Das „Kleine Fahrzeug" = „Hinayana". Es ist die konservative Urform, die in Ceylon und Südostasien praktiziert wird. Sein Idealbild besteht darin, die Buddhaschaft zu erwerben.

2. Das „Große Fahrzeug" = „Mahayana". Es ist die liberalere Richtung, die aber auch einen reichen Götter- und Dämonenhimmel mit einschließt. Seine Anhänger streben danach, auf den Eintritt in das Nirwana zu verzichten und als Bodhisattva wieder zur Erde zurückzukehren und anderen zu helfen.

3. Das „Diamantene Fahrzeug" entspricht den alten Naturreligionen Nepals am ehesten. Es enthält Zauberformeln der alten tantrischen Lehre, bei der weibliche Gottheiten besonders verehrt, blutige Tieropfer dargebracht werden und auch Erotik eine gewisse Rolle spielt.

4. Der lamaistische oder tibetische Buddhismus, der sich in den Hochtälern Nepals bei den Sherpa, Bothya, Tamang und Gurung ziemlich rein erhalten hat.*) Er ist von der Bon-Religion und vom Schamanismus stark beeinflußt, was etwa beim „Tibetischen Totenbuch" offenkundig wird. Dieses gibt z. B. detaillierte Anweisungen für die 49 (!) Tage Zwischendasein zwischen Tod und Wiedergeburt.

Die Buddhisten Mittelnepals huldigen Mischformen des „Großen und des Diamant-Fahrzeuges", besuchen aber auch die hinduistischen Heiligtümer und verehren die dortigen Gottheiten unter anderen Namen. Bei den Newar ist es sogar oft schwierig zu unterscheiden, ob sie nun letztlich Buddhisten oder Hinduisten sind.

Der Bergsteiger wird in den hochgelegenen Tälern Nepals immer wieder auf den **lamaistischen Buddhismus** und seine charakteristischen Erscheinungsformen stoßen, weshalb im folgenden Absatz näher darauf eingegangen wird.

---

*) Siehe auch Kapitel über die Sherpas.

Besonders in den nördlichen Teilen Nepals gibt es eine ganze Reihe von Klöstern, sogenannten Ghompas (auch Gonpa oder Gönpa). In ihnen residiert der Oberlama, und in der Regel sind sie mit 2 Tempelräumen ausgestattet. Die meisten Ghompas im Sherpaland sind Steinbauten, außen mit Lehmmörtel verschmiert und charakteristisch braunviolett gefärbelt. Die Dächer sind oft pagodenartig geformt und mit Holzschindeln gedeckt (heute leider gelegentlich auch schon mit Blech). Die vorspringende Dachunterseite und sämtliche Fenster- und Türrahmen sind verziert und bunt bemalt. Besonders farbig leuchten die völlig mit Holz verkleideten Innenwände der Tempelräume, die Stellagenfächer für die „heiligen Bücher" und die Umrahmungen für die Buddhaaltäre. Dazwischen immer wieder die blau, rot und grün gemalten Schutzgötter an den Wänden; häufig Julkhor-Sungh, der „Königswächter des Ostens", der die Saiten seiner Gitarre zupft, aber auch die „Wächter" der anderen drei Himmelsrichtungen.

Die Buddhastatuen werden praktisch nur in vier immer wiederkehrenden Stellungen gezeigt:

a) Sitzend, mit den Händen übereinander, nahe beim Nabel = Meditation.

b) Mit überkreuzten Beinen, die linke Hand im Schoß, die rechte auf dem Knie = Erleuchtung.

c) Mit erhobener rechter Hand = lehrend.

d) Liegend = Eintritt ins Nirwana.

Die Statuen findet man häufig mit weißen, durchsichtigen Stoffschals, den Kattas, behängt. Man erhält diese auch als Freundschaftsschärpen, etwa beim Empfang durch den Oberlama. Die meisten Götterskulpturen sind aus bemaltem Stuck hergestellt.

Trompeten aus Schienbeinen von Nonnen

In den Ghompas fallen auch verschiedene sakrale Musikinstrumente auf: Muschelhörner, Trompeten und 3 m lange, teleskopartig auseinanderzuziehende Hörner, ähnlich den Alphörnern in der Schweiz; sie werden „sangdung" genannt und

Immer wieder begegnet man im Kathmandutal prachtvollen Holzschnitzereien (Fenster am alten Königspalast in Kathmandu).

stammen aus Tibet. Besonders interessant sind die Kanglings, die Knochentrompeten, die häufig aus den Schienbeinen von Nonnen verfertigt, mit Leder überzogen und mit Kupferdraht umwickelt sind. Mit ihnen wird der Beginn der religiösen Tänze bei Klosterfeierlichkeiten angekündigt. Bei diesen Tänzen tragen die Mönche häufig Bakbas, bunt bemalte, fratzenhafte Tonmasken, welche die Dämonen und bösen Geister darstellen. Bei den großen Mönchsfesten, die oft mehrere Tage dauern, tanzen die Lamas uralte Pantomimen mit starker Symbolkraft und vollführen verschiedenartigste rituelle Zeremonien. Besonders berühmt ist das „Mani Rimdu", das große Tanzfest der Klöster Tengpoche und Thame im Mai und die nach rein tibetischem Ritus verlaufenden Tanzfeste in den Thakal-Orten im Kali-Gandaki-Tal im Oktober/November. 108 ist übrigens die heilige Zahl der Buddhisten, so hat der „Rosenkranz" 108 Perlen, stehen 108 Figuren in den Tempeln und die Frauen trugen früher 108 Zöpfe. 108mal wird das „Om mani padme hum" hintereinander aufgesagt.

Thankas — buddhistische Ikonen

Besonders bedeutungsvoll und manchmal auch entsprechend wertvoll sind die Thankas (auch Thangka). Diese sind auf Seide oder anderen Stoff in leuchtenden Farben im Miniaturstil gemalte heilige Bilder, welche vielfach in den Tempelräumen aufgehängt sind. Auf Nepali wird die Thanka auch Paubha genannt, und es gibt grundsätzlich 2 Arten davon:

1. Pata: Im Zentrum sitzt eine Gottheit, die von vielen niedrigeren Göttern umgeben ist.
2. Mandala: Im Zentrum befindet sich ein Kreis (= „Mandala"), um den die Götter und Glückssymbole geometrisch angeordnet sind. Mandala symbolisiert den Kosmos und dient auch als Konzentrationsübung.

Besonders wertvoll sind die Thankas mit der sogenannten „Versammlung der tausend Buddhas". Hier sitzt Buddha in der Mitte auf dem Lotosthron und in Goldmalerei um ihn herum viele kleine Buddhas (meist sind es aber nicht mehr als 200 bis 300). Die Kunst, Thankas zu malen, wird in mehreren Klöstern gelehrt und nach bestimmten Vorbildern und Regeln ausgeführt.

Auch unterwegs dreht die mit der traditionellen quergestreiften Schürze und dem Wickelrock bekleidete Sherpa-Frau ihre Wollspindel.

Gebetsfahnen und Gebetszylinder

Die Gebetsbücher und sakralen Schriften sind nicht gebunden. Die aus handgeschöpftem Papier erzeugten und mit geschnitzten hölzernen Druckstöcken bedruckten oder auch handgeschriebenen wertvollen Blätter sind nur lose übereinandergelegt und werden zwischen zwei, häufig mit Leder eingefaßten Brettern in Wandfächern aufbewahrt. Heinrich Harrer schreibt hiezu: „In Tibet fand man früher in jedem wohlhabenden Haus sowohl sämtliche Bände der tibetischen Bibel als auch die 240 Bände ihrer Auslegung."

Manche Sherpas beherrschen die Schnitzkunst und fertigen mit unglaublichem Geschick, aber auch großer künstlerischer Begabung die Druckstöcke, bei denen die (tibetischen) Schriftzeichen natürlich in Spiegelschrift geschnitzt werden müssen. Häufig hängen vor den Gebäuden an großen Masten die schmalen Gebetsfahnen oder flattern die Gebetswimpel an langen Schnüren. Wasserräder drehen kleinere Gebetszylinder, andere mit gewaltigen Durchmessern werden von den Gläubigen händisch weiterbewegt, und Mönche wie Laien drehen die kleinen Hand-Gebetszylinder (fälschlich immer wieder Gebetsmühlen genannt). Die Gebetsfahnen sind in folgenden Farben zu sehen: Blau = Himmel, Weiß = Wolken, Grün = Wasser, Gelb = Erde und Rot = Feuer. Fahnen und Zylinder haben eines gemeinsam: sie sind vor allem mit dem Spruch „Om mani padme hum" bedruckt bzw. beschriftet. Wörtlich übersetzt heißt er: „Oh, du Kleinod oder ‚Juwel' im Lotos." Mit dem Kleinod ist Buddha gemeint, der aus einer Lotosblüte geboren sein soll. — Durch das Flattern im Wind und das ständige Drehen der Zylinder werden Gebetssprüche und heilige Gedanken in den Äther hinausgesandt und in der Welt immer mehr angehäuft, bis darin schließlich kein Platz mehr für das Böse vorhanden ist.

„Manimauern" werden links umgangen

Typisch für das Land der tibetischen Buddhisten sind die auf Paßübergängen oder anderen bemerkenswerten Geländepunkten errichteten „Manimauern". Es sind 1 bis 4 m hohe, geschlichtete Steinmauern, an deren Seiten Steintafeln mit dem eingemeißelten Spruch „Om mani padme hum" angebracht sind. An Manimauern und auch an anderen buddhistischen Heiligtümern geht man der Sitte gemäß immer links vorbei bzw. im Uhrzeigersinn herum. Diese Übung zielt darauf hin, den Menschen seines Egoismus zu entledigen; so wird es zumindest erhofft.

Bei gewissen Zeremonien werden auch eigenartige, pyramidenähnliche Gebilde mit Fadenkreuzen, sogenannte „Geisterfallen", errichtet, die zur Beschwörung der Erd-

und Himmelsdämonen dienen sollen. Unmittelbar neben den Manimauern oder auch alleine stehend, finden sich häufig Tschorten (auch Tschörden). Es sind dies aus Steinen geschlichtete Denkmäler, in denen Lamas oder geistliche Texte begraben sind. Ihre Spitzen sind häufig mit Gebetsfahnen und Wimpeln geschmückt, und ihre charakteristischen Formen haben eine bestimmte Bedeutung: Der rechteckige Sockel symbolisiert die Erde, der runde Mittelbau das Wasser, die daraufgesetzte Säule mit ihren 13 Ringwülsten das Feuer, der meist darüber noch angeordnete Halbmond die Luft und die Flamme an der Spitze den geistigen Bereich.

Die Stupas bergen archäologische Schätze

Architektonisch in viel ausgefeilterer Form sind die großen Stupas errichtet, in denen Reliquien Gautama Buddhas selbst bestattet sein sollen. Ursprünglich waren Stupas altindische Grabhügel. Sie durften bis zum heutigen Tage noch nicht geöffnet werden und bergen wahrscheinlich historisch und archäologisch bedeutsame Schätze. Es sind gewaltige gemauerte Halbkugeln, die von einem bronzenen (oft vergoldeten) Turm überragt werden, auf welchem in allen vier Himmelsrichtungen die Augen des Allwissenden aufgemalt sind. Die auch von Indien (und früher aus Tibet und China) anreisenden Pilger bringen an Schnüren aufgereihte Gebetsfahnen mit, die dann von der Spitze der Stupa aus in alle Richtungen gespannt werden und ein unglaublich farbenfrohes und festliches Bild ergeben. Die Pilger bringen auch den wertvollen Safran als Opfergabe mit, der mit Wasser angerührt über die Kuppel geschüttet wird. Nach den Festtagen wird der Stupa dann wieder weiß gekalkt.

Der größte Stupa der Erde

Der größte Stupa der Erde ist jener von Bodnath, einige Kilometer außerhalb Kathmandus, wo der Chinia-Lama im angeschlossenen Kloster als Stellvertreter des Dalai-Lama seinen Sitz hat. (Wie der Name besagt, ist er seinerzeit aus China eingewandert.) Sehr bedeutend ist auch der ebenfalls riesenhafte Stupa von Swayambunath auf einem Hügel außerhalb Kathmandus, der in seiner jetzigen Form mindestens 1000 Jahre alt ist und tatsächlich Reliquien Buddhas enthalten soll. Auf seinem Gelände ist auch ein großer, vergoldeter Donnerkeil („Vajra“) ausgestellt, welcher wohl das wichtigste Symbol des tibetischen Buddhismus darstellt und das Absolute, das Wahre bedeutet. Auch in den Klöstern, welche diesen beiden Stupas im Kathmandutal angeschlossen sind, ist die Sakralsprache das Tibetische.

Die Oberlamas sind häufig Inkarnationen des verstorbenen Abtes. Stirbt der Abt, so werden in oft mühevoller und langwieriger Weise Knaben nach verschiedensten Merkmalen, Sternkonstellationen usw. überprüft, bis die Inkarnation gefunden ist. Das Kind und der Jüngling werden dann von einem Mönchskollegium sorgfältig erzogen, um langsam in die Aufgaben des Oberlamas hineinzuwachsen. Viele **Feste** werden in Nepal gefeiert, und alle haben ausnahmslos religiösen Charakter:

Das interessanteste Fest im Jahresablauf ist das **Macchendranath Jatra,** welches vor dem Monsunbeginn im Mai gefeiert wird. Macchendranath ist nämlich der Regen- und Erntegott; ihn gilt es gütig zu stimmen, damit der Monsunregen nicht ausbleibt und die Ernte reichlich ausfällt. Beide Religionen verehren ihn, und es ist eine weiße Macchendranathfigur in Kathmandu und eine rote in Patan aufgestellt. Letztere Figur befindet sich in einem fast 20 m hohen Tempelturm aus Holz, der für die Festzeit mit Bambusseilen auf einem riesigen Prozessionswagen festgemacht wird. In einem 2 Monate dauernden Zug wird der von etwa 200 Männern geschobene und gezogene schwere Wagen täglich ein Stück weitergeführt. Auf einem dahinter gezogenen zweiten Wagen, der einem Sohn oder einer Tochter Macchendranaths geweiht ist, fährt auch die kleine symbolische Göttin „Kumari" mit. Soldaten und heilige Männer gehen an der Spitze der Prozession, und eine riesige Menschenmenge verfolgt täglich das Weiterrücken der Wagen.

Im August oder September findet das 8 Tage dauernde **Indra-Jatra** statt. Es ist das Fest der Fruchtbarkeit, und auch dabei spielt die „lebende Göttin", die „Kumari", eine bedeutende Rolle. Es wird ein Lingam am alten Hauptplatz, am Hanuman Dhoka, aufgestellt, und an einem der nächsten Tage bewegt sich dann eine Prozession von 3 Tempelwagen durch die schmalen Gassen Kathmandus. Auf dem ersten Wagen sitzt die Kumari und auf den beiden anderen je ein Knabe als Inkarnation von Ganesh und Bhairav.*) — Am Ende der Festtage erteilt die Kumari dem König die Tika, das Farbzeichen aus Sandelholzpaste und Zinnober, auf die Stirn.

Kurz einige Erläuterungen über den Kumarikult: Die Kumari wird als kleines Mädchen aus den Familien der Goldschmiede, die zur obersten Kaste zählen, ausgewählt. Sie darf kein Blut sehen und geht ihres Amtes verlustig, wenn sie sich verletzt, spätestens aber beim Eintritt in die Geschlechtsreife. Über die Einführung dieses Kultes im 18. Jahrhundert gibt es mehrere Legenden. Die spektakulärste berichtet, daß die Göttin Taleju in Gestalt eines schönen Mädchens dem König erschienen sei. Dieser habe sich in sie verliebt, worauf die Göttin erzürnt und verschwunden sei. Sie habe sich nur bereiterklärt, in Gestalt eines Kindes zurückzukehren, solange dieses heranwachse und noch nicht geschlechtsreif sei.

---

*) Eine bestimmte Manifestation von Shiva.

Ende September, Anfang Oktober findet dann das wichtigste Fest des Jahres, **Durga-Puja, Dasera oder Dasain,** statt. Es dauert 10 Tage und symbolisiert den Sieg des Guten über das Böse. Jeder Tag hat hiebei eine andere Bedeutung. Am 5. Tag werden Papierdrachen steigen gelassen, der 7. Tag wird zu Ehren der Soldaten gefeiert, und am 9. Tag ist die große Opferung. Da werden Hühner, Ziegen und je nach dem Vermögen des Besitzers sogar Büffel geopfert, wobei der Kopf der Tiere mit einem einzigen Schlag des Kukri oder der schwereren Kora fallen muß. (Das Fleisch darf dann anschließend gegessen werden.)

Im Oktober oder November findet ein fünftägiges Fest, das **Tihar,** statt. Hiebei wird besonders der dritte Tag, das **Divali,** das Lichtfest, gefeiert. Am Vormittag werden die Kühe geschmückt, und am Abend werden viele Tausende Öllämpchen im ganzen Land entzündet und schwimmende Lichter auf den Flüssen ausgesetzt. An diesem Tag trägt jeder die Tika auf der Stirn, die vom Familienoberhaupt an seine Haushaltsmitglieder und vom König an seine hohen Beamten und Würdenträger ausgeteilt wird. An diesem und den beiden Folgetagen sind die Verbote von Alkoholgenuß und Spielen um Geld aufgehoben.

Im März findet schließlich noch **„Holi“**, das **„Farbenfest“**, statt: 8 Tage lang ist es erlaubt, sich mit Farbpulver zu bewerfen und mit Wasser zu bespritzen. Dem Touristen muß dringend geraten werden, derartigen Festzügen nicht zu nahe zu kommen, denn die Haut kann wohl durch ein Vollbad gereinigt werden, nicht aber die Kleidung.

Die angeführten Feste sind sämtliche mehr oder weniger hinduistisch, werden aber von den Buddhisten im Kathmandutal mitgefeiert. Höchster buddhistischer Festtag ist der Geburtstag (15. Februar) und Todestag (15. April) Gautama Buddhas. Ferner wird vom 4. bis 24. Jänner das sogenannte „Universalgebet“ gefeiert und am 4. Juni die „erste Predigt Buddhas“. In den Wintermonaten besuchen schließlich viele Pilger aus Nord- und Nordostnepal die heiligen Stätten Bodnath und Swayambunath.

Landwirtschaft

Grundlage der Volkswirtschaft

Ca. 90% der nepalischen Bevölkerung leben von der Landwirtschaft, womit dieser Wirtschaftszweig mit Abstand die größte volkswirtschaftliche Bedeutung für Nepal hat.

Natürlich handelt es sich um eine Landwirtschaft, die heute noch weithin nach uralter Tradition betrieben wird. Das heißt, daß weder ertragreiches Saat- und Pflanzgut noch leistungsstarke Kreuzungen und Zuchtprodukte bei den Haustieren, ähnlich wie in der Landwirtschaft der Industrieländer, zur Verfügung stehen. Weder mineralische Düngestoffe noch Pflanzenschutzmittel werden ausreichend angewandt, und vor allem fehlt es weithin an Verkaufsorganisationen und an günstigen Krediten für die notwendigen Investitionen der Bauern. Fast überall wird noch immer die Sichel statt der Sense, der hölzerne Ritzpflug statt des stählernen Wendepfluges und das Entlauben (Schneiteln) der Waldbäume statt Gewinnung von Heu als Vorratsfutter angewandt. Was aber der Entwicklung einer modernen, marktorientierten Landwirtschaft ganz besonders entgegensteht, das sind die strukturellen Schwächen, die ungünstigen Besitzverhältnisse einerseits und die fehlenden Straßen- und Transportverbindungen. — Und schließlich kann sich ein Bauernstand nur dann zeitgemäß entfalten, wenn er zur Bewältigung der vielseitigen Produktionserfordernisse eine gute Allgemeinbildung und eine erstklassige fachliche Ausbildung besitzt.

Sehr, sehr viel ist in Nepal in all diesen Bereichen noch aufzubauen, zu fördern und zu entwickeln.

Allergrößte Bedeutung kommt daher der **landwirtschaftlichen Entwicklungshilfe** zu. Es erscheint notwendig, auf diesen Bereich etwas näher einzugehen: Eine sinnvolle Entwicklungshilfe darf sich grundsätzlich nicht auf wirtschaftliche und technische

Einzelheiten beschränken, sondern muß vor allem bemüht sein, die Menschen mit dem Entwicklungsziel zu identifizieren. Hiebei muß in erster Linie einmal das Verhalten der Einheimischen studiert und vor allem die historische und religiöse Grundlage ihrer Kultur erfaßt werden.

Von den „Unterentwickelten" leben lernen!

Das Wort „unterentwickelt" darf immer nur auf die wirtschaftlichen und allenfalls noch auf die sozialen Umstände angewandt werden. Im Hinblick auf die Lebensart und Kultur haben wir Mitglieder der westlichen Zivilisation nämlich von den sogenannten „Unterentwickelten" häufig viel zu lernen. Gott sei Dank erkennen wir heute, daß die „Amerikanisierung" und der Standard einer Konsumgesellschaft nicht zur Maxime einer Volkswirtschaft und zum Maßstab der Lebensqualität gemacht werden dürfen. Gerade im Falle Nepal sind wir Europäer keineswegs nur die Gebenden und die anderen nur die Empfangenden. Ein großer Fehler wird gemacht, wenn man meint, die Formen der europäisch-amerikanischen Demokratie mit der technischen Entwicklungshilfe einführen zu müssen. Die Entwicklungsländer haben ganz andere geschichtliche Voraussetzungen gehabt als wir und sind eben vielfach für volle demokratische Regierungsformen noch nicht reif.

In diesem Zusammenhang muß auch betont werden, daß trotz grundsätzlichem Bekenntnis zur privaten Unternehmerinitiative ein völlig freier Kapitalismus für die Entwicklungsländer bedenklich sein kann. Häufig werden in seinem Gefolge die Reichen noch reicher und die Armen immer ärmer.

Entwicklungshilfe — aber richtig!

Die Entwicklungshilfe muß bemüht sein, die Menschen zur eigenen Initiative anzuregen. Sie müssen Schritt für Schritt an die Probleme und Neuerungen herangeführt werden und vor allem durch eigene Tätigkeit lernen. Jeder derart errungene Teilerfolg muß die Lust zum nächsten Schritt und damit zum weiteren Erfolg von selbst aufkommen lassen.

In vielen Entwicklungsländern gilt manuelle Arbeit als unfein, was leider auch für Nepal zutrifft, wo bei vielen Hindukasten die händische Arbeit als unwürdig abgelehnt wird. Dazu kommt noch ein warmes, günstiges Klima mit besten Wachstumsbedingungen, das für eigene Anstrengungen meist nicht förderlich ist. Der Lebensstandard im rauhen Norden Nepals ist daher auch bei der dortigen tibetonepalischen

Volksgruppe höher als bei der indonepalischen im Süden. Trotzdem muß aber festgehalten werden, daß der nepalische Bauer durchwegs fleißig ist, wovon schließlich die im allgemeinen nicht ungünstige Ernährungsposition des Landes Zeugnis gibt. Ein Beweis sind aber auch die abertausenden Terrassen, auf denen das schroffe Bergland in mühevollster Arbeit vieler Generationen kultiviert und fruchtbar gemacht wurde.

Darüber hinaus benötigt Nepal aber dringendst die Kenntnisse moderner agrarischer Produktionsmethoden, und zu diesem Zweck sind Entwicklungshelfer notwendig und müssen aber vor allem einheimische Agrarexperten ausgebildet werden. Ein großes Problem besteht darin, daß die Ausbildung der einheimischen Agrarfachleute meist viel zu theoretisch ist. Sie verstehen häufig sehr viel von Bodenchemie, Vererbungsgenetik und mathematischer Statistik, können aber im Notfall den Einsatz einer Sense nicht demonstrieren und auch keine Kuh melken. Am allerwichtigsten braucht Nepal daher Männer, die sich nicht im Plänemachen erschöpfen und komplizierte Projekte berechnen, sondern diese auch selbst bis ins letzte Detail ausführen können. Leider studieren, wie in den meisten anderen Entwicklungsländern, auch in Kathmandu mehr als 50% der Studenten geisteswissenschaftliche Fächer, während die technischen Disziplinen unterbelegt sind. Besonders fehlt es auch an Personen mit mittlerer fachtechnischer Ausbildung.

Um die nepalischen Menschen zu eigener Leistung zu bringen, erscheinen besonders die Grundsätze der dort erfolgreich im Berggebiet wirkenden schweizerischen Entwicklungshilfe von Bedeutung zu sein:

1. Kein bares Geld geben.
2. Nichts an Sachgütern in ein Land schicken, das man dort selbst herstellen könnte.
3. Nur in Ausnahmefällen Leute zur Ausbildung aus dem Land herausnehmen.

Abgesehen von den fehlenden modernen agrarwirtschaftlichen Kenntnissen muß in vielen Entwicklungsländern — und so leider auch in Nepal — zuallererst eine zeitgemäße Agrarverfassung geschaffen werden. Sie muß dem, der das Land bebaut, das Land auch zum Besitz geben oder ihn vorerst wenigstens von den drückend hohen Pachtzinsen befreien. Bis in unsere Zeit herein kann man auch in Nepal von einer Entartung der Agrarverfassung im Sinne eines rentenkapitalistischen Systems von Grundherrn, Pächtern und Unterpächtern sprechen.

Boden- und Pachtreformen

Seit Jahren stehen nun die Bemühungen um eine Bodenreform im Vordergrund. 1959 wurde das steuerfreie „Birtaland" abgeschafft. Und 1964 wurde dann das äußerst bedeutungsvolle und in der Konsequenz weitreichende Landreformgesetz verfügt:

Danach darf künftig keine Familie mehr als 3 bis 17 ha Land besitzen, wobei sich die Größe nach der Bodengüte richtet. Die Großgrundbesitzer wurden also voll enteignet. Sie erhielten 10% der Abfindungssumme in bar, den Rest in 5% verzinsten Schuldscheinen, die später in Aktien von Industrieunternehmen umgewandelt werden sollen. Nach diesem Gesetz stehen auch den Pächtern mehr als 50% der Ernten zu, während es vorher bloß 20 bis 40% waren. Dies ist wichtig, weil z. B. im Terai 70% der Bauern Pächter sind. Die Pachtgüter sind hier durchschnittlich 5 ha groß. Im fruchtbaren Kathmandutal ist 50% Bauernbesitz und 50% Pachtland, und die durchschnittliche Größe der Wirtschaften beträgt nur 0,5 ha. Auf den Hügeln des Mittellandes sind hingegen die meisten Bauern Eigentümer des Bodens, aber die Wirtschaften sind nur 0,4 ha groß, was für die Ernährung größerer Familien viel zuwenig ist. Die „Gurkha“ für die indische Armee, die Träger und die Saisonarbeiter stammen also hauptsächlich aus diesem Gebiet.

Erfreulicherweise ist auch ein vernünftiges Kreditwesen im Aufbau.

Unternehmer — nicht nur Selbstversorger

Konkret sollte die landwirtschaftliche Weiterentwicklung in Nepal folgendermaßen vor sich gehen:

Neben dem bereits Ausgeführten muß den Bauern beigebracht werden, daß die alte Landwirtschaftsform keine unabänderliche Lebensweise ist, sondern daß in unserer bargeldorientierten Welt die Landwirtschaft von der reinen Selbstversorgung der Familie zu einem „bäuerlichen Unternehmen“ weiterentwickelt werden muß. Es müssen Produktionsmittel wie Wasser, Saatgut, Mineraldünger, Pflanzenschutzmittel, moderne Anbau- und Erntemethoden und verbesserte Lagerungsmöglichkeiten für die Ernteproduktion eingesetzt werden. Eine Marktorganisation sowie eine Veredelungsindustrie, ein günstiges Kreditsystem zur Bewältigung der notwendigen Investitionen und schließlich ein leistungsfähiges Genossenschaftswesen als bäuerliche Selbsthilfeeinrichtung müssen aufgebaut werden.

Auf der ganzen Erde kann man grundsätzlich vier Formen der Landbewirtschaftung unterscheiden: Den Nomaden, der nur von Weideplatz zu Weideplatz mit seinen Herden zieht. Den Halbnomaden, der einen Teil des Jahres in festen Behausungen zubringt. Den selbstversorgenden und schließlich den marktorientierten Bauern.

In Nepal gibt es nun die ersten beiden Formen praktisch nicht, wenn man von einigen kleinen Teilen in Mustang absieht. Sie kommen aber im nördlich benachbarten Tibet sehr häufig vor und sind dort eine Folge der gegebenen Landschaftsformation mit den unermeßlich weiten Hochlandsteppen. Die Masse der nepalischen Bauern steht auf der Stufe des selbstversorgenden Ackerbauern, der einmal im Jahr zur Regenzeit seine Ernte einbringt. Ihm muß man zum marktorientierten Landwirt machen, der soviel Produkte zum Verkauf auf den Markt bringen kann, daß er neben der Befriedigung seiner — mit gehobenem Lebensstandard auch immer mehr steigenden — persönlichen Bedürfnisse noch genug Bargeld erübrigt, um Investitionen tätigen zu können. Dies gelingt nur durch Ertragssteigerungen, wobei vor allem einmal das Wasser ins Optimum gebracht werden muß. Wird auch außerhalb der Regenzeit Wasser zur Verfügung gestellt, dann sind die Voraussetzungen für zwei Ernten pro Jahr geschaffen.

Lebensspender „Wasser"

Zur Gewinnung zusätzlichen Wassers müßte das Grundwasser erschlossen werden. Es ist mit verhältnismäßig einfachen Mitteln möglich, Grundwasser — das auch in sehr vielen Gebieten Südnepals kaum tiefer als 10 m liegt — an die Oberfläche zu bringen. Man kann nur wünschen, daß diese Erkenntnis auch für die landwirtschaftlichen Meliorationsprojekte Südnepals Anwendung findet und daß man von der Errichtung großer kostspieliger Bewässerungs-Staudämme Abstand nimmt. Bis heute hat nämlich kein einziger der Staudämme in den Entwicklungsländern die in ihn gesetzen Erwartungen im Hinblick auf die Landwirtschaft erfüllt. Ein derartiges Projekt ist nur dann sinnvoll, wenn erstens einmal bereits vorhandenes landwirtschaftliches Kulturland bewässert wird und wenn vor allem gleichzeitig die infrastrukturellen Einrichtungen, wie Straßen, Verkaufsorganisationen, Veredelungsindustrie, Gewerbe usw. geschaffen werden. Es ist im letzten Jahrzehnt langsam bekanntgeworden, daß es viel leichter ist, einen Damm zu bauen, als die strukturellen Einrichtungen zu etablieren, die eben letztlich doch nur schrittweise wachsen können.

Im kultivierten Land liegen die Reserven

Eine wichtige Erkenntnis der agrarischen Entwicklungshilfe ist auch jene, daß die landwirtschaftliche Produktivität am leichtesten und besten dort gesteigert wird, wo bereits kultiviertes Land vorhanden ist. Die Ertragsreserven sind nämlich dort gewaltig, und es können durch optimale Anwendung aller biologisch-technischen

Kenntnisse am bereits bebauten Land die Erträge in den meisten Teilen der Erde noch enorm gesteigert, wenn nicht sogar verdoppelt werden. Dies gilt übrigens für Europa gleichermaßen wie für die USA, die Sowjetunion oder Nepal. Zweitklassige Böden zu verbessern oder in Kultur zu nehmen, ist hingegen längst nicht so erfolgreich oder sogar zum Scheitern verurteilt, wie die Beispiele von Afrika bis zur Sowjetunion gezeigt haben. Die Bauern haben nämlich aus uralter Tradition schon seit jeher gewußt, welcher Boden der beste ist und haben das schlechtere Land in der Ebene fast immer dem Wald überlassen.

Sehr positiv ist in diesem Zusammenhang die Entwicklung im Kathmandutal zu betrachten. Auch hier wollte man ursprünglich die wenig fruchtbaren Gebiete auf den Hügeln des Mittellandes zur Neulandgewinnung verwenden. Man hat sich aber dann doch eines Besseren besonnen und die alteingesessenen Bauern-Newar mit den drei wichtigsten Errungenschaften des neuzeitlichen Ackerbaues, mit Mineraldünger, mit hochwertigem Saatgut passender Sorten und mit Pflanzenschutz, vertraut gemacht. Die Erfolge stellten sich prompt in einem nie erwarteten Ausmaß ein. So konnten während einer kurzen Zeitspanne in den sechziger Jahren die Getreideerträge mehr als verdoppelt und die Reiserträge um 60% gesteigert werden. Obwohl im Kathmandutal der größte Bevölkerungsdruck herrscht, alles Kulturland bebaut war und Lebensmittel importiert werden mußten, ist das Tal heute Selbstversorger. Dies natürlich nicht zuletzt auch wegen des bereits vorhandenen, uralt ausgeklügelten Bewässerungssystems.

Nepal agrarisches Überschußgebiet?

An den Ertragssteigerungen im Kathmandutal sind nach dem Mineraldünger vor allem die neuen mexikanischen Weizensorten und die neuen großartigen Reissorten des Internationalen Reisforschungsinstituts in Manila beteiligt. Mit diesen Pflanzenzüchtungen hat sich in den letzten Jahren übrigens auch Indien einigermaßen von den schwersten Hungersnöten befreien können.

Wird die landwirtschaftliche Entwicklungshilfe so konsequent weitergeführt wie bisher und werden grobe Fehler vermieden (gutes Saatgut ohne Mineraldünger und Pflanzenschutz, Einsatz komplizierter landwirtschaftlicher Maschinen ohne Service und auf zu kleinen Parzellen, Flugzeugdüngung und Pflanzenschutz auf kleinen Grundstücken, fehlende Infrastruktur usw.), dann scheint die Ernährung Nepals gesichert, und die Landwirtschaft müßte, so wie in den letzten Jahren, sogar ständig kleine Überschüsse nach Indien exportieren können.

Nun aber zur **Landwirtschaft,** wie sie sich derzeit in Nepal dem Besucher zeigt:

Arm, aber nicht unterernährt

Wegen des Himalaja-Bergwalles fallen die Niederschläge hier regelmäßiger als in Indien, und die ausgiebigen Monsunregen bleiben ganz selten aus. Es gibt Vormonsunregen, welche die Anbauperiode verlängern, und wenn wirklich im Flachland einmal ein schlechtes Reisjahr ist, dann gedeihen Mais, Hirse und Gerste in den Höhenlagen meist gut. Dadurch gibt es auch in Nepal keinen Hunger, und die Bevölkerung ist nach unseren Maßstäben wohl arm, aber nicht unterernährt. Dies fällt einem auch bei der Anreise über Indien sofort als großer Unterschied zu diesem Land auf. Nicht zu übersehen ist in diesem Zusammenhang aber auch, daß in Nepal nur ein ganz geringer Teil der Bevölkerung in Städten lebt, die ja bekanntlich durch die fehlenden Arbeitsplätze die Zentren der Armut und Not in vielen Entwicklungsländern sind.

Wie wertvoll den Nepali das Ackerland ist, erkennt man an den Wegen. Sie sind nur im Wald oder Ödland breit. Sobald sie durch Kulturland führen, werden sie schmal und verlieren sich überhaupt, so daß man dann z. B. auf den Dämmen von Reisfeldern dahinbalancieren muß.

Das **Terai** ist das wichtigste Anbaugebiet für Reis, im niederschlagsreicheren Osten gedeihen auch Jute und Zuckerrohr. Im Terai liegen 86% der Reisproduktion Nepals, und die Reisproduktion je Kopf der Bevölkerung ist in Nepal höher als in Indien und China. Während der achtmonatigen Trockenzeit liegen die Felder brach, und hier könnten durch Bewässerungsprojekte ohne weiteres künftig zwei Ernten eingebracht werden. An Haustieren werden vor allem der Wasserbüffel und das indische Rind gehalten. Fast alle Überschußprodukte werden traditionell über die „grüne Grenze" nach Indien exportiert.

Im **Mittelland** wird bis in eine Höhe von 1900 m ebenfalls Reis kultiviert. Anfang Juni, zu Monsunbeginn, wenn das Wasser auf den Terrassen steht, wird der Reis — so wie überall in Asien — ausgepflanzt. Die Terrassenbewirtschaftung geht nach uralter Tradition vor sich, und ihre Funktion ist nicht nur die Bewässerung, sondern auch das Verteilen und Zurückhalten der gewaltigen Wassermassen, die sonst im Monsun alles Ackerland auf den Hängen zerstören würden. Im Mittelland finden sich auch neben jedem Haus die typischen Bananenstauden.

Mittelland — Terrassenland

In den **Höhenlagen zwischen 1600 und 2400 m** wird hauptsächlich Mais, es werden aber auch Fingerhirse, Weizen, Gerste und Ölsamen sowie „Dal", eine Linsenart, kultiviert. Die Früchte werden ebenfalls im Juni angebaut und stehen durchwegs auf Abertausenden von Terrassen, die weithin das Landschaftsbild prägen. Diese Terrassen sind jedoch nicht mit wasserdichten Lehmmauern, wie es die Reiskultur fordert, umgeben, sondern sind leicht geneigt, damit das Wasser abfließen kann. In den Höhenlagen zwischen 1400 bis 2400 m wird das nepalische Rind gehalten, über 2400 m häufig die Tsaoris, eine Kreuzung zwischen Yak und Nepalrind, und über 3000 m nur noch die Yaks. Hühner werden bis in die Hochlagen der inneren Himalajatäler gehalten.

In einigen Orten Ost- und Westnepals sowie besonders um Pokhara gedeihen wunderbare Orangen, „Sundalas" genannt.

Im **„Inneren Himalaja"** gedeihen bis 3900 m und an den besonders geschützten Südseiten des Everestgebietes im Khumbu sogar bis 4200 m (!) noch Kartoffeln und etwas tiefer Buchweizen, Gerste und Weizen.

Kathmandutal, der Garten Nepals

Eine Sonderstellung nimmt das **Kathmandutal** ein: Hier gedeihen in subtropischem Klima Reis, Weizen, alle Gemüsearten und vielerlei Früchte. Ein hochentwickeltes Bewässerungssystem und die Anwendung eines natürlichen organischen Düngers („Kalimati"), der aus dem Untergrund herausgearbeitet wird, sorgten schon von alters her für gute landwirtschaftliche Erträge. Die neuen Weizen- und Reiszüchtungen haben die Erträge hier auf westlichen Standard steigen lassen: Reis 3700 kg/ha und Weizen 2300 kg/ha. Mußten für das dicht besiedelte Kathmandutal 1965 noch Lebensmittelimporte aus Indien getätigt werden, konnte 1968 schon ein Überschuß dorthin ausgeführt werden.

Getreide wird im Kathmandutal heute bereits durch Wasserkraft gemahlen, während Ölfrüchte in Handmühlen aufbereitet werden. Im Hügel- und Bergland wird das Getreide aber häufig noch in Mörsern gestampft.

Kartoffel — Ernährungsgrundlage der Bergbewohner

Die Nahrung ist seit Jahrhunderten in Nepal gleich geblieben. Nur die Kartoffel wurde erst vor etwa zwei bis drei Generationen in Nepal eingeführt; sie spielt heute in den Hochlagen für die Ernährung der Bevölkerung eine große Rolle. Sie wurde im benachbarten Sikkim durch englische Offiziere bekanntgemacht, die den Auftrag hatten, bei politischen Missionen im Himalaja an jedem Lagerplatz Kartoffeln anzupflanzen.

Die heiligen Kühe hemmen den Fortschritt

Einige Bemerkungen zur **Rinderhaltung:** Im Gebiet der nepalischen Hindubevölkerung machen die „heiligen" Kühe eine rationelle Viehwirtschaft fast unmöglich. Die Kühe werden wohl gemolken, Tiere mit mangelhafter Leistung oder kranke Kühe werden aber nicht geschlachtet, sondern fortgejagt. Daraus rekrutieren sich die herumstreunenden Kühe in den Städten und Dörfern. Man findet aber auch männliche Tiere auf den Straßen; sie stammen von Bauern, die in den Kleinstädten leben und ihre Rinder tagsüber freilassen. Eine Rinderhaltung kann aber nur dann rentabel betrieben werden, wenn die Altkuh geschlachtet wird und besonders auch das leistungsschwache Jungtier, welches zwei Jahre lang Futter frißt, bis es das erste Kalb bringt, wenigstens einer Fleischnutzung zugeführt werden kann. Bei der buddhistischen Bevölkerung im Hochland ist diese Situation günstiger, und hier gilt es vor allem auch, durch eine richtige Züchtungsarbeit die Leistungen der Tiere zu heben. Eine planmäßige Viehzucht kennen nur die Sherpas. Sie sind auch die einzigen in Nepal, die eine Heuvorratswirtschaft betreiben. Ähnlich wie bei uns betreiben sie auch Almwirtschaft, wobei sie sich auf der höher gelegenen Almsiedlung, „Phu", in den „Ghots" (Almhütten) einige Monate aufhalten. Daneben haben sie manchmal auch noch eine Nebensiedlung, „Gunsa", unterhalb der Hauptdörfer, wo sie etwas Buchweizen, weiße Rüben und ein spinatähnliches Gemüse anbauen.

In den mittleren Höhenlagen werden die Tsaoris (Tschaoris), eine Kreuzung zwischen dem nepalischen Rind und dem Yak, gehalten. Sie vereinigen die guten Eigenschaften beider Elterntiere in sich, die männlichen Tiere sind aber (ähnlich wie die Maultiere) unfruchtbar. Das weibliche Produkt einer Kreuzung zwischen Nepalrind und Yak nennt man Zhum, das männliche Zopkio.

Die Yaks liefern nicht nur Fleisch

Ein prächtiges Tier, an dem man sich als Bergsteiger gar nicht sattsehen kann, ist der Yak mit seinen langen, schwarz und weiß gefärbten zottigen Haaren, die fast bis zum Boden herabhängen, und seinen kräftig gebogenen Hörnern. Seine Heimat ist Tibet, wo er heute noch wild vorkommt. Seit undenklichen Zeiten aber auch gezähmt, ist er für die Bergbevölkerung des rauhen Himalaja ein unentbehrlicher Wirtschaftsfaktor. Die Sherpas sagen: „Er bedeutet für uns Reichtum und die

Grundlage unseres Lebens." Wegen seiner Genügsamkeit, Kältewiderstandsfähigkeit und seiner enormen Körperkräfte ist er unentbehrlich für die Handelsreisen über die hohen Pässe. Aus seinem Haar werden Stoffe, Decken und Zeltplanen gewoben sowie Seile geflochten. Die Yakmilch ist um die Hälfte fetter als die unserer europäischen Rinder, schmeckt aber sehr gut und wird häufig zu Butter, aber auch zu wohlschmeckendem Topfen (Quark) verarbeitet. Auch richtiger Käse wird hergestellt, der getrocknet eine bröckelige, grauweiße Masse ergibt, die unbegrenzt haltbar, aber auch steinhart ist. Das Fleisch ist wohlschmeckend, nur töten die Sherpas als strenge Buddhisten selbst nicht, sondern warten hiebei auf durchziehende Schlächter. Herbert Tichy berichtet, daß die Tibeter — gleich wie die Massai in Ostafrika — aus der Halsschlagader der Yaks Blut abzapfen und daraus Würste etc. bereiten.

Schließlich wird auch noch der Yakmist getrocknet und als Brennmaterial, das lange nachglüht, hochgeschätzt. — Die Yakkuh wird übrigens „Nak" genannt.

Eine Sonderheit der Yaks ist anzumerken: Sie lassen sich von Fremden grundsätzlich nicht berühren, und es ist amüsant, zu lesen, wie der Zoologe Ulrich Gruber*) stolz darauf war, nach mehrmonatigem Aufenthalt in Nepal endlich einen Yak kraulen zu dürfen.

Die Milchleistung der Naks liegt nur bei 1 bis 2 l pro Tag (eine gute europäische Kuh gibt 15 l). Durch gezielte Züchtung, vor allem durch Einkreuzung von europäischen Höhenrassen, kann man die Milchleistung aber stark verbessern. So hat die Schweizer Entwicklungshilfe mit Braunvieheinkreuzungen schon sehr gute Erfolge erzielt.

Yakkäse — neues Handelsprodukt

Die Schweiz hat in Nepal 4 Käsereien aufgebaut, die hervorragende Produkte nach englischer Cheddar- und nach Tilsiterart erzeugen. Nur mit einem derartigen Haltbarprodukt kann ja Marktwirtschaft modernen Stils betrieben werden. Leider arbeiten die Käsereien mangels einer geeigneten Verkaufsorganisation heute nur noch mit halber Kapazität**), und das Beispiel zeigt, wie wichtig es ist, daß nicht

---

*) siehe Literaturhinweise.
**) So z. B. in Thodung und in Kyang Chin Ghompa.

Links oben: „Vasundhara" — „Die Schätzereiche"; der Götterhimmel der Hindus ist unübersehbar groß. Die Newar waren auch Meister in der Herstellung prächtiger Steinskulpturen. Rechts oben, links unten: Steinerne Tempelfiguren in Changuna Rayan, der ältesten Tempelstätte des Kathmandutales. Rechts unten: Neben den Buddhafiguren finden sich in den Ghompas auch viele Dämonengestalten aus der Hindumythologie (Sermathang, Helambu).

einzelne Entwicklungsprojekte allein realisiert werden, sondern auch alle infrastrukturellen Einrichtungen gleichzeitig geschaffen werden.

Das wichtigste Milch-Handelsprodukt Nepals ist „Ghi", das ist eingesottene (ranzige) Butter, die auch in großen Mengen nach Indien exportiert wird. Eine dringend notwendige Qualitätsverbesserung der Ghi-Produktion könnte ohne weiteres durch die Errichtung einer Raffinerie an der indischen Grenze geschaffen werden. — Übrigens liegt die Vermutung nahe, daß der Käseabsatz deswegen nicht richtig floriert, weil die alteingesessenen Ghi-Händler die Sache hintertreiben.

Schließlich wäre noch zu erwähnen, daß eine kleine moderne Molkerei in Kathmandu arbeitet, die ihre Produkte aber fast nur an die Hotels für die Touristen absetzt. In Kathmandu konnte man 1975 staatliche Werbeplakate sehen, welche die Bevölkerung zum Konsum von Milchprodukten auffordern. Allein durch die Einrichtung von genügend Milchsammelstellen könnte man hier eine bedeutende Verbesserung des Milchaufkommens erreichen.

Abschließend noch einige **Produktionsziffern** aus der nepalischen Landwirtschaft (ca. 15% der Gesamtfläche Nepals sind landwirtschaftliches Kulturland):

1968 wurden	2,217.000 t Reis	112.000 t Hirse	
	875.000 t Körnermais	39.000 t Jute und	
	190.000 t Weizen	168.000 t Zuckerrohr	geerntet.

Mit russischer Hilfe wurde in den sechziger Jahren in Birganj im Terai eine Zuckerfabrik für 12.000 t Jahresproduktion gebaut, die aber derzeit wegen mangelhafter Anbauorganisation angeblich nur mit einem Viertel ihrer Kapazität arbeiten soll.

Auch eine Zigarettenfabrik für 6000 t Rohtabak wurde im östlichen Terai mit russischer Hilfe errichtet. Es werden etwa 7800 ha Tabak gepflanzt.

Tee gibt es nur in den südöstlichen Hügellagen, und man könnte, ähnlich wie im benachbarten Sikkim, hier die Qualitätsteeproduktion einführen.

An agrarischen Produkten werden ausgeführt:

nach Indien:

Ghi, Yoghurt, Ölsamen, Gewürze (Curry, Pfeffer), Tabak, Holz, Zuckerrohr, Jute und Medizinalkräuter;

nach Tibet:

Reis, Mais, Butter, Papier und Holz.

Weidende Yaks auf der 3800 m hoch gelegenen Alm in Kyang Chin nahe der tibetischen Grenze (Langtang).

Die letzten amtlich veröffentlichten Ziffern sprechen 1967 von Exporten in einer Höhe von 82 Mill. Dollar und von Importen in einer Höhe von 107 Mill. Dollar. Tatsächlich dürften die Ausfuhren aber wesentlich höher sein, weil viele Produkte unregistriert über die indische Grenze gehen.

Um die Forstwirtschaft ist es schlecht bestellt

Nur noch 30% Nepals sind mit Wald bestanden. Das nördliche Terai und der Mahabharat Lekh sind durchlaufend bewaldet. Das südliche Terai und das Mittelland mit der dichten Bevölkerung sind wegen deren Brenn- und Nutzholzbedarf und wegen der Rodungen aber stark entwaldet. So konnte z. B. Kathmandu mit Brennholz vor 25 Jahren in einem Tagesmarsch versorgt werden, heute muß es aber schon in drei Tagesmärschen herbeigeschafft werden. Auch die weithin verbreitete Unsitte des Entlaubens der Bäume zu Fütterungszwecken hat große Waldgebiete verwüstet. So findet man nur in den rauheren Hochlagen zwischen 3000 und 3500 m, wo das Nadelholz wächst, schöne Wälder.

In der Nähe der buddhistischen Klöster findet man übrigens immer einen schönen kleinen Baumbestand („Tempelwald"), weil man glaubt, daß die Bäume früher Lebewesen waren, die ihr Leben opferten, um ein anderes zu retten.

Viel Raubbau wurde auch in zugänglicheren Lagen durch großflächige Kahlschlägerungen indischer Holzimportfirmen verursacht, wobei besonders in Westnepal ganze Berge kahlgeschlagen wurden. Natürlich kümmert sich anschließend niemand um eine Aufforstung, Feuer und Ziegen sind dann die letzten Wegbereiter für Verwüstung und Erosion. Dabei könnte künftig aus der Forstwirtschaft Nepals großer Nutzen gezogen werden, denn die Wachstumsverhältnisse sind ausgezeichnet. Und zwar ist sowohl das Nadelholz von großer Bedeutung als ganz besonders auch das extrem widerstandsfähige Salholz (Shorea robusta), das in den Urwäldern des Terai einen Naturreichtum ersten Ranges darstellt.

Wirtschaft, Handel und Verkehrsverbindungen

Die wirtschaftliche Zukunft Nepals hat drei bedeutende Grundlagen:

Landwirtschaft,
Tourismus und
Elektrizität,

während die Industrie auch in weiterer Zukunft nur eine untergeordnete Rolle spielen wird. Die geologische Struktur des nepalischen Himalaja läßt keine großen Bodenschätze erwarten; die geologische Aufnahme muß aber erst abgeschlossen werden, und es gibt auch positive geologische Meinungen zu diesem Thema. Wohl ist der indische Himalaja bereits bestens erforscht, hier hat man aber nirgends nennenswerte Erzlagerstätten gefunden.

Es gibt lediglich eine traditionelle kleine Eisenindustrie in Those (Region Jiri in Ostnepal), welche das dortige geringe Erzvorkommen seit 1893 verhüttet und Mitte der zwanziger Jahre mit fast 20 kleinen Schmelzöfen ihre Blütezeit erlebte. Damals wurden landwirtschaftliche Geräte und sogar Feuerwaffen erzeugt, aber in den dreißiger Jahren verlor der Maharadscha von Kathmandu sein Interesse, weil er Waffen besserer Qualität aus Indien importieren konnte. Nun werden nur noch einige Gerätschaften erzeugt, denn das vom Ausland importierte Roheisen ist billiger, und die ansässigen Schmiedehandwerker sind fast alle ausgewandert. Schließlich gibt es ja auch keine Straße nach Those, sondern alles muß auf den Rücken von Trägern über die Saumpfade transportiert werden.

Im Gegensatz zu vielen anderen Entwicklungsländern, die im forcierten Ausbau einer **Industrie** — möglichst einer Schwerindustrie — ihr wirtschaftliches Heil zu finden glauben, hat man bei den verantwortlichen Stellen Nepals anscheinend erkannt, daß vor allem einmal die Landwirtschaft modernisiert werden muß.

Handgemachtes Papier

Aus der Gegend von Those ist noch eine andere kleine Industrie zu nennen, und zwar die Papiererzeugung aus Seidelbast. Dieses handgeschöpfte, äußerst originelle Papier könnte in Kathmandu für die Fremden und vor allem auch für den Export künftig eine beschränkte Bedeutung gewinnen. 1970 wurde ca. eine Million Bogen erzeugt. Bei unserer Wanderung im Herbst 1974 in das Everestgebiet sind wir vor Those auf eine Trägerkolonne gestoßen, welche die etwa 60 × 60 cm großen Bogen, zu mannshohen schweren Traglasten gestapelt, gerade Richtung Kathmandu (vier bis sechs Tagesmärsche) trugen.

An etwas bedeutenderer Industrie gibt es in Nepal eine Zucker-, Jute- und Zigarettenfabrik sowie Zündholz-, Ziegel-, Zement-, Schuh- und Lederfabrikation — alle im Staatsbesitz. Die übrigen Wirtschaftszweige sind aber dem System der freien Marktwirtschaft und der privaten Unternehmerinitiative unterworfen.

Natürlich gibt es in ganz Nepal, besonders aber bei den Newar im Kathmandutal, ein bedeutendes handwerkliches Gewerbe. Die Eisen-, Gold-, Silber- und Messingschmiede, die Gießer, Holzschnitzer, Zimmerleute und Drechsler, die Schneider, Schuster usw. haben aber jeweils nur lokale Bedeutung.

Die „3-Tage-Touristen“

Von großer Bedeutung für dieses herrliche Land mit seiner fremdartigen Kultur, seinen liebenswerten Menschen und seiner auf der Erde unübertroffenen Bergwelt ist aber der **Tourismus.** Während es in den fünfziger Jahren nur wenige Fremde waren, haben 1975 immerhin schon 70.000 Ausländer Nepal besucht, wovon 35% aus den USA stammten. 87% der Besucher sind allerdings nur „3-Tage-Touristen“, welche Kathmandu mit einer Indienreise koppeln. Die Deutschen machen 12% der Nepal-Touristen aus, und davon sind 20% Bergwanderer und Bergsteiger.

Dreimal mehr als die Schweiz ...

Die wirtschaftlich größte Zukunft liegt aber bei der Bändigung der gewaltigen Himalajaflüsse, beim **elektrischen Strom.** Er könnte natürlich in fernerer Zukunft auch einmal die Grundlage für eine eigene chemisch-physikalische Industrie sein. Die Kapazitätsschätzungen liegen bei 10 Millionen Kilowatt bzw. bei 90 Milliarden kWh jährlich, das ist etwa das Dreifache dessen, was die Schweiz an Strom erzeugt.

1911 wurde das erste und 1933 ein weiteres kleines E-Werk errichtet (in Sundarijah und Pharping), welche Kathmandu mit Strom versorgten und ca. 1400 kW Leistung hatten. Bis 1966 wurden dann sechs Dieselkraftwerke gebaut, deren Brennstoffimporte durch die Ölpreissteigerungen heute die an sich schon stark passive Außenhandelsbilanz Nepals noch mehr belasten. In den sechziger Jahren wurden dann die ersten beiden größeren Wasserkraftwerke, „Trisuli" mit 9000 kW durch Indien und „Panaoti" mit 24.000 kW durch die UdSSR, gebaut. Inzwischen sind weitere Kraftwerke im Entstehen.

Ein Drittel der Nepali ist ständig unterwegs

Der **Handel** trägt in Nepal noch weithin mittelalterliche Organisationszüge, und es gibt kaum Großhandelsverteiler, was besonders am Beispiel des für jedermann unentbehrlichen Salzes augenscheinlich wird. Jede Familie muß sich — mit Ausnahme der Bevölkerung des Kathmandutales — auch heute noch selbst um ihr Salz kümmern. Früher zog man an die tibetische und heute wandert man an die indische Grenze, wo man seine landwirtschaftlichen Produkte (Ghi, Wolle etc.) gegen Salz eintauscht. Diese jährliche „Salzwanderung" wird meist in Gruppen von 10 bis 15 Dörflern unternommen und dauert 2 bis 8 Wochen, je nach der geographischen Lage. Auf manchen Routen wurden und werden heute noch zu bestimmten Jahreszeiten über 2000 Menschen täglich gezählt. Man schätzt, daß ein beträchtlicher Teil des Volkes überhaupt immer unterwegs ist.

Bedeutsam für die nepalische Wirtschaft sollen noch immer — obwohl keine aktuellen Ziffern mehr zu erfahren sind — die Söldner, die „Gurkha", sein. Man schätzt, daß auch heute noch an die 20.000 Gurkha-Soldaten vornehmlich in indischen, aber auch noch in vier britischen Regimentern Dienst machen. Sie werden traditionell nach 15 Dienstjahren entlassen und erhalten dann eine Pension, welche 1960 240 Rupien jährlich ausmachte, und das war damals fünfmal so viel, wie ein Bauer Einkommen hatte.

Die „Gurkha" helfen also, den im Mittelland vielfach überfüllten Arbeitsmarkt zu entlasten. Andererseits sind viele Nepali als Saisonarbeiter in Indien im Straßenbau, in den Orangen- und Teeplantagen, aber wegen ihrer sprichwörtlichen Ehrlichkeit häufig auch als Wächter in Banken und Geschäftshäusern tätig.

Nepals Staatshaushalt wurde für 1970/71 auf rund 1 Milliarde Rupien veranschlagt. Reine Entwicklungsprojekte nahmen davon gute 60% in Anspruch. Auslandshilfe kam in diesem Jahr zu 50% aus Indien, zu je 20% aus China und den USA sowie im kleinen Ausmaß aus der UdSSR und Großbritannien.

Das Pro-Kopf-Einkommen Nepals betrug 1970 nur 63 Dollar.

Zwischen 1970 und 1975 lief ein weiterer Fünfjahresplan, der mit fast 60% Auslandshilfe insgesamt 3,5 Milliarden Rupien zur Verbesserung der Infrastruktur, der Industrie und der Landwirtschaft vorsah. Während dieser Zeitspanne wurde eine jährliche Zuwachsrate des Bruttosozialproduktes von 4% erhofft. Die Ölpreissteigerungen und die weltweite Inflation werden aber auch dieses Programm sicherlich arg in Unordnung gebracht haben.

Für die überschaubare Zukunft ist an den Bau von 1600 km Straßen, an die Schaffung von 900 Telefonlinien, an die Einrichtung von 30 größeren Poststellen und natürlich an die Errichtung einer Reihe von Schulen und Spitälern gedacht.

Die fehlenden Verkehrsverbindungen sind das Hauptproblem

Es ist an sich nicht verwunderlich, daß die unglaubliche landschaftliche Gliederung dieses extremen Gebirgslandes bisher kaum Straßenbauten in den Berggebieten ermöglicht hat.

Irgendwie scheint es aber, mit Ausnahme gewisser Gebiete im Norden, bisher grundsätzlich auch am notwendigen Gemeinschafts- und Kommunalsinn gefehlt zu haben. Niemand hat Brücken und Wege gebaut und — wenn lokal irgendwelche Bauwerke errichtet wurden — diese dann auch richtig erhalten. Es können auch nur auf wenigen Pfaden Tragtiere eingesetzt werden, weil die meisten Brücken dieser Belastung nicht standhalten und die Hängebrücken vielfach nur für den menschlichen Fuß gebaut sind.

Die einzigen Achsen, die es in Nepal seit jeher gibt, befinden sich in den großen und kleinen Gebetszylindern in den nördlichen Landesteilen und an den riesigen Prozessionswägen in Kathmandu.

Kathmandu erhielt seine erste Straßenverbindung durch den **„Tribhuvan Raj Path"** im Jahre 1956. Die Straße ist 138 km lang, kommt von der indischen Grenze, nimmt aber nicht den kürzesten Weg, sondern folgt den sich natürlich ergebenden Geländeverhältnissen. Ende der sechziger Jahre befuhren an die 400 Lkw und 40 Pkw täglich die Straße.

Von 1958 bis 1960 wurde eine **Luftseilbahn** von Süden über das Gebirge nach Kathmandu gebaut. Ausgangspunkt ist Bhainse-Dobhani, und 1964 wurde sie südlich nach Hitaura verlängert. Sie ist 70 km lang, und die Transporte kommen auf ihr billiger als auf der „Tribhuvan Road".

In den Jahren 1963 bis 1967 wurde von China als Hilfsleistung für Nepal eine 104 km lange Straße von Kathmandu nach Kodari an der nepalisch-tibetischen Grenze gebaut, die von dort weiter nach Shigatse, Lhasa und Peking führt und eine Autoverbindung von Indien nach China darstellt. Diese „Chinese Road" wird auch **„Anico Highway"** genannt.

Mit indischer Hilfe wurde dann von 1956 bis 1962 die **„Trisuli Road"** gebaut, und zwar von Kathmandu bis zum 73 km entfernten Trisuli Bazar, wo sich nördlich davon ein Kraftwerk befindet.

1969 wurde von den Chinesen die Straße **Kathmandu—Pokhara** gebaut, welche landschaftlich wunderschöne Teile Nepals durchquert und sicher einmal ein besonderer Anziehungspunkt für Touristen wird. Dieser **„Butual Pokhara Highway"** wurde 1970 mit indischer Hilfe sogar asphaltiert.

Ein gewaltiges Straßenbauprojekt, das einmal den Terai von der nepalischen Ost- bis zur Westgrenze durchqueren soll, befindet sich auf den Reißbrettern der Techniker, seine Realisierung ist aber noch ungewiß.

Nepal besitzt auch eine **Eisenbahnlinie.** Sie ist 50 km lang und führt vom indischen Grenzort Raxaul durch den Dschungel des Terai bis Amlekhganj am Fuß der Churia-Kette im Süden von Kathmandu. Hier schließt dann die Frachtgüterseilbahnlinie an.

Der **Binnenflugverkehr** ist in Nepal für den Tourismus und für wertvollere Frachtgüter von relativ großer Bedeutung. 1961 wurden die ersten 4 Landepisten in Fußballplatzgröße für die 5sitzigen Pilatus-Porter-Maschinen gebaut. Heute gibt es bereits an die 25 „STOL-Pisten", die zum größeren Teil von der 20sitzigen Twin-Otter angeflogen werden können.

In Pokhara können größere Flugzeuge, z. B. die altbewährte DC 3 und ähnliche, landen, und am Kathmandu-Airport kann man bereits mit dem Jet anreisen.

Bild rechts: Leichenverbrennung in Pashupatinath am „heiligen" Bagmati.
Bild umseitig: Oben: Aus Anlaß des Indra-Chatra-Festes werden Opfergaben feierlich durch die Straßen getragen.
Unten: Am Ufer des „heiligen" Flusses Bagmati.

Das Kathmandutal

Der Bergsteiger kann und soll an den kunsthistorischen Sehenswürdigkeiten und kultischen Bräuchen des Kathmandutales nicht vorbeigehen, denn nirgendwo sonst findet man eine so unglaubliche Konzentration an sakralen Bauten. Sie beweist, wie sehr Alltag und Religion bei den Newar eine Einheit waren und vielfach auch noch heute sind. So zählt man allein im Kathmandutal 2733 Tempel, wozu noch eine unüberschaubare Zahl kleinerer Kunstwerke kommt. Die Tempel des Kathmandutales kann man in 2 Gruppen teilen: in die Pagoden und in die nach indischem Vorbild gebauten. Die indischen oder „Shikharatempel" sind aus Stein oder Ziegeln mit Türmchen und umlaufenden Balkonen errichtet und erinnern im Aussehen an einen „Phallus".

Götterfiguren und Altäre finden sich fast in jedem Haus. In den Zentren der drei alten Königsstädte Kathmandu, Patan und Bhadgaon finden sich mehr Tempel als Wohnhäuser. — Leider verfallen, gerade seit der Öffnung Nepals für die Fremden zu Anfang der fünfziger Jahre, die wunderschönen Bauten zusehends. Man muß vermuten, daß sich das Interesse der Bevölkerung mehr auf zivilisatorische Einrichtungen zu konzentrieren beginnt und weniger auf das Erhalten der wertvollen religiösen Bauwerke. Hoffentlich kommt es hier bald zu einem Umdenken, denn das Hilfsprogramm der UNESCO und privater europäischer Vereinigungen, wie z. B. des deutschen Vereines „Rettet die Pagoden Nepals", können wohl nur das Allerwichtigste vor dem Verfall bewahren. Diese Bemühungen sollten noch wesentlich aktiviert werden.

Kathmandu heißt auf deutsch soviel wie „Holzhaus". In der Tat gibt es hier sehr

Bild links: Im Frühling verwandeln die Rhododendren den Himalaja in eine farbenprächtige Berglandschaft.
Bild umseitig: Harmonisch fügen sich die Tschorten in die Welt der Eisriesen.

viele Holzbauten, aber wahrscheinlich kommt der Name von einer alten Pilger-Gaststätte mitten in der Stadt. Früher hieß Kathmandu einmal Kantipur. Eine Besonderheit ist aber auch die Kombination von Ziegel und Holz bei den Bauten Kathmandus. (Den Ziegeln wurde übrigens Öl beigegeben, was die leuchtenden Farben und die Festigkeit der Ziegel bewirkt.) Ziemlich im Zentrum der Stadt liegt der alte Königspalast, der Nasal Chowk, mit den vielen Pagoden und anderen Sakralbauten. Er stammt in der heutigen Form aus der Mitte des 17. Jahrhunderts und diente der königlichen Familie bis Anfang dieses Jahrhunderts als Wohnsitz. Der riesige Gebäudekomplex mit seinen neun Innenhöfen ist auch heute noch der Krönungsort der nepalischen Könige. Über dem Eingang wurde eine dreistöckige Pagode errichtet, und am Platz davor steht das mit einem roten Mantel behängte Standbild des Affengottes (eigentlich „Affengeneral" aus dem altindischen Epos „Ramayana") Hanuman, dessen Gesicht durch viele Opfergaben mit Sandelholzpastete und Zinnober unkenntlich rot verschmiert ist. Nach ihm wird der ganze riesige Platz „Hanuman Dhoka" genannt.

Unweit davon, am gleichen Gebäude, verdeckt ein Holzgitter die riesige Bronze-Goldplastik des fratzenhaften Bhairavkopfes*) aus 1650. Das Gitter wird nur Ende September zum Indra-Yatra-Fest hochgezogen.

Gegenüber dem alten Königspalast stehen die acht Hauptpagoden Kathmandus, von denen die Taleju-Pagode**) die schönste ist. Dieser Platz — aber auch die Zentren von Patan und Badghaon — ist von einer einzigartigen Szenerie. Ihn säumen zwei- und dreistöckige Pagoden mit prachtvollen Holzschnitzarbeiten, welche teilweise vergoldet sind. Manche zeigen auf den Dachunterseiten eindeutige erotische Szenen. Diese Darstellungen gehen auf den Tantrismus zurück, der den Sexualakt kultisch symbolisiert. Die Nepali haben aber hiefür auch eine volkstümliche Erklärung bereit: Diese Szenen sollen den Blitz abschrecken, der als Jungfrau gilt. Die Pagoden stammen alle aus dem 17. oder 18. Jahrhundert. Das Hauptbaumaterial Holz, auch wenn es sich um das eisenharte Salholz handelt, hält wohl ohne Konservierung nicht viel mehr als 300 bis 400 Jahre lang.

Am Hanuman Dhoka befindet sich auch Kumari Chowk, das Wohnhaus der „lebenden Göttin", der Kumari. Es stammt aus dem 18. Jahrhundert, umschließt einen Innenhof und ist dort sowie an der Außenfront mit prächtigsten Holzschnitzereien geradezu überladen. Vor dem Eingang halten zwei steinerne Löwen die bösen Geister ab. Derartige Figuren aus Stein oder Bronze findet man auch vor vielen anderen Sakralbauten, und es drängt sich die Parallele zu den Löwenpaaren vor den

*) Shveta Bhairav, der „weiße Bhairav", ist eine Manifestation Shivas in einer schrecklichen Gestalt.
**) Leider wird seit 1975 Nichtgläubigen der Zutritt zur Taleju-Pagode verwehrt.

romanischen Domen bei uns auf. Zu den Festtagen werden zum Fernhalten der bösen Geister auch große grüne Bambuszweige vor den Eingängen aufgestellt.

Am Indra-Chowk-Platz, den man vom Hanuman Dhoka durch eine schmale Gasse erreicht, steht der verflieste Tempel Akash-Bhairav.

Unweit des Kumari Chowk beginnt auch die New Road, die moderne Geschäftsstraße Kathmandus, die nach dem großen Erdbeben von 1934, das diesen Stadtteil zerstört hatte, in der heutigen Form aufgebaut wurde. Zum Glück fielen die Hauptpagoden und Tempel diesem Erdbeben sowie auch jenem von 1833 nicht zum Opfer, obwohl eine Reihe kleinerer Tempel damals zerstört wurde. Es ist zu vermuten, daß die Holzkonstruktionen den Erdstößen relativ gut widerstehen.

Östlich vom alten Stadtkern erstreckt sich das große Paradefeld „Thundikel", an dessen Rand ein 60 m hoher Aussichtsturm steht. Man sollte ihn unbedingt wegen des großartigen Rundblickes und wegen der Fernsicht auf den Ganesh Himal im Westen, über die Langtanggruppe bis zum Gaurisankar, dem heiligen Berg im Osten, besteigen. In der Nähe befindet sich auch Rani Pokhari, ein künstlicher See. Von hier gelangt man südlich in das alte Geschäftsviertel, das man gesehen und erlebt haben muß, geht es hier doch orientalischer zu, als man es sich nur vorstellen kann.

Nördlich befindet sich dann schließlich noch der heutige Königspalast, dessen moderne Architektur nicht jedermanns Geschmack sein wird, und der riesige „Singha-Durbar" (= „Löwenpalast"), der 1903 von französischen Architekten als Residenz für den damaligen Rana Maharaja erbaut wurde. Er umfaßt mit 7 Innenhöfen über 1600 Räume, ist eines der größten Gebäude Asiens überhaupt und dient derzeit als Regierungssitz. 1973 brannte der hofseitige Teil des Palastes gänzlich ab. Wenn man sich darüber lustig machen möchte, daß dieses Gebäude seinerzeit ohne sanitäre Einrichtungen gebaut wurde, so möge man bedenken, daß auch Schloß Versailles weder Toiletten noch Badezimmer hatte!

Patan: 5 km südöstlich von Kathmandu liegt jenseits des Bagmatiflusses Patan, die alte Hauptstadt des Landes, die früher Lalitpur hieß. Sie ist ein altes Zentrum des Buddhismus und besitzt daher mehr ehemalige Klosterbauten als Kathmandu.

Im Zentrum der Stadt steht der Residenzpalast am Durbar Square, der von vielen Tempeln umgeben ist und eine wunderschöne Szenerie bietet, die der von Kathmandu durchaus gleichkommt. Der Palast hat drei Innenhöfe mit jeweils interessanten Sakralbauten, prachtvollen Toreingängen, verziert mit kunstvollen Schnitzereien. Auch wunderbare Steinskulpturen sind hier zu sehen; leider müssen viele Stücke seit 1975 wegen der immer häufiger vorkommenden Diebstähle durch Polizisten bewacht werden.

Der Platz gegenüber der Residenz wird von sechs Heiligtümern überragt, 2 Shikharatempeln und 4 Pagoden. Einige Minuten vom Hauptplatz entfernt findet man den vergoldeten Tempel Hiranya Varna Mahavihar aus dem 12. Jahrhundert, und nördlich davon die fünfstöckige Pagode Kumbeshvar. Südlich vom Hauptplatz liegt der Tempel des roten Macchendra, und gegenüber befindet sich die Minnath-Pagode, die Buddhisten und Hindus gleichermaßen dient.

Man sollte Patan unbedingt mit einem kundigen Führer aufsuchen, weil viele Sehenswürdigkeiten versteckt liegen und nicht ohne weiteres zu finden sind. Patan gewährt einem als altes Handwerker- und Bauernstädtchen übrigens auch einen guten Einblick in den Alltag der Newarbevölkerung.

Ca. 20 Gehminuten von Patan entfernt liegt Jawalakhel, wo durch Schweizer Hilfe für tibetische Flüchtlinge eine neue Heimat errichtet wurde. Die Tibeter leben hier von der neu aufgebauten Teppichknüpferei, Weberei und von der Erzeugung tibetischer Kunstgegenstände. Durch ihr freundliches Wesen und ihren Fleiß konnten sich diese Flüchtlinge zu einer wertvollen Volksgruppe im nepalischen Staat entwickeln.

Bhadgaon hieß früher Bhaktapur, ist der jüngste der drei ehemaligen Stadtstaaten im Kathmandutal und liegt 16 km östlich der Hauptstadt. Die Sehenswürdigkeiten sind hier nicht wie in den beiden anderen Städten konzentriert, sondern befinden sich an drei verschiedenen Orten.

Am Durbar Square steht das alte Residenzgebäude mit seinen 55 holzgeschnitzten Fenstern und dem berühmten „Goldenen Tor", welches zweifellos das kunstvollste von ganz Nepal ist. Vor dem Palast kniet auf einer Säule die vergoldete Figur des Mallakönigs Bhupatindra. Im Gebäude befindet sich ein Museum mit wertvollen alten Tankas und schönen alten Handschriften.*)

Am Taumadhi Tole finden wir die höchste und mächtigste Pagode von ganz Nepal, die Nyatpola Pagode. Sie ist fünfstöckig und erhebt sich über fünf Terrassenstufen; ihr Alter liegt bei 250 Jahren. Auf den Stufen bewachen 5 mythische Figurenpaare den Zugang zum Tempel. Zuunterst die beiden Riesen Jaya und Patta, dann zwei Elefanten, zwei Tiger, zwei Drachen und zuoberst die Tigergöttin Vyaghrini und die Löwengöttin Simhini. Die Figuren der untersten Stufe gelten als zehnmal so stark wie der Mensch und die darauffolgenden immer um zehnmal stärker als die vorhergehenden. Die Pagode hat übrigens das Erdbeben von 1934 ohne wesentlichen Schaden überstanden.

Am Tachapi Tole schließlich steht die vermutlich älteste Pagode Nepals, die dreistöckige Dattatraya, von der die Legende berichtet, daß sie aus einem einzigen

*) Gegen einige Rupien öffnet der Wärter ein Fenster im ersten Stock, und von hier ergeben sich die besten Fotomotive vom Mallakönig.

Baumstamm errichtet sein soll. Dahinter befindet sich das interessante Kloster Pujahari mit seinem berühmten geschnitzten Pfauenfenster. (Die Klosterrestaurierung erfolgte übrigens durch eine Spende des deutschen Bundespräsidenten Lübke, wie überhaupt in Bhadgaon die deutsche technische Entwicklungshilfe derzeit verschiedenste Sanierungsarbeiten an Gebäuden durchführt.)

Swayambunath ist ein wunderschönes, aber auch hochinteressantes Baudenkmal und gehört zu den bedeutendsten und ältesten Bauwerken Nepals. Der Stupa von Swayambunath liegt auf einem Hügel 5 km westlich von Kathmandu, der schon in der vorbuddhistischen Zeit ein religiöses Denkmal getragen haben dürfte. Vor etwa 2000 Jahren scheint dann bereits ein Grab- bzw. Reliquienhügel an der Stelle errichtet worden zu sein, und die jetzige Form ist mindestens 1000 Jahre alt. Das heutige Aussehen geht auf eine Reparatur nach einem schweren Unwetter aus dem Jahre 1816 zurück.

Der Stupa zeigt die Symbolik des Buddhismus mit dem Kreis als Grundriß und Versinnbildlichung des Weltalls. Der daraufgesetzte vergoldete Bronzeturm trägt 13 vergoldete Ringscheiben, die das Feuer bzw. den Weg der Erleuchtung symbolisieren, ähnlich wie bei den primitiven steinernen Stupas und Tschorten auf den Pässen des Himalaja mit ihren 13 Steinwülsten. Von den 4 Wänden des Turmes blicken die forschend-allwissenden Augen Buddhas in das Land. Rund um den Stupa sind über 200 bronzene Gebetszylinder angeordnet, die von den Pilgern fleißig gedreht werden. Die Augen werden auch oft als Symbol für Sonne und Mond und das „Fragezeichen“ zwischen ihnen als das Symbol der Lehre angesehen. Besonders beachtenswert ist auch der am Tempelplatz dargestellte 2 m lange vergoldete Donnerkeil, Vajra (auf tibetisch: Dorje) genannt. Dieses Ritualszepter ist ein Symbol des tibetisch-buddhistischen Lamaismus, welches größte geistige Kraft bedeutet. Rund um den Stupa gibt es noch verschiedenste kleinere Heiligtümer, von denen besonders die vergoldete, 2stöckige Pagode auf der Westseite zu erwähnen ist, die der Göttin Hariti, der Schutzpatronin vor den Pocken, geweiht ist.

Am Platz befindet sich ein lamaistisches Kloster, wo man als Bergwanderer erstmals mit den buddhistischen Ritualen und der Ghompaausstattung bekannt wird und denen man unterwegs immer wieder begegnen wird. Im Tempelinneren befinden sich eine überlebensgroße, vergoldete Buddhastatue und interessante Malereien.

Vor dem Aufgang zum Stupahügel und am Stupa selbst treiben sich übrigens viele Rhesusaffen herum.

Bodnath: Rund 8 km östlich von Kathmandu liegt im flachen Talboden der Stupa von Bodnath. Er ist mit 38 m Höhe und einem Durchmesser von 100 m an der Basis der größte Stupa der Erde. Er ist ähnlich dem von Swayambunath, aber größer und wuchtiger, und die ältesten Bauelemente sollen ebenfalls mindestens 2000 Jahre alt sein, was aber bezweifelt wird. Er ist auf einem dreistufigen Terrassensockel errichtet und von 108 (heilige Zahl!) Gebetszylindern sowie einer großen Anzahl verschiedener Sakralfiguren umgeben.

Auch über seine strahlend weiß getünchte Kuppel erhebt sich ein vergoldeter Bronzeturm mit 13 Kuppelringen und den aufgemalten Augen.

In einem geschlossenen Kreis stehen rund um das Heiligtum Klosterbauten, von denen heute die meisten aber Andenkenläden („curio-shops“) enthalten, in denen man u. a. sehr schöne Thankas erstehen kann. Bodnath ist ein wichtiger und berühmter Pilgerort, in dessen angeschlossenem Kloster der Chinia-Lama als Oberpriester residiert und einen so hohen Rang einnimmt, daß er praktisch Vertreter des Dalai-Lama ist.

Pashupatinath liegt nicht weit vom Flugplatz „Gauchar“ in einer kleinen Schlucht am heiligen Fluß Bagmati und ist Hauptsitz der brahmanischen Priester. Es ist ein in sich abgeschiedener riesiger Tempelbezirk und kann als das Benares Nepals bezeichnet werden. Es gilt als eines der Hauptheiligtümer des Hinduismus.

Pashupatinath ist ein Beiname Shivas und bedeutet „Herrscher über alle Tiere“ und stellt auch den wichtigsten Ort in Nepal zur Anbetung und Verherrlichung Shivas dar. Es gibt hier eine Reihe sehr alter und vor allem äußerst sehenswerter Tempel, und die gesamte Anlage soll die älteste Asiens sein. Der älteste Teil des Hauptheiligtums ist ein aus schwarzem Stein gefertigter, 4köpfiger Lingam. Über das ganze Tempelgelände sind übrigens kleine Tempel mit steinernen Lingams verstreut.

Die Haupttempelstätte wird von einer überlebensgroßen, vergoldeten Statue des heiligen Stieres Nandi, die aus dem 8. Jahrhundert stammt, bewacht. Leider dürfen diesen Tempelbezirk nur Hindus betreten. Geht man jedoch über die Brücke und steigt den Hügel etwas hinauf, dann kann man in die Tempelhöfe hineinsehen und auch den heiligen Stier erblicken, soweit ihn das Laubwerk von Bäumen freigibt.

Auf der linken Flußseite liegt der berühmte Tempelbezirk von Guhyeshvari, der von hohen Mauern umgeben ist. Der Haupttempel enthält keine Götterstatuen, sondern hier werden nur Reis, Hirse, aber vor allem auch Tiere geopfert. Guhyeshvari kommt von Guhya = vagina und wird von den Hindus in Verbindung mit Kali, der Gemahlin Shivas, verehrt.

Die Verbrennungsstätten (Arya) am Fluß dürfen betreten werden, und hier kann man Situationen wie in Benares erleben. Neben den Tempeln stehen dicht am Flußufer größere Häuser, in denen begüterte alte Menschen aus nah und fern auf den Tod warten. Sie werden dann am Flußufer verbrannt, wobei 9 Lagen Scheiterholz für die männlichen und 7 Lagen für die weiblichen Toten verwendet werden; für die Armen gibt es nur Stroh. — Nach hinduistischem Glauben muß jeder Leichnam verbrannt und seine Asche in fließendes Wasser gestreut werden, damit sich die Seele vom Körper lösen kann und der Verstorbene nicht weiterhin auf Erden umhergeistern muß.

Auch soll noch auf die nordöstlich von Bhadgaon gelegene Tempelanlage von **Changu Narayan** hingewiesen werden. Sie liegt auf einem Hügel und ist die älteste heilige Stätte des Kathmandutales überhaupt. Neben der in einem Hof befindlichen zweistöckigen Hauptpagode befinden sich eine Steinsäule mit Inschriften und eine über 2 m hohe kniende Garudafigur, die beide aus dem Jahre 464 unserer Zeitrechnung stammen und die ältesten sicher datierten kulturhistorischen Zeugnisse Nepals sind. — Die Stätte ist noch von jeglicher Zivilisation unberührt und ein würdevoller Platz.

Abschließend sei noch ein Besuch des sehr romantisch in einer kleinen Schlucht gelegenen **Dakshin Kali** empfohlen. Obwohl 20 km von Kathmandu entfernt, lohnt sich die Besichtigung der kleinen Tempelanlagen doch sehr. Jeden Dienstag und Samstag werden vormittags hier der Göttin Kali Tieropfer (meist Hühner und Ziegen*) dargebracht, und man kann sehr gut die natürliche Religiosität der Bevölkerung und der Pilger bei dieser blutigen Zeremonie beobachten.

Auf der Fahrt nach Dakshin Kali kommt man nahe am romantischen Städtchen **Kirtipur** vorbei, dessen Besuch sich sehr lohnt, weil es seinen mittelalterlichen Charakter völlig erhalten hat.

Der Tiroler Architekt Dr. Carl Pruscha hat im Auftrag der UNESCO und der nepalischen Regierung ein Raumplanungskonzept für das Kathmandutal erarbeitet. Er hat auch bei der Planung der Institutsgebäude der neuen Universität mitgearbeitet — zwischen Kathmandu und Kirtipur gelegen. Die Gebäude sind sehr modern, aber doch stil- und landschaftsgerecht.

---

*) Hiebei wird sozusagen nur das Blut geopfert, die Tiere werden daheim bei einem Familien-Festmahl verzehrt.

Wanderrouten

Das Bergwandern (im englischen „trekking" genannt) beschränkt sich vorerst in Nepal auf den mittleren und mittelöstlichen Teil des Landes. Hier liegen sieben der acht Achttausender, die eine unvergeßliche Kulisse vor den Wanderpfaden abgeben. Auf kürzeste Distanzen gelangt man hier von den Tropen und Subtropen in die Hochregion der Himalajaalmen.

Aber auch der Westen Nepals wird hoffentlich bald dem Bergtouristen erschlossen. Obwohl es hier keine Achttausender gibt, steht die Bergwelt in ihrer Wucht und Vielfalt den anderen Teilen des Landes in keiner Weise nach, und die Bevölkerung ist noch ursprünglicher als in Mittel- und Ostnepal.

Schließlich kann man nur hoffen, daß sich die politische Situation an der Nordgrenze bald so weit entspannt, daß sich auch das hochinteressante Fürstentum Mustang dem Touristen öffnet. Dieser Landstrich nördlich des Himalajahauptkammes zeigt in seiner herben Landschaft bereits völlig tibetischen Charakter und bietet auch in kultureller Hinsicht sehr viel. Nicht unerwähnt soll bleiben, daß man in Sikkim und neuerdings in Kashmir in der Provinz Ladakh Trekkingtouren unternehmen kann. Gerade das letztere Gebiet ist sehr interessant, weil Ladakh bereits ebenfalls hinter der Himalajagebirgskette liegt und geographisch wie ethnologisch zu Westtibet gehört. — Bhutan ist leider dem Bergsteiger und Touristen derzeit noch völlig verschlossen. Nachfolgend sollen nun die von den verschiedenen deutschsprachigen Bergsteiger-Reiseunternehmungen organisierten und angebotenen Wanderrouten durch Nepal — von Ost nach West — aufgezählt und kurz charakterisiert werden. Genaue Einzelheiten über den täglichen Wanderverlauf sind den Prospekten zu entnehmen, welche über die im Anhang genau angeführten Anschriften der Reiseunternehmen jederzeit erhältlich sind. Sämtliche Fahrten sind mit einem mehrtägigen kulturellen Besichtigungsprogramm im Kathmandutal und die meisten auch mit einer kurzen Besichtigung in Indien kombiniert.

A) Solu—Khumbu:

Flug mit Twin-Otter nach Jiri und von dort in 10 bis 14 Tagen über Junbesi—Namche Bazar—Tengpoche bis in die Nähe des Everest-Basislagers. Zusätzlich werden zwischen Tengpoche und dem Basislager oder in dem Seitental zum Cho Oyu eine oder mehrere leichte Besteigungen von Fünftausendern durchgeführt. Hiebei wird immer wieder zum Ausgangslager zurückgekehrt, so daß reine Wanderer diese Bergtouren nicht mitzumachen brauchen. — Dies gilt auch für alle weiteren angeführten Trekkingrouten. Rückflug mit Twin-Otter von Lukla.

Dauer: 25 bis 30 Tage einschließlich Besichtigungsprogramm (für den Rückflug von Lukla müssen einige Reservetage im Programm enthalten sein!).

Reiseunternehmungen: Deutscher Alpenverein
Österreichisch-Nepalesische Gesellschaft
Sport Schuster

Besondere Hinweise: Außerordentlich lohnend und landschaftlich besonders schön. Vorteil der sehr guten Akklimatisierung während des Anmarsches durch das Solu.

B) Everest-Gebiet:

Flug mit Twin-Otter nach Lukla und von dort über Namche Bazar—Tengpoche in 6 bis 10 Tagen mit verschiedenen Abstechern zur besseren Akklimatisierung in die Gegend des Everest-Basislagers. In der Umgebung des Lagers werden dann ein bis drei Fünftausender, bei manchen Programmen auch der 6200 m hohe Island Peak bestiegen. Rückflug mit Twin-Otter von Lukla.

Dauer: 22 bis 28 Tage (für den Rückflug von Lukla müssen einige Reservetage im Programm enthalten sein!).

Reiseunternehmungen:
Österr. Alpenverein
Österreichisch-Nepalesische Gesellschaft
Weltweit Bergsteigen
Deutscher Alpenverein
Hauser Exkursionen
Sport Schuster

Besondere Hinweise: Zwar außerordentlich lohnend und landschaftlich besonders schön, aber Nachteil des direkten Fluges nach Lukla und notwendigerweise anschließend verhältnismäßig rascher Anstieg in Höhen gegen 4000 m, so daß in den letzten Jahren häufig teilweise lebensgefährliche Höhenerkrankungen bei Teilnehmern aufgetreten waren.

C) Rolwaling:

Fahrt mit Landrover oder Kleinbus auf der „Chinese-Road“ („Anico Highway“) bis Barabise oder Sunkosi Bazar.

Variante a): Über Charikot—Beding, am Gaurisankar vorbei, über den 5800 m hohen (!) Trashi-Labsta-Paß nach Thame—Namche Bazar—Tengpoche—Namche Bazar, mit Besteigung von Fünf- und Sechstausendern vor dem Trashi-Labsta-Paß. Rückflug von Lukla.

Dauer: 30 Tage (für Rückflug von Lukla müssen einige Reservetage im Programm enthalten sein!).

Besondere Hinweise: Großartige, sehr lohnende, aber anstrengende Bergwanderung, mit der Möglichkeit, Rolwaling- und Everest-Gebiet kombinieren zu können; gute Akklimatisierungsmöglichkeiten.

Variante b): Über Laduk—Simigaon—Beding; Besteigungsmöglichkeit einiger Fünftausender und dann weiter nach Süden über Dandakharka nach Jiri und von dort Rückflug mit Twin-Otter.

Dauer: 28 Tage.

Besondere Hinweise: Nicht so anspruchsvoll und anstrengend wie Variante a), aber ebenfalls sehr lohnend.

Reiseunternehmungen: Var. a) und b): Deutscher Alpenverein
Hauser Exkursionen
Sport Schuster

D) Gosainkund/Helambu/Jugal Himal:

Mit dem Auto auf der „Chinese-Road“ eine Stunde bis Chisapani und in einigen Stunden ins Indrawatital oder auf der Straße etwas weiter bis Panchal und von dort dann in das Indrawatital. Den Fluß ein bis zwei Tagesmärsche aufwärts (oder über die Bergketten) und dann weiter bis Tharke, dem interessanten Hauptort des Helambu. Von dort weiter bis Melamche und über den 4600 m hohen Surla-Kund-Paß zu den wundervoll gelegenen Gosainkund-Seen. Von hier kann man unschwierige Vier- und Fünftausender besteigen. Rückweg auf etwa der gleichen Strecke oder Abstieg nach Trisuli Bazar.

Von Tharke kann man aber auch in zwei Tagesmärschen weiter bergauf nach Norden bis zum 5200 m hohen Kangsha (auch „Ganja“) La und hier im Gebiet des

Jugal Himal Fünf- und (schwierig) Sechstausender besteigen. Die Überschreitung des Kangsha La ins Langtangtal ist ein hochalpines Unternehmen und besonders für die Träger schwierig, daher am besten Rückweg über Gosainkund—Melamche oder Gosainkund—Trisuli Bazar und von dort mit dem Landrover nach Kathmandu.

Dauer: Gosainkund 10 bis 12 Tage; Jugal Himal (einschließlich Besichtigungsprogramm) 25 Tage.

Reiseunternehmungen: Hauser Exkursionen
Sport Schuster

Besondere Hinweise: Kürzeste und schnellste Möglichkeit, zu Fuß in den Himalaja zu gelangen; landschaftlich sehr schön.

E) Langtang:

Fahrt mit Landrover ca. 5 Stunden bis zum Kraftwerk Trisuli bzw. bis Betrawati und dann in mehreren Tagen über Ramche—Dhunche nach Gosainkund und von dort nach Langtang oder unter Auslassung von Gosainkund kürzer nach Langtang. Von dort einen halben Tagesmarsch weiter bis Kyangjin (Kyangchin) Ghompa auf 3800 m, wo auf einer Hochalm angesichts der herrlichen Fünf-, Sechs- und Siebentausender das Basislager aufgeschlagen wird. Von hier kann man unschwierige Wanderungen und sehr schwierige Touren einschließlich Erstersteigungen vornehmen.

Gleicher Rückweg oder über den 5200 m hohen Kangsha La ins Helambu, wobei der nicht einfache Paßübergang für die Träger aber versichert werden muß und auch steinschlaggefährdet ist.

Dauer: 20 bis 30 Tage einschließlich Besichtigungsprogramm.

Reiseunternehmungen: Hauser Exkursionen — Sport Schuster
Österr. Alpenverein — Weltweit Bergsteigen

Besondere Hinweise: Kein Binnenflug und daher auch keine Reservetage im Programm notwendig.

F) Um den Manaslu:

Mit Landrover bis Trisuli Bazar und von dort über Sertung—Barang bis zum Buri Gandaki und über Seti Basi wieder hinunter zum Chuling Kola. Weiter über Li nach Sarma, von wo von erfahrenen Hochalpinisten in bester Verfassung der unschwierige, aber 6650 m hohe Larkia Peak bezwungen werden kann. Dann weiter nach Tilche—Marsyandytal—Khudi—Nalma und schließlich auf die Straße Kathmandu—Pokhara, auf der man in vierstündiger Busfahrt Pokhara erreicht. Von dort wird nach Kathmandu zurückgeflogen.

D a u e r : 34 Tage einschließlich Besichtigungsprogramm.

R e i s e u n t e r n e h m u n g : Deutscher Alpenverein

B e s o n d e r e H i n w e i s e : Großartige, jedoch sehr anspruchsvolle Tour, die über Bergwandern im üblichen Sinne hinausgeht.

G) Wanderungen zwischen Kathmandu und Pokhara durch das Land der Gurkhas:

In der Regel wird einige Stunden auf der Straße Kathmandu—Pokhara nach Westen gefahren. Von dort wird dann die Wanderung durch ein landschaftlich reizvolles Gebiet — nie über 2000 m Seehöhe — unter Berührung der alten Königsstadt Gurkha bis Pokhara mit seiner großartigen Aussicht auf die Annapurna- und Dhaulagirigruppe geführt. Rückflug oder Rückfahrt mit Bus von Pokhara nach Kathmandu.

D a u e r : 6 bis 10 Tage ohne Besichtigungsprogramm.

R e i s e u n t e r n e h m u n g e n : Deutscher Alpenverein
Hauser Exkursionen

B e s o n d e r e H i n w e i s e : Leichteste aller angeführten Wanderungen. Beste Zeit: Oktober bis Februar; im April/Mai ist die Landschaft trostlos „ausgetrocknet", und auch die Hitze ist sehr groß.

H) Annapurna Base Camp/Mardi Himal:

Variante a) Base Camp:

Fahrt mit Bus oder Flug nach Pokhara. Wanderroute über Suikhet—Machgaon—Ghandrung—Chomrong—Modi Kola bis zum Hauptlager auf 4000 m Höhe. Von hier aus können der unschwierige Rocky Peak (5200 m) oder der anspruchsvollere Tent Peak (5550 m) erstiegen werden, und immer hat man die prächtige Szenerie der Annapurnagipfel vor sich. Der Rückweg nach Pokhara ist mit einer Variante möglich.

Variante b) Mardi Himal:

Fahrt mit Bus oder Flug nach Pokhara. Wanderroute über Henja—Ghachak bis auf über 3000 m hinauf, wo angesichts der großartigen Annapurnagipfel und des Machapuchare das Hauptlager errichtet wird. Von hier über ein Hochlager Besteigung des nicht schwierigen, aber immerhin 5400 m hohen Mardi Himal und wieder den gleichen Weg zurück nach Pokhara.

Wanderrouten

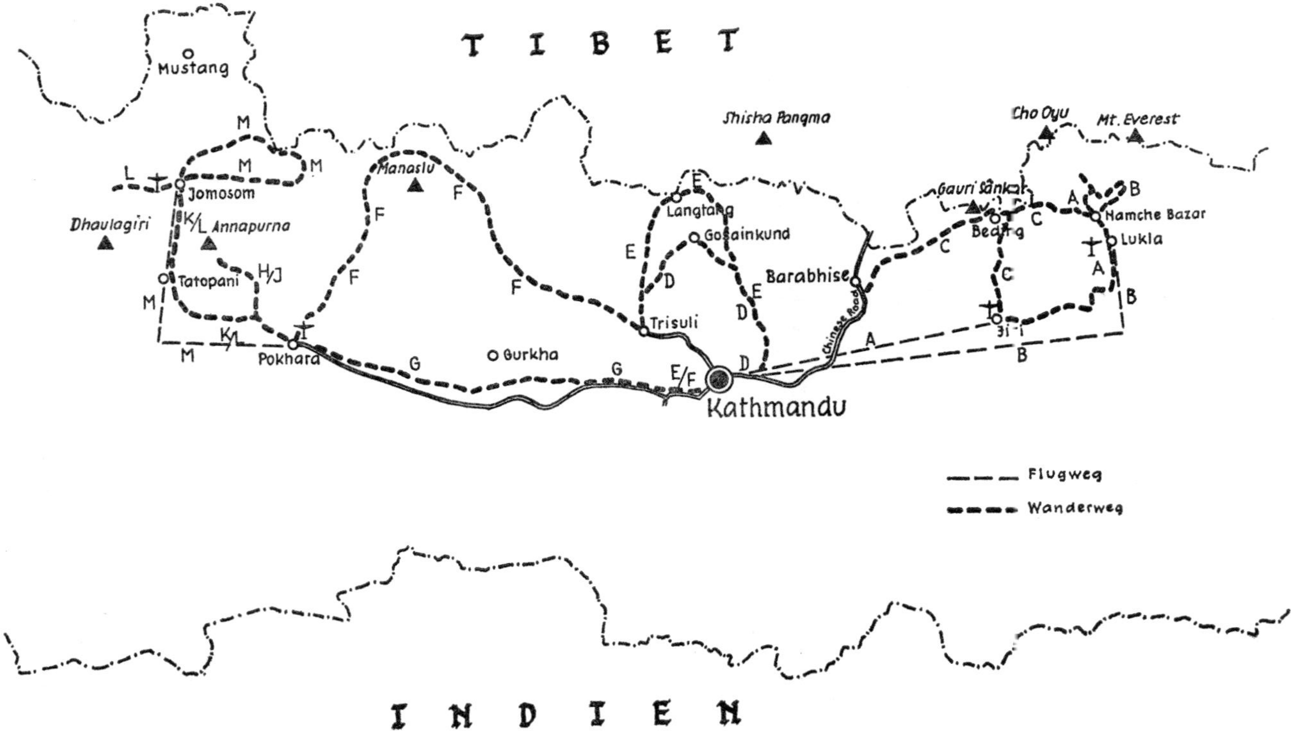

Dauer: 23 bis 24 Tage mit Besichtigungsprogramm.

Reiseunternehmungen: Deutscher Alpenverein, Österr. Alpenverein, Hauser Exkursionen, Weltweit Bergsteigen

Besondere Hinweise: Landschaftlich großartig.

I) Lamjung Himal (Annapurnagebiet):

Busfahrt oder Flug nach Pokhara. Wanderung über Sangomug—Tangting—Rambrong mit wunderbarem Ausblick auf das gesamte Annapurnamassiv. Hochlager in 4000 m Höhe, von wo einige ganz unschwierige Fünftausender bestiegen werden können. Rückweg über Khudi nach Pokhara.

Dauer: 22 bis 24 Tage mit Besichtigungsprogramm.

Reiseunternehmungen: Deutscher Alpenverein, Hauser Exkursionen

Besondere Hinweise: Etwas einfacher als H) und landschaftlich mindestens so schön; weniger von Trekkingtouristen begangen als H).

K) Kali Gandaki:

Busfahrt oder Flug nach Pokhara. Wanderung über den Dhampuspaß—Ghandrung—Deoralipaß (3100 m)—Tatopani—Kaiku bis zum sehr interessant gelegenen Marpha im Kali-Gandaki-Tal, der tiefsten Schlucht der Erde. Dann weiter nach Jomosom, das schon nördlich des Himalajahauptkammes liegt und tibetischen Charakter hat. Aufstieg zum 4100 m hohen Taglung Peak mit prächtigem Ausblick auf Annapurna und Dhaulagiri sowie auf das tibetische Hochplateau. Zurück auf einer Wegvariante über Tatopani-Ghorepani-Paß (3000 m) nach Pokhara.

Dauer: 22 bis 24 Tage mit Besichtigungsprogramm.

Reiseunternehmungen: Deutscher Alpenverein, Hauser Exkursionen, Sport Schuster, Österr. Alpenverein, Weltweit Bergsteigen, Österreichisch-Nepalesische Gesellschaft

Besondere Hinweise: Äußerst interessante Tour, die keine besonderen bergsteigerischen Ansprüche stellt. Der Weiterweg von Jomosom bis zum heiligen Ort Muktinath oder gar bis Mustang ist derzeit, d. h. im Sommer 1975, noch immer wegen der noch nicht abgeschlossenen Polizeiaktion der nepalischen Regierung gegen die schwerbewaffneten tibetischen Khampaflüchtlinge für Bergsteiger und Touristen gesperrt. Es ist aber wahrscheinlich, daß wenigstens der Weg bis Muktinath im Frühjahr 1976 bereits freigegeben wird.

L) Dhaulagiri/Annapurnagruppe:

Variante a): Besteigung des Thini-Peak in der Nähe von Jomosom:
Der Wegverlauf ist ähnlich wie der Rückweg bei Route K. Dann weiter von Jomosom nach Thini und Besteigung des Thini Peak (5600 m) und wieder zurück in das Kali-Gandaki-Tal. Von Tatopani über Ghandrung—Dhumpus—Henja nach Pokhara.

Variante b): Besteigungen im Hidden Valley:
Von Jomosom in das „Hidden Valley" hinter dem Dhaulagiri, wo von einem Hochlager auf 4800 m aus geübten Alpinisten die Besteigung einer Reihe unschwieriger bis mäßig schwieriger und zum größeren Teil noch unerstiegener Fünf- und Sechstausender möglich ist. Rückweg wie oben nach Pokhara.

Dauer: 26 bis 30 Tage mit Besichtigungsprogramm.

Reiseunternehmungen: Hauser Exkursionen, Sport Schuster

Besondere Bemerkungen: Variante b) ist ein anspruchsvolles Bergunternehmen. Es ist nicht unbedingt zu empfehlen, Programme mit Rückflug von Jomosom zu wählen, weil die Pilatus-Porter-Maschine Jomosom nur bei sehr gutem Wetter anfliegen kann und dort daher oft mehrere Tage auf den Rückflug gewartet werden muß.
Beide Routen werden voraussichtlich wegen der „Khampa-Unruhen" erst im Frühjahr 1976 wieder freigegeben.

M) Mukut Himal:

Flug mit Pilatus Porter nach Dhorpatan, nördlich der Kali-Gandaki-Schlucht und Wanderroute über mehrere 4000 m hohe Pässe (Phagune Duri, Jangla) ins Tal des Barbung Kola. Besteigungsmöglichkeit des unschwierigen, aber 6200 m hohen Mukut Peak und des schwierigeren Hangde (6600 m). Weiter über den 5800 m (!) hohen Mula-Paß zur Oase Phala und nach Jomosom. Flug von Jomosom nach Pokhara.

Dauer: 32 Tage mit Besichtigungsprogramm.

Reiseunternehmen: Deutscher Alpenverein

Besondere Bemerkungen: Die anspruchsvollste, aber auch die interessanteste aller angeführten Wanderrouten, welche zumindest sehr große Ausdauer erfordert. Nachteile: Die Flüge können nur bei gutem Wetter erfolgen — und: für derartige spezielle Unternehmungen melden sich häufig zu wenige Teilnehmer an, so daß die Touren dann im letzten Moment abgesagt werden.

Die Route wird ebenfalls voraussichtlich erst im Frühjahr 1976 wegen der Khampa-Unruhen freigegeben.

N) Jumla:

Flug mit Twin-Otter nach Jumla in Westnepal und von dort Wanderung über Kaigaon—Tribikot nach Tarakot und weiter zum Kali Gandaki und nach Pokhara.

Dauer: 14 Tage ohne Besichtigungsprogramm.

Reiseunternehmungen: Die europäischen deutschsprachigen Unternehmungen haben diese Reise noch nicht in ihr Programm aufgenommen; man muß sich daher einer einheimischen Firma bedienen — siehe Anschriften im Anhang!

Besondere Bemerkungen: Die Route ist deswegen sehr interessant, weil sie vielfach durch eine Landschaft mit tibetähnlichem Charakter führt.

O) Botanisch-zoologische Wanderungen:

Während der Monsunmonate Juni bis September werden für naturwissenschaftlich besonders Interessierte Bergwanderungen unter der Leitung von Wissenschaftlern durchgeführt. So veranstaltet z. B. „Hauser Exkursionen" eine solche Wanderung mit Besichtigungsprogramm und einer Dauer von 26 Tagen ins Kali-Gandaki-Gebiet.

P) Kajakfahrten auf den Himalajaflüssen:

Erst vor kurzem wurde Nepal als das Dorado für den Kajaksport entdeckt, und so bietet „Hauser Exkursionen" als erstes Reiseunternehmen eine Kombination von Trekking und Kajakfahren auf den wilden Himalajaflüssen bis hinunter in den Dschungel des Terai, wofür die Boote beigestellt werden.

Anschriften der Reiseunternehmungen

Deutscher Alpenverein e. V., Berg- und Skischule, 8 München 22, Praterinsel 5, 089/29-30-10

„Hauser Exkursionen international", 8 München 2, Neuhauserstraße 1, 089/26-30-09

Österreichischer Alpenverein, Bergsteigerschule; A-6020 Innsbruck, Wilhelm-Greil-Straße 15, 0 52 22/23-1-71

Österreichisch-Nepalesische Gesellschaft, A-1080 Wien, Auerspergstraße 21 (zusammen mit Reisebüro)

Sport Schuster, 8 München 2, Rosenstraße 3—6, 089/24-14-14

„Weltweit Bergsteigen", Reisebüro Waggons-Lits/Cook, Brixnerstraße 2, A-6020 Innsbruck

Außerdem veranstaltet Trekking-Unternehmen: „Swiss-Trac", Martin Hug, Wiesentalstraße 9, CH-9400 Rorschacher Berg.

Trekking Agencies in Nepal:

Annapurna Mountaineering and Trekking, Pvt. Ltd., Durbar Marg, Kathmandu, P. O. Box 795

Himalajan Trekking, Pvt. Ltd., Ram Shah Path, Kathmandu

Mountain Travel (Col. J. Roberts), Maharajganj, Kathmandu, P. O. Box 170

Sherpa Trekking Service, 1/357 Kapondole, Patan, P. O. Box 500.

Travel Agencies in Nepal:

Annapurna Tours & Travels, Ghantaghar, Kathmandu

Shanker Tours & Travels, Hotel Shanker, Lazimpat, Kathmandu

Yeti Travels, Seto Darbar, Darbar Marg, Kathmandu.

Vereinigungen zur Pflege des Kontaktes und der Freundschaft mit Nepal:

Deutsch-Nepalesische Gesellschaft: Köln-Lindenthal, Wullnerstraße 118

Österreichisch-Nepalesische Gesellschaft: Wien, Auerspergstraße 21; Präsident: Architekt Dipl.-Ing. Lethmayer

Schweizerisch-Nepalesischer Freundeskreis: Thun, Aarefeldstraße 3; Direktor Schafroth.

Reise- und Wanderzeit

Wie schon im Erlebnisbericht angeführt, ist das Bergwandern in Nepal mit Ausnahme der Monsunmonate Juni bis September immer möglich.

In der Nachmonsunzeit, im Oktober und November, ist das Mittelland herrlich „grün", während das Wetter im Winter und in der Vormonsunzeit immer trockener wird und das Mittelland dann einen „gelbbraunen" Gesamteindruck macht.

In den Hochlagen sind die Verhältnisse in der **Nachmonsunzeit** ähnlich wie im Herbst bei uns, wobei es aber von Mitte Oktober bis Mitte November noch warm ist und man mit bestem Wetter und sehr guten Sichtverhältnissen rechnen kann. Die Nachtfröste lassen das Laub der Büsche, Birkenwälder und die Almmatten der Hochregion in wunderbaren Herbstfarben aufleuchten. Diese Zeitspanne ist also besonders auch für Hochtouren bestens geeignet.

Ab Mitte November ist in den Hochlagen über 3500 und 4000 m schon mit Schnee zu rechnen. Ab dieser Zeit bis Ende Februar, d. h. also im **Winter,** kann man daher nur Wanderungen im Mittelland unternehmen. Das **Frühjahr,** von März bis Mitte April, ist eine günstige Zeit für Bergwanderungen in Lagen bis 3500 m. Das ist die Zeit der prachtvollen Rhododendronblüte in den Bergwäldern, die man Anfang Mai auch noch in höheren Lagen erleben kann.

Die **Vormonsunzeit,** Mitte April bis Ende Mai, ist dann die traditionelle Hauptsaison für Hochtouren. Die Temperaturen steigen tagsüber in den Hochlagen stark an, es ist die heißeste Zeit im Jahr. Auf den Hochalmen über 4000 m zieht aber erst Anfang Mai der Bergfrühling mit seinen violetten Zwergiris-Matten und der bunten Vielfalt seiner Frühlingsflora ein. Am Spätnachmittag treten besonders ab Mitte Mai häufig Gewitter auf, die langsam zum Monsun überleiten. (In Höhen über etwa 4800 m muß man zu jeder Jahreszeit mit Schneefall rechnen.)

Die feuchte **Monsunzeit** schließlich, mit ihrer Blutegelplage, hüllt die Gipfel häufig in Wolken, so daß man da kaum größere Touren unternimmt; eine Ausnahme bilden die „botanischen Wanderungen“. Auf den Hochalmen der inneren Himalajatäler herrscht zu dieser Zeit allerdings Hochbetrieb durch große Herden aufgetriebener Jaks, Tsaoris, Schafe und Ziegen.

Zeitdifferenz:

Der Zeitunterschied zwischen New-Delhi und der mitteleuropäischen Zeit beträgt 4½ Stunden und zwischen Indien und Nepal nochmals 10 Minuten.

Gesundheitliche Vorsorge

Impfungen: Pockenschutzimpfung ist obligatorisch und eine Impfung gegen Cholera und Typhus unbedingt zu empfehlen. Da in Asien die infektiöse Gelbsucht immer wieder auftritt, ist (knapp vor Reisebeginn, weil die Wirkung nur einige Wochen anhält) auch eine Impfung mit Gammaglobulin anzuraten.

Malariavorbeugung: Nur wenn man sich in Chitwan („Tiger Tops"-Hotel), d. h. im Dschungelgebiet des Terai, aufhält, ist eine Malariavorbeugung notwendig. Im Kathmandutal und im Pahar braucht man an eine derartige Vorsorge nicht zu denken. Derzeit scheint sich am besten Paludrin oder ein anderes von tropenärztlichen Spezialisten empfohlenes Präparat zu bewähren.

Verhaltensmaßregeln beim Essen: Größte Vorsicht beim Genuß von Trinkwasser, ungekochtem Fleisch und Gemüse, denn man kann sich hiebei in Indien und Nepal von einer harmlosen Darminfektion bis zur gefährlichen Amöbenruhr alle möglichen Krankheiten zuziehen!

Daher grundsätzlich kein ungekochtes Wasser trinken. (Achtung! Auch die Eiswürfel in sonst hygienisch einwandfrei erzeugten Getränken wie Bier, Cola usw. stellen eine Infektionsquelle dar.) In den Hotels findet man Thermosflaschen mit (angeblich) einwandfreiem Wasser, aber es ist auch hier Vorsicht am Platz. Auch die Zähne sollte man sich unter diesen Umständen mit Cola oder ähnlichem putzen.

Keine rohen Salate, kein Speiseeis, nur selbstgeschältes Obst essen!

Jedenfalls sollte man aber vorbeugend gegen die leichteren Formen der Darminfektion täglich „Mexaform", „Siosteran" (jodfrei) oder ähnliche Präparate einnehmen. — Apotheken gibt es nur in Kathmandu.

Wenn man trotz der Vorbeuge eine leichte Unpäßlichkeit spürt, dann hilft „Carboguan" oder ein ähnliches Präparat, um die Sache wieder einzurenken. Bei schweren

Fällen müssen dann „Reasec“ und schließlich Antibiotika verabreicht werden, aber diese Therapie gehört schon in die Hände des Arztes, der eine Trekkinggruppe eigentlich immer begleiten sollte!

Hat man eine Magen-Darm-Attacke überstanden, dann muß man unbedingt mindestens 48 Stunden Diät halten, um wieder einigermaßen zu gesunden. Reis ist hiefür die ideale Diätnahrung und Schonkost und ist nicht nur in jedem Hotel, sondern auch unterwegs bei der „Sherpa-Küche“ täglich zu erhalten.

Die allgemeinen Vorsichtsmaßregeln beim Essen und das Diäthalten werden leider häufig mißachtet, so daß sich viele Wanderer und Bergsteiger tagelang mit ständigem Durchfall dahinschleppen und völlig von Kräften kommen. Schon für viele hat es dann zu keiner Gipfelbesteigung mehr gereicht, und auch die Höhenkrankheit stellt sich bei entkräfteten Personen leichter als bei gesunden ein.

Das Bergwandern in Nepal führt in große Höhen. In den letzten Jahren hat es bei Bergsteigern und Wanderern viele ernstliche Höhenerkrankungen und sogar Todesfälle gegeben, so daß eine Kenntnis der Zusammenhänge und der Vorbeugungsmaßnahmen von großer Bedeutung erscheint:

In 5500 m ist in 1 l Luft nur noch die Hälfte des Sauerstoffs vorhanden wie in Meereshöhe; bei 7000 m nur noch ein Drittel.

Der Körper versucht den Sauerstoffmangel zunächst durch Vertiefung und Beschleunigung der Atmung zu kompensieren. Wenn diese Anpassung erschöpft ist, wird die Pulsfrequenz erhöht und das Herzvolumen vergrößert. Leidet das Gewebe dennoch unter Sauerstoffnot, so erhöht der Organismus die Zahl der roten Blutkörperchen. Zuerst werden die Blutdepots ausgeschüttet, dann werden vermehrt rote Blutkörperchen und Blutfarbstoff gebildet. Durch die Zunahme des Blutfarbstoffes wird der Sauerstoffgehalt des Blutes trotz bestehender arterieller Untersättigung konstant gehalten.

Nach 40 Tagen Aufenthalt in Höhen über 5500 m ist dieser Akklimatisationsvorgang auch bei weiterem Höhenanstieg abgeschlossen. Die Erweiterung und Neubildung von kleinen Blutgefäßen, insbesondere der Kapillaren, verläuft jedoch über eine wesentlich längere Zeit. Unter Sauerstoffmangel ist die periphere Durchblutung deutlich erschwert, die Gefahr des Erfrierens erheblich größer als in Meereshöhe.

Eine erste und sehr kurze Phase der Akklimatisierung findet bei ungefähr 1500 m statt, die Tiefe und Schnelligkeit der Atmung nimmt zu. Durch tiefes Atmen wird Kohlendioxyd, das den Sauerstoff in den Lungen verdünnt, schneller entfernt und dessen Konzentration im Blut verringert.

Bei etwa 5500 m nehmen Geschwindigkeit und Stärke zu, mit der sich das Herz zusammenzieht; vom Bergsteiger wird dies als starkes Herzklopfen empfunden. Die Menge des zirkulierenden Blutes erhöht sich, und in den Zellen besteht ein abnorm hoher Sauerstoffdruck. Harmlose Erkrankungen können in diesen Höhen in kurzer Zeit in ein lebensbedrohendes Stadium übergehen.

Für die Anpassung ist der Zeitfaktor von entscheidender Bedeutung. Ein jahrelanger Aufenthalt in Höhen über 5000 m bis 5500 m ist ohne Schädigung des Organismus nicht möglich. So verweilten z. B. die Mitglieder der wissenschaftlichen Himalajaexpedition der Engländer 100 Tage lang auf einer Höhe von 5800 m. Trotz bester Lebensbedingungen verloren die Teilnehmer kontinuierlich an Gewicht und Leistungsfähigkeit.

In großer Höhe kann das Blut bis zu ein Drittel mehr Sauerstoff aufnehmen als auf Meeresniveau, aber leider wird es gleichzeitig dickflüssiger. Als Folge dieser Zähflüssigkeit wird das Herz überfordert, das dickflüssige Blut durchzupumpen, und es entsteht die Gefahr von Blockierungen und Thrombosen. 1933 erlitt Eric Shipton derart für eine kurze Zeit den Verlust der Sprechfähigkeit — eine Art kleiner Schlaganfall. Hillary erlitt 1961 einen stärkeren Schlaganfall von vorübergehender Bedeutung beim Aufstieg zum Makalu.

Die Dickflüssigkeit des Blutes kann durch Wasserverlust noch gefördert werden, der nicht nur durch das Schwitzen, sondern auch durch tiefes Atmen verstärkt wird. In Höhen über 5000 m soll man täglich 3 bis 5 l, in Höhen über 6000 m 5 bis 7 l Flüssigkeit zu sich nehmen.

Welche Folgerungen ergeben sich aus all dem Angeführten für den Bergsteiger? — Schwerarbeit unter Sauerstoffmangel bedeutet Verminderung der Höhentoleranz. Sie läßt sich nur ausgleichen durch langsames Gehen, wenig Belastung durch Gepäck und längere Pausen, um die Sauerstoffschuld nachzuholen. Wenn der Muskel trotzdem in einem Sauerstoffdefizit arbeiten muß, so kommt es zum Auftreten toxischer Stoffwechselprodukte und schließlich zum Höhenkollaps. Sehstörungen und vorübergehende Erblindung können eintreten. Die Körperbewegungen und -reaktionen werden mit zunehmender Höhe träge. Konzentrations- und Denkvermögen nehmen ab, ja es kann sogar zu plötzlichen Geistesstörungen kommen. Bergsteiger folgten dann oft schon gespenstischen Trugbildern oder kletterten mit bloßen Händen und Füßen im Schneesturm die Hänge hinauf und wurden später erfroren aufgefunden.

Ein vorangegangenes körperliches Training wirkt sich zweifellos für die Höhentoleranz und die Fähigkeit zur Akklimatisation vorteilhaft aus, ist jedoch nicht von entscheidender Bedeutung. Begünstigende Faktoren sind ein möglichst geringes Körpergewicht in Verbindung mit einer großen Atemkapazität sowie die Tatsache, ob die Person sich schon öfter in größeren Höhen akklimatisieren konnte und dadurch die Fähigkeit erworben hat, rascher rote Blutkörperchen zu bilden.

Höhenkrankheit: Vorbeugung und Behandlung

Die sogenannte „Höhenkrankheit“ tritt in der Regel drei bis vier Tage nach dem Eintreffen in Höhen von über 3700 m auf. Es werden vor allem zwei verschiedene Erscheinungsformen der Krankheit festgestellt: bei der häufiger auftretenden Form werden die Lungen in Mitleidenschaft gezogen, es kommt zum Lungenödem. Hiebei vermögen die Nieren aus noch unbekannten Gründen die Körperflüssigkeit nicht mehr zu verarbeiten, und es kommt zur Flüssigkeitsansammlung in den Lungen. Bei der anderen Form der Höhenkrankheit kommt es zum Gehirnödem, zur Flüssigkeitsansammlung im Gehirn. — Beide Formen können zum Tod führen.

Die ersten Anzeichen der Krankheit sind immer verminderte Urinmengen, leider ist dies durch Flüssigkeitsverlust wegen Schwitzen nicht immer zu registrieren. Dann folgen Kopfschmerzen, welche allerdings auch während der normalen Akklimatisationsvorgänge häufig eine Zeit lang auftreten und nicht weiter bedenklich sind. Aber zusätzliche Übelkeit, Appetitlosigkeit, Erbrechen, Schlaflosigkeit, Kurzatmigkeit, Mattigkeit sind schon ernstere Anzeichen der Krankheit. Blaue Lippen, blaue Zunge und blaues Gesicht, Atembeschwerden und Bewußtlosigkeit sind sehr ernste Krankheitssymptome.

Beim Auftreten der ersten Krankheitszeichen soll der Patient, wenn vorhanden, künstlichen Sauerstoff erhalten (manche Trekkingunternehmen führen neuerdings Sauerstoff-Flaschen mit), aber jedenfalls sofort in tiefere Lagen gebracht werden, wo er sich dann bei den leichteren Formen der Höhenkrankheit auch wieder rasch erholt.

Daneben wird vom Hillary-Hospital in Kumde eine medikamentöse Behandlung mit „Diamox“ (Azetazolamid) empfohlen. Dieses Präparat sorgt für die „Entwässerung“ des Körpers und die Funktionstauglichkeit der Nieren. Es darf aber nur in Verbindung mit Natriumbikarbonat und Kochsalz (z. B. „Antitoc“) sowie bei einer täglichen Mindestzufuhr von 3 l Flüssigkeit eingenommen werden.

„Diamox“ wird aber auch vorbeugend empfohlen, wenn man rasch in große Höhen aufsteigen muß. Es sei abschließend nochmals angeführt, daß die wichtigste Vorbeugungsmaßnahme gegen die Höhenkrankheit langsames Höhergehen ist, wobei idealerweise ab einer Seehöhe von 3000 m pro Woche nur jeweils um 1000 m höhergestiegen werden sollte.

Ausrüstung für das Bergwandern im Himalaja

Auf keinen Fall neue, sondern gut eingegangene (steigeisenfeste) Bergschuhe, Strümpfe, Wollsocken, Unterhosen (kurz und lang), Papier-Unterwäsche, Unterhemden, Hemden, Shorts (Turnhose), Badehose, Berghose (Hosenträger), Pullover (dick und dünn), leichter Anorak, Daunenjacke, gefütterte Überhose (Daunenhose nicht unbedingt nötig), 2 Paar Fäustlinge, Wollhaube, Sonnenhut, Gamaschen, Regenschutz, Halstuch, Taschentücher, Trainingsanzug, Pyjama, Daunenschlafsack.

Handtuch, Seife, Zahnbürste, Zahncreme, Rasierapparat (Batterie), Klosettpapier, Waschpulver, Gletscherbrillen, Sonnenschutzcreme mit starkem Lichtschutzfaktor, Lippenschutzcreme (Tschamba Fii oder Delial zur Bekämpfung von Sonnenbrand), Leukoplast (ein 5 cm breiter Streifen möglichst schon vorbeugend auf den Fersen oder anderen Reibstellen schützt vor jeglichem Wundscheuern!), Verbandszeug, Medikamente, Nähzeug, Reserveschuhbänder, Schuhputzzeug, Taschenlampe (Stirnlampe), Reservebatterien, Taschenmesser.

Rucksack (nicht zu klein und wasserdicht), Seesack (möglichst groß und wasserdicht), (Eispickel, Seil, Steigeisen, Biwaksack, Kompaß nur dann, wenn vom Trekkingunternehmen nicht beigestellt wird), Klettergürtel, Höhenmesser, Fotoapparat samt Filmen (letztere können nur in Kathmandu, und da nicht immer in gewünschter Art, gekauft werden), Fernglas, Landkarten, Schreibzeug, Wecker. Ein Regen- bzw. Sonnenschirm ist in Kathmandu um ganz wenig Geld zu kaufen.

Thermosflasche, Plastikflasche, Zündhölzer, Traubenzucker, Kräutertee-Beutelchen (viele Leute können nach Genuß von russischem Tee nicht schlafen!), Geld (US-Dollars), Reisepaß, Impfzeugnis.

Zur Reisekleidung wäre noch allgemein zu bemerken, daß diese den Tropen angepaßt und daher möglichst leicht und keinesfalls aus synthetischen Fasern sein soll.

Reiseandenken

Es gibt viele sehr interessante und auch hübsche Souvenirs zu kaufen, wobei man in der Regel auf 60%, an manchen Plätzen und bei manchen Händlern sogar auf 30% herunterhandeln kann und muß. Feste Preise gibt es für Souvenirs praktisch nur im Verkaufsgeschäft des Tibeter Flüchtlingsdorfes in Jawalakel bei Kathmandu (dort sogar mit Rechnungsbeleg), wo man vor allem Tibetteppiche mit ihren verschiedenen Drachenmotiven kaufen kann.

Zu empfehlen ist der Kauf von handgeschnitzten Druckstöcken, Hand-Gebetszylindern aus Silber- oder Kupferblech, tibetischen Amulettkästchen mit Türkisen belegt und in feiner Silberziselierarbeit ausgeführt, von kupfernen Teekannen mit dem tibetochinesischen Drachenmotiv, von Tschang- und Teeschalen aus Rhododendronholz und mit Silberblech ausgeschlagen. Auch die nepalische Geige, die Sarinda, mit 4 Spiel- und bis zu 11 Resonanzsaiten ist in jeder Größe erhältlich.

Tibetische Tankas (Rollgemälde mit buddhistischen Motiven) sind vor allem in Bodnath und Swayambunath in größerer Auswahl zu erhalten, wobei man etwas ältere, hübsche Stücke zu noch erschwinglichen Preisen erstehen kann. Hiebei muß man natürlich sehr vorsichtig sein und sich zuerst einige Zeit lang informieren oder sich des Rates eines erfahreneren Reisegefährten bedienen, ehe man kauft.

Betrügereien kommen vor allem bei wertvolleren Stücken vor, und es gibt von Indien herauf auch schon eine professionelle Fälscherindustrie, die sich der unerfahrenen Touristen gerne „annimmt". Vorsicht ist auch beim Erwerb „alter" Schriften am Platz, hingegen sind die Holzdrucke auf handgemachtem Papier sehr hübsch und in den verschiedensten Motiven um wenige Rupien zu erstehen.

Echte Antiquitäten dürfen aus Nepal nicht ausgeführt werden, und es ist am Flugplatz bei der Ausreise diesbezüglich mit scharfen Kontrollen zu rechnen.

Visum und Trekkingpermit

Alle Europäer benötigen ein **Visum** für Nepal. Hiezu ist der Reisepaß, ein Paßbild und ein Antragsformular bei einer der nachstehend angeführten Botschaften oder konsularischen Vertretungen einzureichen (die Erteilung des Sichtvermerkes dauert nur 3 bis 4 Tage):

Botschaft des Königreichs Nepal, 532 Bad Godesberg-Mehlem, Im Hag 15.

Königlich Nepalesisches Generalkonsulat, 4 Düsseldorf-Benrath, Melliesallee 14.

Königlich Nepalesisches Konsulat, 6 Frankfurt 14, Flinschstraße 63.

Königlich Nepalesisches Konsulat, 8 München 2, Neuhauserstraße 1.

Honorar-Generalkonsulat des Königreiches Nepal, A-1190 Wien, Krapfenwaldgasse 11.

Die Anschriften der zuständigen Botschaften für deutschsprachige Reisende in Nepal lauten:

Botschaft der Bundesrepublik Deutschland, Kathmandu, Kanti Path, P. O. Box 226.

Botschaft der Republik Österreich, New-Delhi 21, 3 A Myaya Marg, Chanakyapuri.

Botschaft der Schweiz, New-Delhi 21, Myaya Marg, Chanakyapuri.

Die Dauer der Aufenthaltsgenehmigung für Nepal beträgt je nach Beantragung 2 oder 4 Wochen; Verlängerungen sind im „Immigration Office" in Kathmandu erhältlich.

Das Einreisevisum für Indien bekommt man für eine Dauer von 28 Tagen problemlos am Flughafen New-Delhi. Fliegt man im „Transit" von Delhi gleich nach Kathmandu weiter, wird kein Visum für Indien benötigt.

Das normale Visum gilt nur für den Aufenthalt im Kathmandutal, Kaski und Chitwan („Tiger Tops"). Für alle Reisen darüber hinaus benötigt man ein sogenanntes

„Trekkingpermit":

Dieses wird in der Regel über die Reiseunternehmungen besorgt, wozu ein weiteres Antragsformular ausgefüllt und ein Paßbild beigegeben werden muß. Aber auch die im Kapitel „Wanderrouten" angeführten Travel Agencies in Kathmandu besorgen das Permit. Dieses ist ein Ausweis mit Lichtbild, den man unterwegs immer bei sich tragen sollte. Die genaue Eintragung der Trekkingstrecke (nicht zu krasse Abweichungen werden toleriert) sowie die Personalien des Ausweisinhabers sind mit Tinte in dem aus handgeschöpftem Papier angefertigten Dokument eingetragen. Vor allem in der Nähe der tibetischen Grenze passiert man dann „Checkposts", wo das Trekkingpermit kontrolliert wird. Die Polizeifunktion übt außerhalb Kathmandus das Militär aus.

Devisenvorschriften

Die nepalische Rupie wird in 100 Paisa unterteilt, und 1 US-Dollar entspricht etwa dem Gegenwert von 10 Rupien. Rupien dürfen nach Nepal nicht, ausländische Währungen jedoch unbeschränkt eingeführt werden. Den Geldwechsel muß man in Devisenformulare eintragen lassen, die man bei der Ausreise vorzuweisen hat.

Reiseschecks werden bei den Banken und den Wechselstuben der größeren Hotels entgegengenommen. — Die ausländische Leitwährung ist aber der US-Dollar, den man im Kathmandutal und überall dort, wo man lesen kann, sehr gerne annimmt. Es empfiehlt sich zu diesem Zweck, eine größere Anzahl Dollars in kleinen Noten mitzubringen.

Deutsche Mark, österreichische Schilling und Schweizer Franken werden nur von den großen Banken in Kathmandu umgetauscht.

Man sollte sich für eine Trekkingtour aber unbedingt schon in Kathmandu das für die Dauer der Wanderung benötigte nepalische Geld einwechseln (Souvenirs, Trinkgelder etc.) und dabei eine größere Zahl 1-Rupien-Scheine mitnehmen.

Der Samstag ist in Nepal Ruhetag, an welchem auch (mit Ausnahme der Hotel-Wechselstuben) die Banken geschlossen haben.

Nepal gehört nicht zum „Sterling-Gebiet“, so daß man weder in Nepal ausländische Währungen mit Rupien zurückkaufen noch im Ausland nepalische Rupien zurücktauschen kann!

Landkarten

Nepal (East Sheet und West Sheet), 1 : 506.880, Ministry of Defense, London.
Khumbu Himal, 1 : 50.000, Forschungsunternehmen Nepal Himalaja, Freytag und Berndt, Wien.
Khumbu (Mount Everest), 1 : 100.000, Jore Gomesh Press, Kathmandu.
Gosainkund, Helambu, Langtang, 1 : 126.720, Mandala Maps, Kathmandu.
Kathmandu to Pokhara, 1 : 126.720, Mandala Maps, Kathmandu.
Pokhara to Jomosom, 1 : 126.720, Mandala Maps, Kathmandu.
Bei einigen Karten sind sowohl manche Ortsangaben falsch als auch Entfernungen und Staatsgrenzen nicht immer richtig eingezeichnet!

Literaturhinweise

Abenteuer Everest, Toni Hiebeler, Albert Müller, 1974.
Abenteuer in Tibet, Sven Hedin, Brockhaus, 1974.
Als Arzt am Everest, Peter Steele, Nymphenburger, 1974.
Cho Oyu, Herbert Tichy, Ullstein, 1955.
Das verbotene Königreich im Himalaja, Michel Peissel, Safari, 1968.
Der Himalaja, Nigel Nicolson, Time Life, 1975.
Die Götter sollen siegen, Heinrich Harrer, Ullstein, 1968.
Eisgipfel und Goldpagoden, Günter Hauser, Bruckmann, 1966.
Forests of Nepal, J. Stainton, John Murray, 1972.
Heinrich Harrers Impressionen aus Tibet, Martin Brauen, Pinguin, 1974.
Himalaya, Herbert Tichy, Schroll, 1971.
Khumbu Himal, Springer, 1967.
Land der namenlosen Berge, Herbert Tichy, Ullstein, 1955.
Mit Labor und Eispickel, E. Albrecht, Medizinische Mitteilungen Schering AG, 1965.
Mount Everest, Karl Herrligkoffer, Spectrum, 1973.
Nepal, Arthur Dürst, Silva, 1966.
Nepal, Mais Weltführer 18, 4. Auflage, Volk und Heimat.
Nepal, Toni Hagen, Kümmerly und Frey, 1972.
Nepal 2029, Heinrich Seemann, Bandell AG, 1973.
Pagoden, Yaks und Lamaklöster, Ulrich Gruber, Universitas, 1972.
Sieben Jahre in Tibet, Heinrich Harrer, Ullstein, 1974.
The Himalayas, Takehide Kazami, Allied Publishers, 1968.
Transhimalaya, Sven Hedin, Brockhaus, 1963.

Stichwortverzeichnis

Inhaltsübersicht

Seite